माटी पानी में सनी बौद्धिकता

हिन्दी क्षेत्र के देशज संस्रोतों की तलाश

माटी पानी में सनी बौद्धिकता

हिन्दी क्षेत्र के देशज संस्त्रोतों की तलाश

सम्पादक
बद्री नारायण
अर्चना सिंह

लोकभारती प्रकाशन

लोकभारती प्रकाशन
पहली मंजिल, दरबारी बिल्डिंग, महात्मा गांधी मार्ग,
प्रयागराज–211 001
शाखाएँ : 1–बी, नेताजी सुभाष मार्ग, दरियागंज,
नई दिल्ली–110 002
अशोक राजपथ, साइंस कॉलेज के सामने,
पटना–800 006
वेबसाइट : www.lokbhartiprakashan.com
ई–मेल : info@lokbhartiprakashan.com

प्रथम संस्करण : 2021
पहली आवृत्ति : 2023

बी.के. ऑफसेट
नवीन शाहदरा, दिल्ली–110 032
द्वारा मुद्रित

MATI PANI MEIN SANI BAUDHIKTA
Edited by Dr. Badri Narayan,
Archna Singh

ISBN : 978-93-90625-82-6

मूल्य : ₹595

अनुक्रम

भूमिका

भारतीय समाज की अपनी बौद्धिकता की सुदृढ़ परम्परा एवं इतिहास रहा है। यह बौद्धिकता जिसे भारतीय चिन्तन का एक उपांग कहा जा सकता है, भारतीय समाज के माटी-पानी में पग कर विकसित हुई है। इसे एक प्रकार से Organic बौद्धिकता के भी एक रूप की तरह समझा जा सकता है। हमारा मानना है कि भारत में समाज चिन्तन की प्रक्रिया विश्व विद्यालयों से बाहर जन-जीवन में भी चलती रही है। हिन्दी क्षेत्र में उभरे अनेक संत, विद्वान, साहित्यकार एवं संस्कृति कर्मी समाज चिन्तन से जुड़े रहे हैं। भारत में समाज को समझने की एक रचनात्मक पहल हमेशा से मौजूद रही है। इसने समाज को उस रूप में समझने का प्रयास किया है जैसा समाज स्वयं अपने आपको बताता है। समाज अपना परिचय देने के लिए विभिन्न रूप चुनता है किस्सागोई, चुटकुले, मुहाबरे, लोकगीत, कविताएँ में उसका सामाजिक यथार्थ नितांत भिन्न धरातलों पर प्रकट होता है। इस सामाजिक यथार्थ के लेखन में मानव जीवन की आधारभूत सच्चाइयों को देखा जा सकता है। फिर भी समाज विज्ञान के लेखन में इन्हें स्त्रोत न हीं माना जाता और न ही इन रूपों से सामाजिक सच्चाई जानने की प्रक्रिया को आगे नहीं बढ़ाया जा सका है। समाज विज्ञान जितना लिखा जा सकता है, उतना ही कहा भी जा सकता है। यह जानना रोचक है कि इनमें अधिकांशतः सामाजिक चिन्तन, साहित्य के क्षेत्र में भी हुआ है। भारत में यूँ तो अकादमिक जगत में समाज विज्ञान की एक लम्बी यात्रा तय कर ली है, पर अकादमिक खॉचे से बाहर समाज चिन्तन की प्रक्रिया के ये अनूठे प्रयास समाज विज्ञान के अकादमिक खॉचे से बाहर रह गये। उन्हें या तो साहित्य में स्थान मिला या अन्य हासिए के विमर्शों में।

भारत में समाज विज्ञान के विकास के क्रम में यह जरुरी है कि विश्वविद्यालयों एवं शोध केन्द्रों के बाहर हुए इन समाज चिन्तनों को भी समाज विज्ञान के एक देशज संस्रोत के रूप में समझा एवं विचार किया जाए। पश्चिम समाज वैज्ञानिक संस्रोतो पर

निर्भर न रह कर शायद ऐसे प्रयासों से ही भारतीय समाज विज्ञान विकसित करने की दिशा में हम आगे बढ़ पायेंगे।

भारतीय समाज के माटी-पानी में विकसित इस बौद्धिकता को 'देशज बौद्धिकता' भी कहा जा सकता है। इस देशज बौद्धिकता की परम्परा में हमारे बौद्धिक ज्ञान परम्परा के ऋृषि तो आते ही है, महात्मा बुद्ध एवं अनेक बौद्ध दार्शनिक, आजीवक, अजीत देश कम्बली भी आते हैं। इसके साथ ही गुरु गोरखनाथ, सन्त कबीर, सन्त रविदास, स्वामि शिव नारायण जैसे प्रखर ज्ञानी भी आते हैं। अनैपनिवेशिक काल में गोपीनाथ कविराज, स्वामी अछूतानन्द, श्री सन्तराम बी. ए., प्रेमचन्द, राहुल सांकृत्यायन तथा आजादी के बाद श्री वासुदेव शरण अग्रवाल, श्री हजारी प्रसाद द्विवेदी, श्री विद्या निवास मिश्र जैसे अनेक विद्वानों को इस देशज बौद्धिक परम्परा का अंग माना जाना चाहिए। यह पुस्तक इसी देशज परम्परा को एक विमर्श के रूप में आगे लाने का एक प्रयास है।

प्रोफेसर गिरीश्वर मिश्र ने अपने आलेख 'शास्त्र, लोक और सामाजिक विज्ञान के अंतर्सम्बंधों की प्रस्तावना' में देशज ज्ञान स्त्रोतों में अंर्तनिहित सामाजिक दृष्टि के महत्त्व पर बात की है। वे लिखते है कि समाज विज्ञान की स्थापनाओं और सिंद्धान्तों की प्रामाणिकता उस समाज से प्राप्त होनी चाहिए, जहाँ पर विकसित हुआ है। देशज ज्ञान की एक लम्बी और समृद्ध परम्परा रही है। पर इस महत्त्वपूर्ण स्त्रोत को समाज विज्ञान में जगह न देने से, लोकज्ञान को गल्प मान लेने से सामाजिक शोधों में लोक से अपेक्षित जुड़ाव (Public Engagement) नहीं हो पाता है। इस समस्या की जड़ में सामाजिक विज्ञान जैसे विषयों की यूरो अमरीकी निर्मिति है। इस कारण ज्ञान और उसके उत्पादन की प्रक्रिया के सांस्कृतिक अनुबंधन की संभावना की ओर विशेष ध्यान नहीं दिया गया है। जबकि लोक में समूचा अनुभव जगत अपनी जटिलता के साथ निरंतरता में उपस्थित रहता है। लोक ज्ञान पूरे समाज की एक साझी विरासत होती है। लोक से जुड़ कर ही समाज विज्ञानों की प्रासंगिकता व वस्तुनिष्ठता में वृद्धि होने के साथ ही, ज्ञान का समाज से संवाद हो पाएगा।

प्रोफेसर अजय तिवारी अपने लेख 'हिन्दी जाति की बौद्धिक परम्पराएँ और रामविलास शर्मा' में हिन्दी क्षेत्र का भारत की बौद्धिकता के निर्माण में महत्त्वपूर्ण योगदान की चर्चा करते हैं। अपने लेख के उन्होंने परम्पराओं की एकरेखीयता को नकारते हुये लिखा है—मनुष्य का ज्ञान स्वायत्त नहीं है, वह सामाजिक संबन्धों से, वैश्विक ज्ञान परम्पराओं से, भौतिक विकास से सम्बद्ध होता है। प्रभुत्वशाली आवाजों के साथ हाशिए की आवाज भी होती है जिन्हें पहचान कर रेखांकित करना लोकतांत्रिक

बुद्धिजीवियों का कर्तव्य है। डॉ. रामविलास शर्मा एक ऐसे विचारक है जिनमें बौद्धिकता, आधुनिकता और सुधारवादी विचारों का समन्वय है। जाति (नेशन) के स्वरूप के समझने के लिए राम विलास जी को समझना आवश्यक है। उनके अनुसार हिंदी जाति के निर्माण में, जनपदों की सांस्कृतिक आदान-प्रदान की भूमिका महत्त्वपूर्ण रही। जाति के निर्माण में व्यापार व राजसत्ता के केन्द्रों की भूमिका असन्दिग्ध है। किन्तु यह निरपेक्ष नहीं हैं, कभी-कभी अन्य उपादान महत्त्वपूर्ण हो जाते हैं। राम विलास जी के लेखन से स्पष्ट होता है कि भाषा जाति की पहचान है, संस्कृति उसका आधार है, इतिहास उसका स्त्रोत है और बाजार प्रेरक। राजनीति की भूमिका सहायक या प्रेरक के रूप में होती है। इन सभी कारको की सम्मिलित परिणति जाति के ऐतिहासिक अस्तित्व में होती है। जिसे राष्ट्र कहा जाता है वह एक या अनेक जातियों के साथ रह कर बनने वाली इकाई है। सांमती अवशेषों को मिटाकर समाज का आधुनिकीकरण करना, और साम्राज्यवादी प्रभुत्व तोड़कर राष्ट्रीय संस्कृति का नवीनीकरण करना हिन्दी जाति के पुनर्गठन के लिए आवश्यक है। अन्यथा आधुनिकता के नाम पर पश्चिमीकरण और राष्ट्रीयता के नाम पर रुढ़िवाद का बोलबाला रहेगा।

प्रोफेसर हितेन्द्र पटेल "भारतीय प्रगतिशील वैचारिकता, भाषा, राष्ट्रीयता और 'इतिहास' दृष्टि : राहुल सांस्कृत्यायन का संघर्ष' में राहुल जी की वैचारिक यात्रा का गहन विश्लेषण करते है। उनका अतीत को समझने का प्रयास इतिहासकारों की तरह संकीर्ण नहीं है। वे 'स्वीप ऑफ इमैजिनेशन' से निर्देशित थे, जो उनकी सीमा भी था, शक्ति भी। उनके ज्ञान यायवरी में अंतर्निहित सूत्रों को समझने और उसे सोचने की जरूरत है। राहुल का बौद्धिक परम्पराओं को लोगों तक पहुँचाने का संघर्ष, उनका लोक का शास्त्रों द्वारा उपेक्षा का विरोध, उनका ज्ञान परम्परा की राजनीति व वर्चस्व के लिए लड़ाई के लिए सचेतपन एक सक्षम दृष्टि देती है।

इसी क्रम में प्रोफेसर चारु गुप्ता का लेखे 'इन्द्रधनुष का नीला रंग : संतराम बी.ए., जाति, विवाह और सेक्स' संतराम द्वारा सृजित साहित्य पर एक गहरा विमर्श है। संतराम गाँधी और अम्बेडकर, बुर्जुआ और वंचित, आर्यसमाज और आदिधर्म के बीच एक सेतु का काम करते है। उनकी भाषा में आधुनिकता और परम्परा का विरोधी समागम है। जहाँ वे जाति पर हमले के लिए तार्किकता के साथ धार्मिकता का इस्तेमाल है। उनका लेखन सत्ता की प्रमुख मान्यताओं पर सवाल उठाने और पितृसत्ताओं को कमजोर करने का प्रयास है वे प्रक्रियाओं को अपनी दृष्टि से देखते हैं। संतराम की दृष्टि से शुद्धि एक आक्रामक हिन्दु राष्ट्रवाद की अभिव्यक्ति नहीं थी, बल्कि निम्न जाति के लोगों के लिए रैडिकल जाति सुधार की मुखर अभिव्यक्ति थी। उनका लेखन

हिन्दी के बौद्धिक सोच का एक देशज स्त्रोत है जो जाति पर एक वैकल्पिक अभिलेखागार निर्मित करने में योगदान करता है।

डॉ. रमाशंकर सिंह 'देश और लोग : वासुदेव शरण अग्रवाल का कला और समाज चिंतन' लेख में वासुदेव शरण अग्रवाल को तीन भुमिकाओं में देखते है- इतिहासकार, साहित्यकार व मानवविज्ञानी। जो अपना ही अतिक्रमण करते हुए अपने को बार-बार रचते हैं, पुनर्नवा बनाते है। भारत और उसके बारे में उनकी दृष्टि उनके जीवन और रचनाकर्म में व्याप्त रही है। उनकी 'भारत दृष्टि' का एक इतिहासकार या समाज विज्ञानी के लिए क्या महत्त्व हो सकता है, इस लेख में इसकी विस्तृत चर्चा है। उनके लेखन के केन्द्र में पृथ्वी पर स्थित मनुष्य और उनकी संस्कृति रही है। वे भारत की बहुवचनीयता और सामाजिक-भाषिकी को महत्त्व देते हैं। लोक व्याकरण का सबसे बड़ा आपवन है जो शब्दों के ऊपरिमित भंडार से भरा रहता है। भारत के विभिन्न क्षेत्रों को (जनपद) को देखने के लिए उन्होंने अपने लेखन से एक बहुत ही संवेदनशील आँखे विकसित की है। उन्होंने भारतीय जन और जनपदों को उसकी सम्पूर्ण सांस्कृतिक पृष्ठभूमि, धार्मिक अभिप्रेरणाओं, आर्थिक संरचनाओं और मनोविनोद के परिपेक्ष्य में देखने पर जोर दिया है। उन्होंने जन साहित्य, पुरातत्व और सांस्कृतिक जीवन के बीच एक सेतु निर्मित किया जो भारतीय जन व समाज को समझने की दृष्टि देता है।

रामानन्द अपने आलेख 'स्वामी अछूतानन्द का एक शिक्षाविद् के रूप में अध्ययन' में अछूतानन्द के योगदानों पर चर्चा करते हुए लिखते है कि उन्होंने न केवल दलितों के दमन व शोषणकारी कारकों के विषय में विश्लेषण किया, बल्कि दलितों को जागरुक बनाने के लिए शिक्षा पर बात की। उन्होंने दलितों के हाशिए पर जाने का प्रमुख कारण अशिक्षा माना। उन्होंने शिक्षा को सामाजिक विचार व आन्दोलन का केन्द्र बनाया। उन्होंने शिक्षा व साहित्य के माध्यम से समाज को बदलने का संकल्प किया। इस लेख में स्वामी जी के 'आदि हिन्दू' के सम्पादन व प्रेस की स्थापना जैसे परिवर्तनकामी प्रयासों की विस्तृत चर्चा है। उनके लेखन दलित अस्मिता व जागरण का महत्त्वपूर्ण स्त्रोत था। उनका सबसे बड़ा योगदान था कि उन्होंने दलितों को अपना साहित्य तैयार करना, लिखना सिखाया और एक बड़ा स्त्रोत तैयार करने में महत्त्वपूर्ण भूमिका निभाई।

डॉ. अजय कुमार अपने लेख 'उत्तर भारत में दलित आंगिक ज्ञान की निर्मिति और आधुनिक मूल्यबोध' में दलित आंगिक बुद्धिजीवियों व लोकज्ञानियों अछूतानन्द, चन्द्रिका प्रसाद जिज्ञासु व ललई सिंह यादव के समाज निर्मिति में भूमिका पर गहन विश्लेषण किया है। उनके कार्यों को उनके समानधर्मियों ने कैसे देखा और इनकी

विचारधारा को परिधिय समाज ने कैसे देखा? इन प्रश्नों का इस आलेख में विवरण है। साथ ही दलित ज्ञान की देशज परम्परा की पड़ताल करते हुए उसके समाज पर प्रभाव की विस्तृत चर्चा है। उत्तर भारत में आंगिक ज्ञान की निर्मित पर चर्चा करते हुए वे अछूतानन्द, चंद्रिका प्रसाद जिज्ञासु व ललई सिंह यादव के योगदानों को विस्तृत विवरण देते हुए यह स्थापित करते हैं कि अम्बेडकर की सांस्कृतिक क्रान्ति का सपना ऐसे ही सामूहिक प्रयासों से पूरा हो सकता है।

गोविन्द बल्लभ पन्त सामाजिक विज्ञान संस्थान, प्रयागराज ऐसी ज्ञान परम्पराओं पर लम्बे समय से शोध एवं चिन्तन-मनन का काम करता रहा है। हम लोगों की कोशिश है कि इस देशज ज्ञान परम्परा पर अनेक संगोष्ठी आयोजित किए जायें एवं उन संगोष्ठियों पर आधारित अनेक खण्डों में पुस्तकें प्रकाशित की जाये। इस कड़ी में पिछले दिनों संस्थान में नेहरू मेमोरियल संग्रहालय एवं पुस्तकालय (एन.एम.एम.एल.), नई दिल्ली के सहयोग से एक संगोष्ठी का आयोजन किया था। उस संगोष्ठी में आये विद्वानों से शोधपत्र देने का आग्रह किया गया था। उनमें से कुछेक विद्वानों ने ही अपने शोध आलेख लिखित रूप से हम लोगों को भेजा। उन्हीं शोध आलेखों का एक संकलन हम पाठकों के सामने प्रस्तुत कर रहे हैं।

यह पुस्तक समाज के समझने की एक देशज दृष्टि पर विमर्श का एक प्रयास है। हम नेहरू मेमोरियल म्यूजियम एंड लाइब्रेरी, नई दिल्ली व तत्कालीन निदेशक श्री शक्ति सिंहा के आभारी है जिनके सहयोग के बिना यह पुस्तक संभव नहीं थी। हम लोकभारती प्रकाशन व श्री रमेश ग्रोवर जी को सहृदय धन्यवाद देते है जिन्होंने इसके प्रकाशन में रुचि दिखाई। हम सभी लेखकों का उनके योगदान के लिए आभार व्यक्त करते है। संस्थान के पूरी टीम को आभार।

बद्री नारायण
अर्चना सिंह

शास्त्र, लोक और सामाजिक विज्ञान के अन्तर्सम्बन्धों की पड़ताल की प्रस्तावना

गिरीश्वर मिश्र

यह सामान्यतः स्वीकृत है कि किसी भी तरह के ज्ञान का आन्तरिक या बौद्धिक महत्त्व होता है पर साथ ही उससे यह भी अपेक्षा होती है कि वह मानव समाज की अवस्था को बेहतर बनाने में भी सहायक हो। इस पृष्ठभूमि में आज भारतीय समाज के सन्दर्भ में सामाजिक विज्ञानों की आवश्यकता कई दृष्टियों से अनुभव की जा रही है। सामाजिक और सांस्कृतिक विविधताओं से भरे भारतवर्ष में प्रामाणिक सामाजिक विज्ञान का उपयोग केवल नीति-निर्माण, सामाजिक समस्याओं के समाधान और निराकरण तथा इन कार्यों के लिए प्रासंगिक आंकड़ों के संकलन के लिए ही नहीं अपितु समाज विज्ञानों की ज्ञान-सम्पदा को समृद्ध करने के लिए भी आवश्यक है। वैसे भी तथ्य को नजरन्दाज नहीं किया जा सकता कि समाज और संस्कृति की उपस्थिति आधुनिक समाजविज्ञान के जन्म के पहले से ही है। उनकी सत्ता आज के समाजविज्ञान की अपेक्षा नहीं करती। हाँ, एक महत्त्वपूर्ण अर्थ में स्वयं ब की सत्ता उनके अधीन (उपसंस्था) जैसी ही है। अतः सामान्य स्थिति में समाजविज्ञान की स्थापनाओं और सिद्धान्तों की प्रामाणिकता उस समाज से ही प्राप्त होनी चाहिए जिसमें वह विकसित हुआ है और वहीं पर उसकी उपादेयता उसका मुख्य प्रयोजन भी होना चाहिए। यह भारत-जैसे समाज के मामले में तो और भी महत्त्वपूर्ण हो जाता है जहाँ आधुनिक समाजविज्ञान के आगमन से बहुत पहले ही धर्म-शास्त्र, नीति-शास्त्र, काम-शास्त्र, योग-शास्त्र, अध्यात्म विद्या, आचार-शास्त्र और अर्थ-शास्त्र आदि विषयों के अध्ययन की लम्बी और समृद्ध परम्परा विद्यमान रही है। इस शास्त्रीय परम्परा के साथ-साथ और उससे प्रभावित होते हुए अनेक लोक-रीतियों, विधि-विधानों और आचरणों की सत्ता भी मौजूद

रही है और आज भी समाज के विभिन्न क्षेत्रों में विभिन्न मात्राओं में किसी-न- किसी रूप में सुरक्षित और जीवित है। सम्भवतः वाचिक या वाक्केन्द्रित संस्कृति के कारण लोक की भूमिका अधिक महत्त्वपूर्ण हो गयी। यही नहीं लोक-परम्परा में सन्तों, भक्तों और नीति-पटु विशेषज्ञों की भी श्रृंखला का प्रमाण भी उपलब्ध है। लोकाचार, लोकाख्यान, लोकविश्वास, और लोकानुष्ठान के विविध रूप आज जैसे मिलते हैं उनमें कई शास्त्रीय परम्पराओं के तत्त्व संश्लिष्ट रूप में उपस्थित होते हैं।

शास्त्र और लोक के बीच पारस्परिक अन्तःक्रिया होती है। उदाहरणार्थ नाट्यशास्त्र में लोक को नाट्य की धुरी कहा गया है। नाट्य अनेक भावों की भूमि पर नाना अवस्थाओं में लोक वृत्तों का अनुकरण है (नाना भावोपसम्पन्नं नानावस्थान्तरात्मकम्, लोकवृत्तानुकरणं नाट्यमेतन्मया कृतम् । नाट्यशास्त्र, 1 । 46) साथ ही लोक को एक प्रमाण भी माना गया है। भरत मुनि के अनुसार लोक के भाव और चेष्टा आदि का निर्णय शास्त्र से नहीं किया जा सकता। लोक में विभिन्न प्रकार के स्वभाववाले लोग होते हैं और स्वभाव में ही नाट्य प्रतिष्ठित है, इसलिए नाट्य प्रयोक्ता को लोक प्रमाण को स्वीकार करना चाहिए' :

नानाशीलाः प्रकृतयः शीले नाट्यं प्रतिष्ठितम्
तस्माल्लोकप्रमाणं हि विज्ञेयं नाट्ययोक्तृभिः

(नाट्यशास्त्र 21/26)

प्रसिद्ध दार्शनिक और वैयाकरण भर्तृहरि ने भी इसी तरह की बात भाषा के सन्दर्भ में कही है। उनके विचार में व्यवहार करने के जितने भी तरीके व्यवस्थित या स्थापित हैं और सतत चलते आ रहे हैं और उहें लोक में मान्यता मिली है तो वे स्वीकरणीय हैं। उनका तर्क (शास्त्र!) की सहायता से खण्डन नहीं किया जा सकताः

धर्मस्यानवच्छिन्ना पन्थानो ये व्यवस्थिताः
तान् लोकप्रसिद्धत्वात् कश्चित् तर्केण बाधते

उपर्युक्त पृष्ठभूमि में विचार करने पर भारतीय समाजविज्ञानों की स्थिति बड़ी ही जटिल और असन्तोषजनक प्रतीत होती है। कमोबेश सभी समाजविज्ञानों से जुड़े वर्तमान सरोकारों में उनकी सांस्कृतिक प्रासंगिकता और उपयोगिता को लेकर व्यक्त होनेवाली चिन्ताएँ आज प्रमुख हो रही हैं। फलतः सभी समाजविज्ञानों पर लोक से निकटता बढाने का दबाव प्रबल होता जा रहा है। विभिन्न विषयों में हो रहे शोध की प्रगति की जो समीक्षाएँ आती रही हैं उनमें लोक से अपेक्षित जुड़ाव (पब्लिक इन्गजमेण्ट) न हो पाने और उसके फलस्वरूप सीमित उपयोगिता की शिकायत एक आम बात रही है। इसके पीछे इन अनुशासनों की मूलतः यूरो-अमेरिकी निर्मिति और आरम्भ में अकादमिक जगत् द्वारा उसके यथावत् स्वीकार को एक मुख्य कारण माना

जाता है जिसके कारण प्रयोग के दौरान समाजविज्ञान और समाज की विचार की कोटियाँ असंगत होने लगती हैं। बाद में देशीकरण (इण्डीजेनाइजेशन) के प्रयास से प्रत्यारोपित किये गये इन अनुशासनों को भारतीय समाज, पारिस्थितिकी और संस्कृति के साथ अनुकूलित और सुमेलित करने की कोशिशें शुरू हुईं। साथ ही नगरीकरण, उद्योग-धन्धों के विकास, विस्थापन और अब वैश्वीकरण के चलते बड़े शहरों और महान्गरों में जीवन-शैली और संस्थाओं में पश्चिमी ढाँचों के अनुरूप बदलाव भी शुरू हुए जिसके चलते आंशिक रूप में ही सही भारत और पश्चिमी देशों के बीच, सतही तौर पर, कुछ अन्तःसांस्कृतिक समानताएँ भी दिखनी शुरू हुईं।

भारत में समाज वैज्ञानिकों की अकादमिक दुनिया की स्वीकृत परिपाटी में यूरो-अमेरिकी विचार, सम्प्रत्यय और सिद्धान्त ही अध्ययन में प्रमुखता से (या कहें मुख्य धारा में) अभ्यास में लाये गये और उन्हें सार्वजनीन मानते हुए बिना किसी शंका के उनका अनुसन्धान में प्रयोग भी होता रहा। इन सबके लिए वैज्ञानिक विधि को अपनाना एक कवच की तरह काम करता रहा और आरोपित सामान्यीकरण करने की प्रवृत्ति बलवती होती रही। इन्द्रियानुभविक अध्ययन विधि की तथाकथित वस्तुनिष्ठता और मात्रात्मक विश्लेषण ने अध्ययनकर्त्ता को वैध ज्ञान की प्राप्ति का भरोसा भी दिलाया। यह सब करते हुए यह मुगालता भी बना रहा कि ज्ञान में अभिवृद्धि हो रही है जबकि वास्तव में अधिकांशतः शोध पश्चिमी सिद्धान्तों की पुष्टि और उनके उदाहरण के रूप में भारतीय अनुभवों की प्रस्तुति ही होती रही। ज्ञान के सैद्धान्तिक स्रोत के केन्द्र के रूप में स्थायी रूप से पश्चिम ही रहा और भारत उस ज्ञान का लक्ष्य ही बना रहा। ज्ञान और उसके उत्पादन की प्रक्रिया के सांस्कृतिक अनुबन्धन की सम्भावना की ओर विशेष ध्यान नहीं दिया गया। इस दौर में यह जरूर हुआ कि सभी अनुशासनों ने अपने-अपने घरौंदों के चतुर्दिक् चहारदीवारियाँ खड़ी कर दीं और अस्मिताओं के नये-नये चिह्न बना लिए जिससे उनके बीच का आपसी संवाद घटता गया। स्वयं में खोये आत्मलीन प्रत्येक समाजविज्ञानी अलग-अलग ढंग से एक ही तथ्य को खोजत-पहचानता रहा और अधूरे अनुभव को पूर्ण सत्य मानता रहा। यही नहीं बहुत सारे महत्त्वपूर्ण भारतीय विषय अछूते बने रहे और उन्हें संज्ञान में ही नहीं लिया गया।

यहाँ पर यह उल्लेख करना समीचीन होगा कि सांस्कृतिक अध्ययनों ने यह बात स्पष्ट की है कि चिन्तन की शैलियाँ, कोटियाँ और सम्प्रत्यय के मूल संस्कृति में पाये जाते हैं। सामाजिक विज्ञानों में संस्कृति की ओर वापसी हो रही है और अब विभिन्न गोचरों के लिए संस्कृति की केन्द्रिकता पहचानी जा रही है (गिरीश्वर मिश्र, 2000)। एशियाई और भारतीय विचार शैली और मानसिक दृष्टिकोण को लेकर किये गये विश्लेषणों में परस्पर सम्बद्धता और अवलम्बन, अव्यय भाव, सृष्टि के साथ सहज

सम्बन्ध, सामंजस्य आदि की ओर ध्यान आकृष्ट किया गया है (द्रष्टव्य हाज्मे नाकामुरा,1965; मैरिआट, 1990; ए. के. रामानुजन, 1989; विद्यानिवास मिश्र, 1995; रिचार्ड निस्बेट,2002; कक्कर, 1996; गोविन्द चन्द्र पाण्डेय, 1994; दुर्गानन्द सिन्हा,1997, जे. बी. पी. सिन्हा, 2014)। इस बात की ओर कई विद्वानों ने अनेकशः संकेत किया है कि आधुनिक यूरो-अमरीकी मूल के समाज-विज्ञानों के साथ भारतीय अनुभव और उसकी कोटियों का पूरी तरह से तालमेल नहीं है। इस विसंगति को झेलते हुए दुविधा और दिग्भ्रम के साथ बेभरोसे का समाजवैज्ञानिक चिन्तन अपने आन्तरिक तर्कों और बौद्धिक संसाधनों की बदौलत फलता-फूलता रहा है जिसके लिए समाज मुख्यतः एक अध्ययन वस्तु सरीखा है। उसे समझने-समझाने के औजार अधिकांशतः आयातित हैं और उनका भारतीय समाज के साथ कोई आंगिक (ओर्गेनिक) रिश्ता नहीं है। दूसरी ओर भौतिक विज्ञानों की तरह उन्हें सार्वभौम मानने का भी कोई आधार नहीं है। तथापि आज समाज-विज्ञानों की अध्ययन-पद्धति तथा शोध और अनुसन्धान की परम्पराओं को लेकर एक ओर कई तरह के अज्ञानजनित आत्मविश्वास हैं तो गम्भीर विचार के साथ उपज रहे असन्तोष भी कई विचारकों के मन में उठ रहे हैं। आज दोनों ही तरह की प्रतिक्रियाएँ मिलती हैं। सामाजिक ज्ञान को संस्कृतिविशिष्ट (इमिक) और संस्कृतिसामान्य (इटिक) ढंग से भी देखा जाता है । समस्या तब होती है कि आयातित को बिना जाँचे-परखे आरोपित कर संस्कृतिसामान्य मान लिया जाता है जबकि वह एक प्रकार का संस्कृतिविशिष्ट ज्ञान ही होता है परन्तु वर्चस्व के फलस्वरूप उसे संस्कृतिसामान्य या विश्वजनीन का दर्जा दे दिया जाता है। अमरीकी सिद्धान्तों और सम्प्रत्ययों को हमने जिस तरह अंगीकार किया है वह इसी का उदाहरण है।

उल्लेखनीय है कि स्वतन्त्र रूप से पढ़ाये जानेवाले अनेक समाजविज्ञान मूलतः दर्शनशास्त्र (फिलोसोफी) से अलग होकर बीसवीं सदी में अपनी अलग पहचान बनाये थे । इनकी प्रगति का सन्दर्भ विन्दु प्रायः यूरो-अमरीकी अध्ययनों में हो रही प्रगति के अनुरूप कभी पीछे तो कभी समानान्तर रूप में होती हुई देखने का यत्न किया जाता है। ऐसा होना इतिहास में घटित हुई परिस्थितियों की रोशनी में समझा जा सकता है। औपनिवेशिक काल में ज्ञान-विज्ञान का जो तर्क और उसका संस्थागत रूप जिस तरह विकसित हुआ वह समाजविज्ञान की धारा को उसके स्वरूप, विकास और सांस्थानिक संरचना को संचालित करता रहा। वस्तुतः समाजविज्ञानों के नियामक सूत्र दूसरों के हाथ में थे। आरम्भ में जिस ज्ञान-विज्ञान की रूपरेखा से परिचय हुआ तो उसे ही अकाट्य और अन्तिम सत्य मानकर जो बैठे तो आगे भी वहीं बने रहे।

रोचक बात तो यह है कि जहाँ से यह सब लिया गया वहाँ पर भी बदलाव आया परन्तु अधिकांश भारतीय विद्या केन्द्रों में सब कुछ पूर्ववत् बना रहा। शब्दावली, ज्ञान, विधि, शोध-प्रश्न, प्रस्तुतियों और प्रकाशनों पर समीक्षात्मक दृष्टि से देखने पर चौंकानेवाला एक बड़ा-सा ठहराव दिखायी पड़ता है। आज समाजविज्ञानों में समस्याओं को उठाने और उनके समाधान के लिए हम जहाँ खुद को खड़ा पाते हैं वह इस अर्थ में अजूबा लगता है कि इन सबका मूल भारत की परम्परा में इस तरह तो नहीं था। इनका आरम्भ आधुनिक भारत में आयातित ही रहा और भारत से इनका रिश्ता प्रश्नों के घेरे में ही बना रहा। उस बाह्य या विदेशी परम्परा में, जो आधिकारिक समाजविज्ञान के रूप में गृहीत है, भारतीय चिन्तन को कितना और किस तरह से शामिल किया जाय इस सवाल को अभी तक नहीं सुलझाया जा सका है। शायद हम ज्ञान की प्रगति के अपने अनुभव के सन्दर्भ में आशान्वित हैं और सार्वभौमिक और सार्वदेशिक ज्ञान की वृद्धि की भावना से सन्तुष्ट भी हैं। हममें से बहुतेरे यह मान बैठे कि ज्ञान-भण्डार तो एक है—शाश्वत और सार्वभौम-और सभी समाजवैज्ञानिक उसकी समृद्धि के लिए अपनी-अपनी क्षमता के अनुसार उसी के दायरे में सक्रिय बने रहे।

यह भी गौर तलब है कि तकनीकी (समाजवैज्ञानिक) दृष्टि से समाज को समझने की कोशिश के साथ ही कई तरह के लोग भी इसकी कोशिश में लगे रहे हैं । उनके अनुभव और बौद्धिक उपकरण के स्रोत देसी हैं। ऐसे सन्तों, साहित्य की रचना करनेवालों और विभिन्न प्रकार के संस्कृति-कार्यों का अभ्यास करनेवालों की भारतीय समाज में बड़ी महत्त्वपूर्ण उपस्थिति है । इनके कार्य में समाज की वह समझ है जो समाज में विकसित हुई है और जो समाज से संवाद करती चलती है। इन गैर अधिकृत समाज—चिन्तकों के कार्य में समाज की सोच और उसकी अभिव्यक्ति के तरीके समाज के अनुकूल हैं। विविध आख्यानों, लोक साहित्य के विविध रूप, मुहावरे, विभिन्न विधाओं में साहित्यिक रचनाओं इत्यादि में भी समाज की स्थिति और यथार्थ प्रत्यक्ष और परोक्ष रूप से अभिव्यक्ति पाते हैं।

भारतीय समाजविज्ञान के देशज स्रोत

भाषा बाह्य जगत् के अनुभव और अन्तर्मन या मानस में उपस्थित हो रहे विचार दोनों से जुड़ी होती है। हमारे विचार बाहर की और आन्तरिक दुनिया दोनों से सम्बद्ध होते हैं। यद्यपि इनमें विद्यमान वस्तु और उस वस्तु का अनुभव दोनों भिन्न होते हैं और भाषा विचारों और प्रत्ययों (कांसेप्ट) के माध्यम से उन दोनों के बीच सेतु का कार्य करती है और यथार्थ की निर्मिति को आकार देती है। साथ ही वह समाज या समुदाय के अनुभवों और स्मृतियों को धारण करने का एक सशक्त माध्यम भी है। जिस भाषा को हम बोलचाल में उपयोग में लाते हैं उसके सहारे हमारे अनुभवों का भी संचय होता

रहता है और उसी के बल पर हमारे निजी अनुभव दूसरे व्यक्तियों तक सम्प्रेषित हो पाते हैं। इसके लिए हम भाषा के वाचिक और लिखित रूपों का उपयोग करते हैं। इस तरह निजी अनुभव, स्मृति और लिखित रूपों से गुजरती हुई भाषा कई अभिव्यक्त आकारों को धारण करती चलती है। भारतीय चिन्तन परम्परा में परा, पश्यन्ती, मध्यमा और बैखरी जैसी भाषा-स्थितियों या प्रकारों की चर्चा सम्भवतः इन्हीं विभिन्न स्तरों पर रूपायित होती भाषा को व्यक्त करने के लिए की गयी है। इस तरह सामान्यतया हमारी भाषिक-अभिव्यक्ति अभीष्ट के सम्प्रेषण का उपाय होती है। भाषा के साँचे में विचारों को ढाला जाता है और उसके आधार पर विचार मूर्त रूप प्राप्त करते हैं। इस दृष्टि से लोक और भाषा के बीच बड़ा घनिष्ठ सम्बन्ध बन जाता है। लोक संस्कृति विविध वर्णी और व्यापक होती है। लोक में समूचा अनुभव जगत् अपनी जटिलता के साथ निरन्तरता में उपस्थित रहता है। वाचिक परम्परावाले समाज में जी रहे लोक में भारतीय समाज का अतीत और वर्तमान दोनों ही समाये होते हैं। उन दोनों का ही स्वर उनमें सुनायी पड़ता है।

आधुनिक बनने (यानी पश्चिम का अनुकरण करने !) की धुन में व्यक्तिकेन्द्रित मानस अक्सर 'लोक' को हेठा, अन्धविश्वासी, पिछड़ा और अप्रामाणिक मानकर भ्रमवश 'शास्त्र' के विरुद्ध खड़ा कर देता है। परन्तु वास्तविकता यह है कि लोक, शास्त्र के विपरीत नहीं होता बल्कि शास्त्रों की उपयुक्तता के लिए कसौटी प्रस्तुत करता है क्योंकि लोक ही शास्त्र का प्रयोग-क्षेत्र हुआ करता है। शास्त्र और लोक एक-दूसरे के परिपूरक हैं। लोक में बहुलता, सामुदायिकता और समग्र जीवन के प्रति एक विशेष प्रकार का आग्रह या अनुराग होता है जिसमें पीढ़ियों के अनुभव का सार तत्त्व शामिल होता है। भारतीय चिन्तन में लोक एक व्यापक विचार है जिसमे चर-अचर समस्त दृश्यमान् जगत् सम्मिलित है। उसमें एक व्यक्ति की प्रमुखता नहीं होती क्योंकि उसमें सबके बीच की साझेदारी के साथ ही मानवीय अस्तित्व की पह्चान और पड़ताल की जाती है। इस समग्रता से अभिव्यक्ति को ऊर्जा और लचीलापन मिलता है। यह अद्‌भुत बात है कि प्रायः लोक साहित्य की रचनाओं के रचयिता का अता-पता नहीं मिलता पर वे अनपढ़ जनों तक पहुँचते रहते हैं और स्मृति के हिस्से के रूप में उपलब्ध रहती हैं। सामाजिक स्मृति के भाग के रूप में वे सबकी स्मृति में रची-बसी होती हैं। आज भोजपुरी और अवधी जैसी लोक भाषाएँ भारत से लेकर तमाम गिरमिटिया देशों तक व्याप्त हैं। निश्चय ही लोक साहित्य पूरे समाज की एक साझी विरासत होती है। यही नहीं कबीर, नानक, नामदेव, ज्ञानेश्वर, प्राणनाथ, गोरखनाथ, दादू दयाल, रज्जब, रैदास आदि सारे सन्तों की वाणी में शास्त्र की बातें और सिद्धान्त अनुभव से जुड़कर नया अर्थ पाते

हैं। गुरु, नाम तत्त्व, श्रम, साधना, ईश्वर आदि की सहज उद्भावना इन सन्तों ने सर्वजन सुलभ शैली में की है।

वस्तुतः भारत की लोक परम्परा बड़ी ही समृद्ध है और आरम्भ से ही उसका योगदान दिखता है। आरम्भ के सन्त और भक्त कवियों की वाणी लोक जीवन को तुष्टि प्रदान करनेवाला शीतल बहता नीर है जो सबका हित और मार्ग दर्शन करता है। लोक संस्कृति मनुष्य की रचनाधर्मिता का प्रमाण है और उससे जुड़कर भाषा प्राणवान् होती है। इस तरह लोक से जुड़ाव हिन्दी के स्वभाव में है। यह भी उल्लेख्य है कि लोक साहित्य और लोक संस्कार एक-दूसरे को बल प्रदान करते हैं। भाषा और संस्कार साथ-साथ चलते हैं और एक-दूसरे को सहयोग प्रदान करते हैं। ये दोनों मिल-कर समाज की पहचान को सुरक्षित करते हैं। लोक संस्कृति प्राणदायिनी होती है और उसके स्रोतों को सँजोने की आवश्यकता है ।

देशज ज्ञान परम्परा की प्रासंगिकता

शास्त्र और सामान्य जनों के बीच सेतु बनाने का काम देशज परम्परा का है जो शास्त्र के विचारों को न केवल सुग्राह्य बनाकर प्रस्तुत करती हैं बल्कि उसमें जोड़ती-घटाती भी हैं। वे सामाजिक या जातीय स्मृति के हिस्से बन जाती हैं और लोक समाजविज्ञान (पब्लिक सोशल साइन्स) का सृजन करती हैं। इसमें वे विचार आते हैं जो सांस्कृतिक वस्तु और जीवन-दृष्टि के रूप में घटनाओं की व्याख्या के लिए आधार का काम करते हैं। ये विचार जीवनोपयोगी और रुचिकर होते हैं। ये शास्त्र से आते हैं और सामान्य जनता तक पहुँचते हैं। इनका उपयोग सम-सामयिक परिवेश के साथ अनुरूपता पर निर्भर करता है। सांस्कृतिक वस्तुओं, प्रतीकों और विचारों में सांस्कृतिक शक्ति निहित होती है। वे विश्वास और व्यवहार दोनों को प्रभावित करते हैं। सांस्कृतिक कोष का अंग बनने के बाद उनका अनुअवसरानुकूल उपयोग किया जाता है।

एक अन्य परन्तु प्रासंगिक बात यह भी है कि भारतीय समाज में चिन्तन की सामाजिकता कई रूपों में दिखायी पड़ती है। ज्ञात आदि-रचनाएँ वेद की संहिताएँ 'अपौरुषेय' कही जाती हैं जिनको ऋषियों ने देखा था : ऋषयो मन्त्र द्रष्टारः । इस लोकानुभव की केन्द्रिकता के साथ ही जिज्ञासा और उत्सुकता के साथ अस्पष्टता का सहज स्वीकार का साहस नासदीय सूक्त में दिखायी पड़ता है। लेखक की सत्ता प्राथमिक नहीं है। ज्ञान-समाज की सम्पत्ति है और वाचिक परम्परा में दूसरों के साथ साझा करके ही वह सहस्राब्दियों तक निरन्तर जीवित बचा रहा। जुड़ाव और वैधता दोनों वाचिक परम्परा में अधिक होते हैं क्योंकि भाषा में प्रस्तुति और उसका संचार और प्रसार स्वानुभूति और साझेदारी पर अधिक बल देती है। यह बात इतनी गहरे पैठी हुई

है कि कालिदास-जैसे बड़े रचनाकार भी अपनी रचनाओं में अपने बारे में कुछ कहने से बचते रहते हैं। सूरदास, तुलसीदास और कबीरदास जो पिछले छह सौ वर्षों में हुए उनके जीवन के विषय में भी हमें पर्याप्त तथ्य उपलब्ध नहीं हैं। यह सब एक तरह की विश्वदृष्टि को ही व्यक्त करता है।

वर्तमान सूचना और संचार प्रौद्योगिकी की दृष्टि से युगान्तर का अवसर प्रस्तुत कर रही है। त्वरा, सुगमता और व्यापकता की दृष्टि से इण्टरनेट द्वारा संचार ने एक अभूतपूर्व और विलक्षण शक्ति से सम्पन्न कर दिया है। इस अवधि में ज्ञान, संस्कृति आदि को लेकर सोच-विचार में तीव्र विकेन्द्रीकरण की प्रक्रिया शुरू हुई। अब पाठक (या सामाजिक/रसिक !) की सत्ता वर्चस्वशाली होती गयी। रचना, रचनाकार और पाठक के रिश्ते संवाद की नयी सतह पर स्थापित होने लगे। ऐसे में आत्यन्तिक सत्य की 'खोज' की जगह सत्य की 'रचना' को तरजीह मिलने लगी। यह अनुभव किया जाने लगा कि सत्य की बहुलता है और उस तक पहुँचना कई मार्गों से सम्भव है। इसी की अभिव्यक्ति है कि समीक्षा और विश्लेषण के क्षेत्र में आख्यान, पाठ, अन्तरपाठ, विखण्डन आदि को केन्द्र में रखकर नये स्वर उभर रहे हैं। स्त्री, दलित, सीमान्त, जनवादी, अल्पसंख्यक आदि किस्म-किस्म के विमर्शों की परम्परा शुरू हुई है। मनुष्य की पीड़ा, भेद-भाव, अन्तरंग की पड़ताल और बाह्य जीवन की विद्रूपताओं का आलेखन और हस्तक्षेप का नया साहस आया है। समस्त मानवता के एकल प्रवाह की जगह जीवन जीने के कई विकल्प दिख रहे हैं। सिर्फ इन्द्रिय-प्रत्यक्ष को आधार माननेवाली विज्ञान दृष्टि में भी बदलाव आ रहा है। यह विचार लोकप्रिय हो रहा समाजवैज्ञानिक शोध समाज या उसके यथार्थ की कोरी प्रतिलिपि न रहकर समय में सृजनात्मक हस्तक्षेप हो। कल्पनाशीलता से शोधकर्त्ता को वर्तमान से परे जाकर नयी दिशाओं की पहचान कर वैकल्पिक सम्भावनाओं को उद्भासित भी करना चाहिए। ऐसे में देशज ज्ञान और लोक की प्रतिष्ठा को लेकर गम्भीर विचार करना जरूरी हो गया है।

समाज विज्ञानों के दायरे से बाहर देशज लोक चिन्तन पर जिन चिन्तकों ने जो विचार किया है वह भी देशी भाषा में निबद्ध होने के कारण अंग्रेजीकेन्द्रित औपचारिक समाजविज्ञान के लिए अग्राह्य हो जाता है और उनकी ओर ध्यान नहीं दिया जाता है। हमारे मन में यह गाँठ भी बनी हुई है ऐसे चिन्तकों का चिन्तन अवैज्ञानिक है। अतः इनकी सतत उपेक्षा की जाती रही है और पश्चिमी चिन्तन पर निर्भरता चालू है क्योंकि हम उसे ही प्रामाणिक मानते हैं। हिन्दी क्षेत्र में राहुल सांकृत्यायन, वासुदेवशरण अग्रवाल, हजारीप्रसाद द्विवेदी, विद्यानिवास मिश्र, राम विलास शर्मा, गोविन्द चन्द्र पाण्डेय, राजबली पाण्डेय, परशुराम चतुर्वेदी, स्वामी अछूतानन्द, स्वामी सहजानन्द सरस्वती, राम मनोहर लोहिया जैसे अनेक विचारकों के अध्ययन, कार्य और प्रकाशन

को हिन्दी में होने के कारण समाजविज्ञान की चर्चा की परिधि से प्रायः बाहर ही रखा गया है। ज्ञान के विकास के लिए उसकी स्वायत्तता आवश्यक है परन्तु अपने यहाँ यह शुरू से ही लगभग अनुपस्थित-सी रही और लगभग ऐसा ही उपक्रम आज भी निरन्तर जारी है। कोई भी समाज अपनी भाषा में जीता-जागता है और आपसी व्यवहार करता है और उसकी उपेक्षा करके अधूरी समझ ही विकसित हो सकती है। इन देशज ज्ञान स्त्रोतों में सामाजिक सोच और उसकी समझ बिखरी पड़ी है जिसे कोरी कल्पना या गप मानकर आधुनिक समाजविज्ञान के लिए अक्सर अस्पृश्य और त्याज्य मान लिया जाता है। इस अधकचरी मानसिकता से उबरने की आवश्यकता है। लोक से जुड़कर समाजविज्ञानों की प्रामाणिकता और वस्तुनिष्ठता तो बढेगी ही ज्ञान का समाज से संवाद भी हो सकेगा।

सन्दर्भ

1. पाण्डे, गोविन्द चन्द्र (1994)। भारतीय समाज : तात्त्विक और ऐतिहासिक विवेचन। नयी दिल्ली : नेशनल पब्लिशिंग हाउस।
2. मिश्र, विद्यानिवास (1995)। भारतीय चिन्तन धारा, नयी दिल्ली : प्रभात प्रकाशन।
3. Kakar, S. (1996). The Indian Psyche. New Delhi : Oxford University Press.
4. Misra, G. (2000). Implications of culture for psychological knowledge. In: J. W. Berry,
5. R. C. Misra, and R. C. Tripathi (Eds.). Psychology in Human and Social Development. (pp. 31–67). New Delhi: Sage.
6. Marriot M. (Ed.).(1990). India Through Hindu Categories. New Delhi: Sage.
7. Nakamura, Hajime (1964). Ways of Thinking of Eastern Peoples India-China-Tibet-Japan (Revised English Translation Edited by Philip P. Wiener). Honolulu: East-West Center Press
8. Nibet, R. E. (2002). The geography of thought : How Asians and Westerners Think Differently. and Why. New York: Free Press.
9. Ramanujan, A.K, 1989 Is there an Indian way of thinking? An informal essay. Contributions to Indian Sociology, 25, 41-58.
10. Sinha, D. (1997). Indigenizing psychology. In: J. W. Berry, Y. H. Poortinga, and J. Pandey (Eds.), Handbook of Cross-Cultural Psychology, Vol. I. Theory and Method, pp. 129–169.
11. Boston: Allyn & Beacon.
12. Sinha, J.B.P.(2014). Psycho-social analysis of the Indian mindset. New Delhi: Springer.

हिन्दी जाति की बौद्धिक परम्पराएँ और रामविलास शर्मा

अजय तिवारी

प्रस्तावना

'हिन्दी क्षेत्र की बौद्धिक परम्पराओं' को अपने विचार का विषय बनाकर गोविन्द बल्लभ पन्त संस्थान ने एक अत्यन्त आवश्यक दायित्व का निर्वाह किया है। जिसे हिन्दी क्षेत्र कहते हैं, उसका भारत की बौद्धिकता के निर्माण में अनादिकाल से महत्त्वपूर्ण योगदान रहा है, किन्तु आधुनिक विमर्शों में उस योगदान के प्रति आश्चर्यजनक उदासीनता दिखायी देती है। तथाकथित उत्तरवर्ती-मध्यकाल अथवा नवजागरणकालीन प्रारम्भिक आधुनिकता के काल तक हिन्दी प्रदेश का सांस्कृतिक महत्त्व इस तरह का था कि असम के शंकरदेव भी 'ब्रजबुली' में लिखते थे, महाराष्ट्र के तिकवाँपुर में बैठकर चिन्तामणि भी ब्रज का साहित्यिक रूप लिखते थे। लेकिन औपनिवेशिक काल में अपनी प्रतिरोधी भूमिका के कारण हिन्दी क्षेत्र को दमन, उपेक्षा और विघटन का विशेष शिकार होना पड़ा। हिन्दी क्षेत्र की वर्तमान स्थिति इसका परिणाम है। किसी भी देशभक्तिपूर्ण वैचारिक विमर्श के लिए सांस्कृतिक इतिहास में हिन्दीप्रदेश की भूमिका को पहचानना और विकसित करना अनिवार्य है। संस्थान ने इस दिशा में एक पहल की है, इसलिए वह साधुवाद का पात्र है।

सामान्यतः जिसे हम हिन्दी क्षेत्र कहते हैं, उसे डॉ. रामविलास शर्मा ने परिभाषित रूप में हिन्दीप्रदेश और इस क्षेत्र के निवासियों को हिन्दी जाति कहा है। यह पहली बार उनके द्वारा दिया गया नाम नहीं है। उनके पहले अनेक विद्वानों ने कभी बंगाली जाति, कभी मराठी जाति की चर्चा की थी; स्वयं हिन्दुस्तानी जाति या हिन्दी सूबा अथवा मध्यदेश की चर्चा बीसवीं सदी के आरम्भ से ही होती रही है। उस समस्त इतिहास को समेटकर डॉ. शर्मा ने एक तरफ हिन्दी जाति की सांस्कृतिक परम्परा का भरा-पूरा वृत्तान्त प्रस्तुत किया, दूसरी तरफ हिन्दी जाति की अवधारणा को सुसंगत रूप में

प्रस्तावित किया। इस दृष्टि से हिन्दी-क्षेत्र की ज्ञान-परम्परा पर दृष्टि डालें और हिन्दी जाति की अवधारणा पर विचार करें, दोनों परस्पर-पूरक हैं। दोनों के लिए रामविलास शर्मा के साहित्य में आधारभूत सामग्री यथेष्ट मात्रा में मौजूद है।

हिन्दी-क्षेत्र की ज्ञान-परम्परा

हिन्दी-क्षेत्र की ज्ञान-परम्परा की जगह ज्ञान परम्पराओं की बात करना अधिक समीचीन है। किसी समाज में कभी कोई अकेली परम्परा नहीं होती। विशेषतः राजसत्ता के उद्‌भव के बाद केवल सत्ता की 'अकेली' आवाज़ हो, ऐसा नहीं देखा गया। यह हो सकता है कि प्रभुत्वशाली आवाज़ हावी हो, दूसरी आवाजें हाशिये पर हों या दबी हुई हों, लेकिन उनका अस्तित्व होता है, जिन्हें पहचानकर रेखांकित करना लोकतान्त्रिक बुद्धिजीवियों का कर्त्तव्य है। राजसत्ता के उद्‌भव का अर्थ यह है कि समाज की विषमता को बिना दण्ड-विधान के संयमित रखना कठिन हो गया है। समाज में जितने तरह के हित होते हैं, संस्कृति में उतने तरह की आवाज़ें होती हैं। सभी आवाज़ों को मिटा सकना किसी के लिए सम्भव नहीं है। दूसरी आवाज़ों पर अपनी आवाज़ का प्रभुत्व कायम करने के प्रयास में अनेक प्रकार की टकराहटें जन्म लेती हैं और समाज में अनेक अन्य आवाजें भी जन्म लेती हैं। किसी समुदाय की परम्परा अलबत्ता एक आवाज़ से बन सकती है लेकिन समाज की परम्परा में उन सभी आवाज़ों का समावेश होता है। सही लोकतान्त्रिक दृष्टि का तकाजा है कि वह इन विभिन्न आवाज़ों को समाहित करके किसी समाज का सांस्कृतिक इतिहास निर्मित करे।

दूसरी बात यह भी ध्यान रखने की है कि मनुष्य का ज्ञान स्वायत्त नहीं है, वह सामाजिक सम्बन्धों से, वैश्विक ज्ञान परम्पराओं से और भौतिक विकास से सम्बद्ध होता है। इसलिए भारतीय चिन्तन परम्परा एकरेखीय नहीं है। यह सच्चाई इतनी दूर तक निहित है कि अकेले दर्शन में लें तो प्रारम्भिक यथार्थवादी लोकायत दर्शन हो या परवर्ती जैन और बौद्ध दर्शन हों, इनके अलावा प्रमुख षड्‌दर्शन में ही भाववादी-यथार्थवादी कई परम्पराएँ हैं और उनमें भी यान्त्रिक विभाजन करना सम्भव नहीं है। यथार्थवादी दर्शन एक सीमा के बाद भाववाद का द्वार खटखटाता है, भाववादी दर्शन अपनी तर्कसरणि में यथार्थवाद की भूमि पर चलता है। यह सही है कि भाववाद का उदय वर्ग समाज में होता है, जब श्रम कोई करे और श्रमफल किसी और को मिले। लेकिन दर्शन की पद्धति में यह बँटवारा इतना दो-टूक नहीं होता। लोकायत-वेदान्त-सांख्य-वैशेषिक-जैन-बौद्ध-वेदान्त आदि का वैविध्यपूर्ण दार्शनिक परिदृश्य इतना स्पष्ट करने के लिए पर्याप्त है कि भारत की चिन्तन-परम्परा एकरेखीय बिलकुल नहीं थी।

इस सच्चाई को उन्हें भी स्वीकार करना पड़ता है जो भारतीय परम्परा को भाववादी-यथार्थविरोधी मानते हैं। ऐसे लोग दो श्रेणियों के हैं। एक वे जो भाववाद के विरोधी हैं, दूसरे वे जो इन परम्पराओं को यथार्थविरोधी बनाने में दत्तचित्त हैं। लेकिन वास्तविकता इन दोनों की अभिलाषा के विपरीत है। हम यही कह सकते हैं—अरे इन दोउन राह न पायी! हमारी इस वैविध्यपूर्ण दार्शनिक परम्परा के आधार केवल वर्ग-विभाजित समाज में निहित नहीं हैं, उनका स्रोत ज्ञान की अन्य शाखाओं के विकास में भी निहित है। एक ओर आयुर्वेद दूसरी ओर खगोलशास्त्र, एक ओर व्याकरण दूसरी ओर अर्थशास्त्र, एक ओर कामशास्त्र दूसरी ओर संगीत, एक ओर नाट्यशास्त्र दूसरी ओर योगदर्शन—ज्ञान-विज्ञान-कला की अनेक विद्याओं का सामानान्तर विकास जैसा भारतीय समाज में दिखता है, वैसा अन्यत्र नहीं। यह समूचा विकास एक-दूसरे पर प्रभाव डालता है।

आयुर्वेद के ग्रन्थ चरक संहिता में शरीर के अवयवों का जितना सूक्ष्म अन्वयन और विश्लेषण है, उतना ही विशद पर्यवेक्षण वनस्पतियों का है। जितने रोगों और ओषधियों का वर्णन है, उतने ही उपकरणों का उल्लेख भी है। आश्चर्य होता है यह देखकर कि चरक ने 450 से अधिक यन्त्रों का वर्णन किया है, जिनका उपयोग चिकित्सा में, विशेषतः शल्य-चिकित्सा में होता था। खगोलविद्या का विकास सम्भवतः सबसे पहले भारत में हुआ। वराह मिहिर संहिता में जितना विस्तृत अध्ययन मिलता है, उसका पूरा उपयोग पश्चिम-निर्भर मनोवृत्ति के कारण 'आधुनिक' नक्षत्र—विज्ञान नहीं कर पाता। पाणिनि का अष्टाध्यायी भाषा-व्यवस्था का इतना वैज्ञानिक और परिष्कृत ग्रन्थ है कि नोम चौम्स्की के अनुसार पाणिनि जैसा मस्तिष्क सभ्यता ने दोबारा उत्पन्न नहीं किया। कौटिल्य ने अर्थशास्त्र में जिस समाज और नियम का वर्गीकरण किया है, वह एक अत्यन्त विकसित व्यापारिक समाज के लिए निर्मित एक विकसित राज्य-व्यवस्था और सिद्धान्त है। वात्स्यायन का कामसूत्र विलासितापूर्ण समाज का शास्त्र है जिसमें सामन्ती भोगवाद और समृद्ध जीवन का मोनोविज्ञान झलकता है। भरत के नाट्यशास्त्र को पंचम वेद कहा जाता है क्योंकि वह साहित्य का ऐसा सिद्धान्त प्रस्तुत करता है जो वर्ण-व्यवस्था के वंचितों को कला में महत्त्वपूर्ण स्थान प्रदान करता है। सामवेद में संगीत का अद्वितीय वैभव प्रदर्शित होता है और पतञ्जलि का योगदर्शन केवल श्वासक्रिया और व्यायाम को योग नहीं बताता, वहाँ योग एक दार्शनिक प्रतिपत्ति की तरह सामने आता है, जिसमें परिवेश के प्रति सजगता से लेकर आहार-विश्राम की दिनचर्या तक बहुत-कुछ समाहित है। इन सभी ग्रन्थों और उनके रचनाकारों की गिनती विश्व के श्रेष्ठतम मस्तिष्कों में होती है।

इस महान् प्राचीन ज्ञान-विज्ञान-कला का सम्बन्ध प्रधानतः हिन्दीभाषी क्षेत्र से है। इसी क्षेत्र से आदिकाव्य रामायण और महाभारत का सम्बन्ध है। निस्सन्देह, इन

उपलब्धियों की भाषा संस्कृत है, हिन्दी नहीं; किन्तु रामानुज और शंकर की तरह संस्कृत का यह दार्शनिक उत्थान दक्षिण भारत का नहीं है। यद्यपि भारत के सांकृतिक इतिहास में विभिन्न क्षेत्रों की उपलब्धियाँ एक-दूसरे की पूरक और हमारी राष्ट्रीयता के विकास में नियामक रही हैं, परन्तु यहाँ हम हिन्दी क्षेत्र की बौद्धिक परम्पराओं पर ध्यान एकाग्र कर रहे हैं। इन सभी के विषय में यदि एक जगह विपुल सामग्री मिलती है तो वह डॉ. रामविलास शर्मा का लेखन है। आधुनिक 'हिन्दी' भाषा में साहित्य रचना ग्यारहवीं-बारहवीं सदी में मिलना शुरू होती है। यही समय है जब व्यापार द्वारा विभिन्न जनपद और विभिन्न प्रदेश एक-दूसरे के निकट सम्पर्क में आते हैं। यह भारत के इतिहास में नवोन्मेष की सदी है। दक्षिण में रामानुज से शंकर तक संस्कृत के माध्यम से, उत्तर में गोरखनाथ अपभ्रंश-हिन्दी के माध्यम से नये विचारों के साथ अवतरित हुए। गोरख अवध में जन्मे, उन्होंने कर्मकाण्ड हटाकर मनुष्यमात्र की तात्त्विक एकता पर बल दिया, दक्षिणात्य दार्शनिकों की तरह गोरख ने भी ब्रह्म की व्याप्ति के सिद्धान्त का प्रचार करके सामाजिक भेदभाव के बहिष्कार की चेतना जगायी। उनका व्यापक प्रभाव दो बातों से पहचाना जा सकता है। एक, कबीर-मीराँ-जायसी जैसे अनेक धाराओं के भक्त कवियों पर उनका प्रभाव दिखायी देता है; दूसरे, गोरख आज हिन्दी समाज की लोकसंस्कृति का अंग बन चुके हैं।

कबीर के विद्रोही विचारों से हम सब परिचित हैं। कबीर काशी में थे, उनके समकालीन मिथिला में विद्यापति और दिल्ली में अमीर खुसरो हैं। कबीर को हम महान् कवि और समाज सुधारक के रूप में जानते हैं, विद्यापति और खुसरो का इतिहास लेखन से लेकर कला-संगीत तक सर्वतोमुखी योगदान है। वे सीमित अर्थ में कवि या साहित्यकार नहीं बल्कि व्यापक अर्थ में बुद्धिजीवी हैं। दूसरे शब्दों में, दर्शन, इतिहास और कला-संस्कृति में बहुमुखी योगदान करनेवाली विभूतियों ने अपने आरम्भिक दौर से ही हिन्दी को सृजन और बौद्धिकता की भाषा का आसन प्रदान किया। इसलिए इस आरम्भिक उन्मेष को रामविलासजी ने लोकजागरण की संज्ञा दी है जो सर्वथा उचित है। इस उन्मेष की विशेषता यह भी है कि उसने एक तरफ हिन्दी के बौद्धिक क्षितिज का विस्तार किया, दूसरी तरफ भाषा, जातीयता और राष्ट्रीयता का महत्त्व स्थापित किया। भक्ति के विकास में एक उत्कर्ष के रूप में आनेवाले तुलसीदास ने पहली बार जातीयता और राष्ट्रीयता का सम्बन्ध परिभाषित किया। तुलसी के लिए अवध की लोकसंस्कृति बैकुण्ठ से बढ़कर है—मोहि अवध सम प्रिय नहिं सोऊ। यह प्रसंग जानै कोउ कोऊ। (राम) और अन्यत्र तुलसी अपनी चेतना को राष्ट्रीयता से सम्बद्ध करते हुए कहते हैं—भलि भारतभूमि भले कुल जन्म समाज सरीरु भले लहि कै। दर्शन, काव्य और राष्ट्रीयता का यह संगम हिन्दी क्षेत्र की बौद्धिकता का विशेष स्वरूप है।

गोरखनाथ और सन्त-सम्प्रदाय

आगे बढ़ने से पहले यह विचार करना आवश्यक है कि कबीर से तुलसी तक, बल्कि गोरख-जायसी-मीराँ समेत सभी सन्त, जिस एक धारा में दिखायी देते हैं, उसकी क्या पहचान है। यह ध्यान रखना चाहिए कि प्रारम्भिक आधुनिकता के अनेक प्रतिरोधी आन्दोलन धर्म के आधार पर चले। वे किसी एक धर्म से सम्बद्ध नहीं हैं इसलिए धार्मिकता उनका आवरण है, पर उनका स्वरूप विभिन्न धर्मों से बहुत अलग है। उन सबकी दो विशेषताएँ एक समान हैं—पहली, वे दर्शन की उस परम्परा को अपनाते हैं जो मनुष्यों में भेदभाव को अस्वीकार करती रही हैं; और दूसरी, वे समाज में प्रताड़ित समूहों को अपने पन्थ के भीतर समकक्षता और सम्मान का स्थान प्रदान करते रहे हैं। ऐसे तीन प्रमुख आन्दोलन हैं—बौद्ध सिद्धों का आन्दोलन, गोरखनाथ द्वारा प्रवर्तित योगियों का आन्दोलन और वल्लभ द्वारा दीक्षित वैष्णव सन्तों का पन्थ। इन सबके आचार-व्यवहार और कर्मकाण्ड काफी अलग हैं। आचार-व्यवहार आदि का सम्बन्ध धार्मिक पृष्ठभूमि से है—बौद्ध धर्म, हठयोग साधना और भागवत प्रवर्तित भक्ति परम्परा। इन सबके अन्तर और अलगाव पर पर्याप्त बल दिया गया है। किन्तु उनके दार्शनिक अद्वैत और सामाजिक प्रतिरोध पर पर्याप्त बल नहीं दिया गया है। उनकी अलग-अलग भूमिका अवश्य देखनी चाहिए, साथ ही उनकी समानता भी देखनी चाहिए।

गोरख की प्रतिभा विस्फोटक थी। उन्होंने पुराने दर्शन की बातों को लेकर नयी परिस्थिति के अनुसार उसका एक विद्रोही रूप तैयार किया। उसकी आवश्यकता सबसे अधिक उन श्रमजीवी जातियों को थी जो व्यापारिक क्रान्ति के चलते आर्थिक दृष्टि से समर्थ हो रही थीं लेकिन सामाजिक दृष्टि से दलित या उपेक्षित थीं। अकारण नहीं है कि गोरख का सबसे अधिक असर तांते, जुलाहे, गड़रिये, दर्जी जैसी जातियों पर पड़ा। वे हिन्दू भी थे, मुसलमान भी। इनमें अधिकांश का सम्बन्ध कपड़े के निर्माण से है। यह याद रखने की बात है कि विश्वबाजार में भारत की पहुँच का एक महत्त्वपूर्ण साधन कपड़ा था। गोरख का यह कहना इन सभी निम्न जातियों में आत्मगौरव जगाता था कि दृष्ट पदार्थों में अदृष्ट परमात्मा के दर्शन करने चाहिए; (गोरखबानी, लोकभारती, इलाहाबाद, बानी 64; सबदी 192) यह अदृष्ट 'ईश्वर भी इस भौतिक शरीर में ही बसता है।' (उप. सबदी 218)

यह वेदान्त का सार है जिसे साधारण लोगों की भाषा में गोरखनाथ प्रचारित कर रहे थे। इसीलिए उसका प्रभाव जाति-धर्म-पन्थ से परे व्यापक रूप में पड़ता दिखायी देता है। जायसी का रत्नसेन योगी है; मीराँ का प्रेमी भी योगी है—'गगन मण्डल में सेज पिया की, किस विध मिलना होय।' यह गगन-मण्डल गोरख से आया है—'गगन

मण्डल में अन्धा कूआँ, वहाँ अमृत का वास।' पंजाबी, बंगाली और मराठी साहित्य पर भी गोरख का प्रभाव पड़ा, सन्त ज्ञानेश्वर उन्हें अपना गुरु मानते थे। गोरख ने योगी की परिभाषा भी गुह्य साधना से हटाकर सीधी-सादी रखी—'अंजन छोड़ि निरंजन रहै। ताकू गोरख जोगी कहै।' (उप. सबदी 236) यहाँ तक तो सब कुछ एक सीधी तार्किक सरणि में है। परन्तु गोरखनाथ ज़बर्दस्त तर्कशास्त्री हैं। वे कोई रन्ध्र नहीं छोड़ते। एक सबदी में कहते हैं कि ब्रह्म यदि पिण्ड में हो तो कोई न मरे, ब्रह्माण्ड में हो तो सबको दिखे; वह पिण्ड-ब्रह्माण्ड दोनों से परे है! (सबदी 70)

पिण्ड-ब्रह्माण्ड दोनों से परे—यह रहस्यवाद का द्वार है। गोरख के अनुसार इस ब्रह्म का ज्ञान योग की साधना से मिलता है। ज्ञान मिलने पर योग निरस्त हो जाता है—कबीर यहीं से शुरूआत करते हैं। इसके बाद पूरा भक्ति आन्दोलन जाति-पाँति के विरुद्ध विद्रोह की पताका लेकर चलता है—जाति पाँति पूछै नहिं कोई। हरि को भजै सो हरि का होई! सामाजिक भेदों का तिरस्कार करके भक्ति ने समाज को और पूरे देश को एकसूत्रता में बाँधा। देशव्यापी बाज़ार जिस नयी राष्ट्रीयता और जातीयता को जन्म दे रहा था, भक्ति आन्दोलन उसे अपनी तरह से प्रतिबिम्बित और सुदृढ़ कर रहा था। वल्लभ सम्प्रदाय के सन्तों का प्रसिद्ध ग्रन्थ 'चौरासी वैष्णवन की वार्ता' का उल्लेख आवश्यक है। इन सन्तों में ब्राह्मण हैं, शूद्र भी हैं; क्षत्रिय हैं, वैश्य भी हैं; अनेक स्त्रियाँ हैं जिनमें अलीखान पठान की बेटी भी है। सभी सेवक पूर्णतः 'सन्तुष्ट' हैं क्योंकि वल्लभ सम्प्रदाय सामाजिक भेदों का अतिक्रमण करता है। यहाँ तक कि एक भट्ट वैष्णव ने सन्तों को दावत दी लेकिन उनमें उपस्थित विष्णुदास (छीपा, अस्पृश्य) को भोजन कराने के लिए तैयार नहीं था, तब आचार्यजी (बिट्ठलनाथ) ने कहा, 'जो तुम हमारे सेवकन को जिंवायो चाहत हों सो एक शूद्र वैष्णव को जिंवाय न सके तो औरन को कैसे जीवांवते।' (चौरासी वैष्णवन की वार्ता, सं. ओमप्रकाश सिंह, प्रकाशन संसथान, 2018, पृ. 121) समाज में हो तो भी वल्लभ-पन्थ में जातिभेद के लिए स्थान नहीं है। इसका निम्न कहे जानेवाले समुदायों से आये सन्तों पर कैसा असर होगा, यह कल्पना की जा सकती है।

वल्लभ पन्थ का प्रसार मथुरा, काशी, पटना, उज्जैन, सेरगढ़ आदि विभिन्न जनपदों तक है, जो भक्ति आन्दोलन द्वारा—व्यापार के समान्तर—हिन्दी के जातीय एकीकरण का साक्ष्य है। यह एकीकरण क्षेत्रीय संकीर्णताएँ ही नहीं तोड़ रहा था, जाति-धर्म की संकीर्णताएँ भी तोड़ रहा था। इसलिए प्रारम्भिक आधुनिकता के साथ उभरनेवाली नयी बौद्धिकता समाज सुधार के तत्त्वों से सम्पन्न थी। इसे 14-16वीं सदी के पुनर्जागरण का भारतीय अध्याय—लोकजागरण—कहना समीचीन है। यद्यपि यूरोपीय पुनर्जागरण की भाँति हिन्दी या भारतीय लोकजागरण में भी अन्य प्रकार के

आग्रह कार्य करते थे, पर ये आग्रह धार्मिकता और अन्धविश्वास के उतने न थे जितने यूरोप में थे। एक उदाहरण पर्याप्त होगा। बिट्ठल के अनुयायी कृष्णभक्त थे। कृष्णभक्त मीराँ भी थीं। पर वे वैष्णवों के पन्थ में दीक्षित नहीं हुई थीं। यह उनका स्वतन्त्र निर्णय था। लेकिन यह बात वैष्णवों को नहीं सुहाती। वैष्णव रामदास मीराँ के घर आचार्यजी के पद गा रहे थे। मीराँ ने कहा ठाकुरजी का दूसरा पद गाओ। 'तब रामदास ने कही दारी रांड ए कौन के पद हैं। जा अब तेरो मुँह न देखूँ।' (उप. पृ. 118) कृष्णदास शूद्र हैं। रणछोड़जी के दर्शन करके मीराँबाई के गाँव आये। विदा के समय मीराँ से भेंट नहीं लेते—आचार्यजी की सेवक बनो, तब लूँगा! (पृ. 189) पन्थ के इस आग्रह से उसकी परिवर्तनकारी भूमिका ओझल नहीं हो जाती। केवल यह पता चलता है कि सामन्ती बन्धनों से मुक्ति दिलाने और पन्थ के भीतर समता का वातावरण बनाने के नाते वैष्णव सम्प्रदाय अपने अनुयायियों के लिए आस्था का प्रबल केन्द्र था, जो उससे अलग रहते थे, उन्हें पन्थी वैष्णव सम्मान की दृष्टि से न देखते थे।

गोरख, कबीर, बिट्ठल—भक्ति से सम्बद्ध सभी धाराएँ समाज में सुधार और परिवर्तन की वाहक थीं। दूसरे शब्दों में, पूरा भक्ति आन्दोलन सामाजिक भेदों के तिरस्कार का माध्यम था। वह समाज में न सही, भक्ति के दायरे में सामन्ती-पुरोहिती सत्ता के विकल्प की प्रस्तावना करता है। तत्कालीन इतिहास में सामाजिक स्तर पर ऐसा विकल्प कहीं भी नहीं था। लेकिन दर्शन से लेकर सम्प्रदाय के संगठन तक जाति-लिंग-धर्म के भेदों का तिरस्कार एक व्यापक विकल्प की सम्भावना का संकेत अवश्य करता है। उस युग की बौद्धिकता का यह अत्यन्त उज्ज्वल पक्ष है जिसे अनदेखा नहीं किया जा सकता। यह प्रयत्न पूरे भारतवर्ष में, विशेष रूप में हिन्दी प्रदेश में, दिखायी देता है। इसलिए आधुनिक हिन्दी क्षेत्र की बौद्धिकता का निदर्शन करते समय प्रारम्भिक आधुनिकता के इस योगदान को सामने रखना अनिवार्य है।

जातीयता का स्वरूप

डॉ. रामविलास शर्मा उन विचारकों में सर्वप्रमुख हैं, जिन्होंने बौद्धिकता, आधुनिकता और सुधार सम्बन्धी हिन्दी प्रदेश के योगदान को भारतीयता के परिप्रेक्ष्य में रेखांकित किया है। उनसे पहले भारतेन्दु, प्रेमचन्द, आचार्य रामचन्द्र शुक्ल, निराला, राहुल संकृत्यायन और आचार्य हजारीप्रसाद द्विवेदी ने इस बौद्धिकता के निर्माण में बहुत बड़ा योगदान किया है। किन्तु हिन्दी प्रदेश के योगदान को हिन्दी जाति की अवधारणा से जोड़कर उसकी जातीय भूमिका निर्धारित करने का श्रेय सबसे अधिक रामविलासजी को है। वे न केवल इस परम्परा के व्याख्याता हैं, वरन् उसकी श्रेष्ठ उपलब्धि भी हैं।

उनके समूचे सांस्कृतिक कार्य की धुरी भारत की निर्धन-निरक्षर-श्रमिक जनता है, जिसकी चेतना के उत्थान को उन्होंने अपने संघर्ष की कसौटी बनाया। उन्होंने ऋग्वेद से निराला तक पाँच हज़ार साल की पूरी परम्परा को सामने रखकर उसके क्रान्तिकारी, यथार्थवादी पक्षों का विकास किया। हिन्दी क्षेत्र से इस परम्परा के सम्बन्धों को उजागर किया और सबसे बढ़कर स्वयं 'हिन्दी जाति' को परिभाषित किया। यह उल्लेख करने की बात है कि रामविलास शर्मा ने हिन्दी जाति को जन्म नहीं दिया बल्कि हिन्दी जाति की ऐतिहासिक वास्तविकता को सूत्रित और उजागर किया है।

जाति आधुनिक पूँजीवादी युग में किसी प्रदेश के रहनेवाले ऐसे मानव-समुदाय को कहते हैं जो समान भाषा के माध्यम से समान आर्थिक सम्बन्धों के कारण आपस में जुड़ा हो और जिसकी संस्कृति एवं ऐतिहासिक परम्पराएँ समान हों। दूसरे शब्दों में, जाति के संघटक तत्त्व हैंः समान क्षेत्र, समान भाषा, समान संस्कृति, समान आर्थिक सम्बन्ध और समान ऐतिहासिक परम्पराएँ। इस प्रादेशिक इकाई के लिए 'जाति' का व्यवहार बीसवीं सदी के आरम्भ से निरन्तर होता रहा है। स्वयं डॉ. रामविलास शर्मा ने इसका अनेकशः उल्लेख किया है। जनवरी 1902 की 'सरस्वती' में कार्तिक प्रसाद का लेख 'महाराष्ट्रीय जाति का अभ्युदय' छपा; सितम्बर-अक्टूबर 1903 की 'सरस्वती' में हिन्दीभाषी क्षेत्र के विस्तार का परिचय देते हुए 'देश व्यापक भाषा' लेख छपा; 1930 में धीरेन्द्र वर्मा ने 'हिन्दी राष्ट्र या सूबा हिन्दुस्तान' पुस्तक लिखी; फादर कामिल बुल्के ने 'मानस' के माध्यम से 'हिन्दी प्रदेश में रामभक्ति धारा' के प्रचार का उल्लेख किया; राहुलजी ने साहित्य सम्मलेन के अध्यक्ष पद से 'हिन्दी के अपने विशाल क्षेत्र' का परिचय दिया। (देखिएः रामविलास शर्मा, साम्य, अंक-22, 'मार्क्सवाद और हिन्दी जाति की एकता'; सम्पादक-विजय गुप्त, अगस्त 1995, पृ. 1-2) इसलिए रामविलासजी ने पहली बार हिन्दी जाति का सवाल नहीं खड़ा किया। उन्होंने उसे सैद्धान्तिक आधार और व्यावहारिक अभियान प्रदान किया।

डॉ. शम्भूनाथ ने यह तथ्य प्रस्तुत किया है कि हिन्दी का पहला समाचार-पत्र 'उदन्त मार्तण्ड' था और उसके हर अंक में छपता था—'हिन्दुस्तानियों के हित के हेत!' (राष्ट्रीय पुनर्जागरण और रामविलास शर्मा, 2013, नयी किताब, पृ. 167) हिन्दी का समाचार-पत्र हिन्दुस्तानियों को एकजुट करता है, यह उनका सबसे बड़ा हित है। भाषा किसी जाति के एकीकरण और पहचान का मुख्य साधन है। इसलिए भारत में ही नहीं, दुनिया भर में हम अधिकांशतः जातियों और भाषाओं के नामकरण में एकरूपता पाते हैं। जहाँ अनेक भाषाभाषी समुदाय किसी देश में मिलकर रहते हैं, वहाँ राष्ट्रीयता और भाषायी अस्मिता का सीधा सम्बन्ध नहीं होता, किन्तु उस राष्ट्र में रहनेवाली विभिन्न जातियाँ अपने भाषा-नाम से ही पहचानी जाती हैं। यथा, स्विट्ज़रलैण्ड

नामक देश से किसी विशेष भाषायी समुदाय का बोध नहीं होता, जिस तरह फ्रांस या जर्मनी नामों से फ्रांसीसीभाषी या जर्मनभाषी समुदाय का बोध होता है, फिर भी स्विट्‌जरलैण्ड में जर्मन, फ्रांसीसी, इटालियन भाषाभाषी जातियाँ—अथवा मानव समुदाय—मिलकर रहते हैं, उन समुदायों की पहचान भाषा से होती है। इसी तरह ग्रेट ब्रिटेन नाम से किसी मानव समुदाय का बोध नहीं होता, किन्तु उस देश में रहनेवाले इंग्लिश, स्कॉट, आयरिश, वेल्श आदि समुदाय जातिसूचक भी हैं और भाषासूचक भी। यही बात भारत के सम्बन्ध में लागू होती है। भारत हमारा राष्ट्र है जिसमें हिन्दी, बंगाली, तमिल, मराठी, उड़िया, गुजराती आदि विभिन्न (भाषाभाषी) जातियाँ रहती हैं। इसलिए जातीयता का प्रश्न एक तरफ सांस्कृतिक-भाषायी अस्मिता से सम्बन्धित है, दूसरी तरफ राष्ट्रीयता से। हम इसी सन्दर्भ में हिन्दी जाति के प्रश्न पर विचार करेंगे।

रामविलासजी की धारणाओं पर विचार करने से पहले 'जाति' (नेशन) के स्वरूप पर ध्यान देना उचित है। अलेक्साद्र ज़ेवेलेव ने जाति की परिभाषा करते हुए लिखा है, 'जाति (नेशन) लोगों की समूहबद्धता का ऐसा रूप है जो उनके साझे आर्थिक जीवन, साझे क्षेत्र, साझी भाषा और साझी आत्मिक विशिष्टताओं में व्यक्त होता है।' (समाजवाद तथा पूँजीवाद के अन्तर्गत राष्ट्रीय प्रश्न, प्रगति प्रकाशन, मॉस्को, 1976, पृ. 15) इस परिभाषा से स्पष्ट है कि किसी जाति का गठन तब होता है जब एक क्षेत्र के निवासी एक भाषा के माध्यम से साझे आर्थिक सम्बन्धों में रहते हुए समान इतिहास और संस्कृति में बँधकर जीवन बिताते हैं। इस प्रकार, जैसा हमने ऊपर कहा, साझा क्षेत्र, साझी भाषा, साझा आर्थिक जीवन, साझा इतिहास और साझी संस्कृति किसी जाति की पहचान हैं। स्वभावतः किसी जाति का निर्माण या विकास एक दिन में नहीं होता, वह एक ऐतिहासिक विकास-प्रक्रिया का परिणाम है।

मानव-समुदाय के रूप में जाति के विकास को सूत्रित करते हुए रामविलासजी ने लिखा है, "जाति वह मानव-समुदाय है जो व्यापार द्वारा पूँजीवादी सम्बन्धों के प्रसार के साथ गठित होता है। सामाजिक विकास क्रम में मानव-समाज पहले जन या गण के रूप में गठित होता है। (सामूहिक श्रम, सामूहिक वितरण, रक्त-सम्बन्ध। —अ. ति. ।) इन गणसमाजों के टूटने पर लघुजातियाँ बनती हैं जिनमें उत्पादन छोटे पैमाने पर होता है और नये श्रम विभाजन के आधार पर भारतीय वर्ण-व्यवस्था जैसी समाज व्यवस्था का चलन होता है। पूँजीवादी युग में इन्हीं लघुजातियों से आधुनिक जातियों का निर्माण होता है।" (भारतीय साहित्य के इतिहास की समस्याएँ, 1986; वाणी प्रकाशन, नयी दिल्ली, 2002, पृ. 27-28)

यहाँ कई बातें स्पष्ट होती हैं। मानव-समाज निरन्तर विकासमान है, उसका कोई रूप अन्तिम या स्थिर नहीं होता; प्रत्येक रूप का एक आर्थिक आधार है जिस पर

मानव-सम्बन्धों का सामाजिक ढाँचा खड़ा होता है; ऐतिहासिक विकास-क्रम में रक्त-सम्बन्धोंवाला गणसमाज प्राचीन अवस्था है, बिरादरियोंवाला वर्णसमाज मध्यकालीन अवस्था है और पूँजीवादी सम्बन्धोंवाला वर्गसमाज आधुनिक अवस्था है; प्रत्येक अवस्था में मानव-समुदाय के गठन का विशेष रूप होता है; गणसमाज का आधार रक्तसम्बन्ध है जिसकी परिधि सीमित है, वर्णसमाज का आधार पेशे पर निर्भर कुटुम्ब या बिरादरियाँ हैं जिसकी परिधि अपेक्षाकृत बड़ी है, वर्गसमाज का आधार नया श्रम-विभाजन है जिसकी परिधि बहुत विस्तृत है; सीमित परिधिवाले श्रम-विभाजन से गण उत्पन्न होते हैं जिनसे जन या गण व्यवस्था का सम्बन्ध है, उनकी अपेक्षा बड़े श्रम-विभाजन से वर्ण उत्पन्न होते हैं जिनसे जनपदों का सम्बन्ध है, कल-कारखानेवाले बहुत बड़े श्रम-विभाजन से वर्ग बनते हैं जिनसे आधुनिक जातियों का सम्बन्ध है। यहाँ एक अतिरिक्त अवधारणा यह भी स्पष्ट होती है कि गणसमाजों की संस्कृति को प्राचीन, जनपदों की संस्कृति को मध्ययुगीन और जातियों की संस्कृति को आधुनिक काल कहा जा सकता है, अथवा ऐसा कहना तर्कसंगत है। साहित्य के इतिहास के लिए इस स्थापना का बहुत अधिक महत्त्व है।

सारांश यह कि मानव-समाज विकासमान है, समाज का गठन परिवर्तनशील है। यह परिवर्तन अनेक कारणों से होता है। आधुनिक जातियों के विकास के लिए आवश्यक पूँजीवादी सम्बन्धों का प्रसार अचानक नहीं होता। औद्योगिक क्रान्ति से पहले विनिमय और बाज़ार-विस्तार के साथ उन परिस्थितियों का निर्माण होता है जिनमें मध्यकालीन सामाजिक गठन विकसित होकर आधुनिक जाति बनता है। जब तक बड़े-बड़े बाज़ार न होंगे, तब तक बड़े पैमाने का उत्पादन आवश्यक न होगा। डॉ. रामविलास शर्मा ने इस आवश्यकता को रेखांकित करते हुए लिखा है कि 'छोटे-छोटे बाज़ारों को मिलाकर बड़े बाज़ार बनाने का काम व्यापारी सम्पन्न करते हैं। (उप. पृ. 49-50) अर्थात् उत्पादन की पद्धति से कम महत्त्व वितरण की प्रक्रिया का नहीं है। इस बात पर रामविलासजी का ध्यान काफी पहले से रहा है। यह उचित है, क्योंकि पूँजीवाद को वे औद्योगिक क्रान्ति से, अर्थात् उत्पादन की प्रणाली-मात्र से, जोड़कर नहीं देखते बल्कि उसे वितरण की व्यवस्था भी मानते हैं इसलिए व्यापारिक क्रान्ति से, बाज़ार के विस्तार से जोड़कर देखते हैं।

उनका यह दृष्टिकोण अधिक वैज्ञानिक है। इसका प्रमाण यह है कि आज का उपभोक्तावादी दौर उत्पादन की अपेक्षा वितरण पर ही ध्यान केन्द्रित करता है और समाजवाद की परिकल्पना भी वितरणमूलक न्याय की ही परिकल्पना है। 'भाषा और समाज' में उन्होंने यूरोप का उदाहरण देकर बताया था कि पूँजीवादी उत्पादन सम्बन्धों का विकास 'आधुनिक उद्योग-धन्धों' से पहले—व्यापारी पूँजीवाद के साथ—शुरू

होता है, "यूरोप में जब पूँजीवादी उत्पादन-पद्धति का जन्म हो रहा था, आधुनिक उद्योग-धन्धों का जन्म न हुआ था, तब पूँजीवादी सम्बन्धों के प्रसार का मुख्य साधन व्यापार ही था, तभी स्पेन, ब्रिटेन, हालैण्ड, पुर्तगाल आदि यूरोपीय देशों के ज़मींदारों और व्यापारियों ने एशिया, उत्तरी-दक्खिनी अमरीका आदि महाद्वीपों में अपने उपनिवेश बनाने शुरू किये थे।" (भाषा और समाज, पीपुल्स पब्लिशिंग हॉउस, नयी दिल्ली, 1961, पृ. 252) जातियों का निर्माण इसी दौर में आरम्भ होता है। इसलिए वह पूँजीवादी सम्बन्धों का प्रतिबिम्ब नहीं है, पूँजीवाद के साथ विकसित होनेवाला सामाजिक गठन है—एक ऐतिहासिक वास्तविकता है। हिन्दी जाति इस ऐतिहासिक प्रक्रिया का अपवाद नहीं है।

कहने की आवश्यकता नहीं कि रामविलासजी ने मार्क्सवादी आर्थिक विवेचकों से पहले, मार्क्स-एंगेल्स की मान्यताओं को ध्यान में रखकर पूँजीवाद के विकास की विभिन्न मंजिलों की धारणा प्रस्तुत की। यहाँ जिस प्रसंग में बात की जा रही है, उसे आगे बढ़ाते हुए उन्होंने बताया कि दूसरी जातियों को गुलाम बनाने का काम पूँजीवाद ने आरम्भिक दौर से अब तक बराबर किया है, "पूँजीवाद ने हर स्थिति में—17वीं-18वीं सदी में जब सौदागरी का जोर था, 19वीं सदी में जब उद्योगपतियों का जोर रहा और बीसवीं (सदी) में जब इजारेदार पूँजीपतियों का जोर है—दूसरी जातियों को गुलाम बनाने की कोशिश की।" (उप. पृ. 253) कहा जा सकता है कि सामन्ती युग के चक्रवर्ती सम्राट्‌ों ने भी अन्य जातियों को गुलाम बनाया। किन्तु दोनों में अन्तर है। सामन्ती सम्राट्‌ों ने न दूसरी जातियों के उन्मूलन का—उनकी ज़मीन से उन्हें खदेड़ने और बड़े पैमाने पर नरसंहार करने का—काम किया और न ही दूसरी जातियों को उपनिवेश बनाकर उनका शोषण किया। उनका लक्ष्य कुछ आर्थिक, कुछ धार्मिक और कुछ मनोवैज्ञानिक होता था। परन्तु ऐसे राज्यों से जातीय निर्माण में सहायता मिलती थी। भारत में, रूस में और पश्चिमी यूरोप में अनेक सामन्ती राजसत्ताओं ने सुसंगठित बड़े राज्य कायम किये। इन राज्यों की सीमाएँ निर्विघ्न होती थीं। इससे व्यापार की उन्नति में सहायता मिलती थी। उसके पहले व्यापार मार्ग की असुरक्षा के चलते व्यापारियों का आवागमन अवरुद्ध होता था। फलतः न वाणिज्य का प्रसार होता था, न दूर-दूर तक मुद्रा का सामान्य प्रचलन हो पाता था। छोटे-छोटे राज्य चुंगी की अपनी व्यवस्था रखते थे, इससे व्यापार आसान नहीं रह जाता था। भारत में पहले मौर्यों ने, फिर गुप्तों ने, उसके बाद मुग़लों ने, विशेषतः अकबर ने, ऐसा केन्द्रबद्ध राज्य स्थापित किया। परिणामस्वरूप जागीरदारों की सत्ता कमज़ोर हुई, बड़े इलाकों में एक-सी राजस्व व्यवस्था प्रचलित हुई, एक-सी मुद्रा का दूर-दूर तक चलन हुआ। पुरातत्त्वविदों के अनुसार 13वीं से 18वीं शताब्दी तक राजपूतों के सिक्के नहीं मिलते।

व्यापार द्वारा स्थापित यह एकीकरण जातियों के निर्माण की पृष्ठभूमि बनाता है। यह प्रक्रिया शुरू होती है 'सौदागरी' के दौर में, आगे बढ़ती है 'उद्योगपतियों' के दौर में, पूर्णता को पहुँचती है 'इजारेदार' पूँजीवाद के दौर में। स्वभावतः जातीय निर्माण के उपकरण सामन्ती व्यवस्था में ही एकत्र होते हैं। जैसे औद्योगिक क्रान्ति की पृष्ठभूमि सामन्ती व्यवस्था में, व्यापारिक क्रान्ति द्वारा निर्मित होती है। इस दृष्टि से, विकास का जो क्रम विच्छिन्न जान पड़ता है, वह एक अविच्छिन्न प्रक्रिया का अगला चरण होता है। मार्क्स-एंगेल्स की धारणाओं का विस्तार करते हुए रामविलासजी ने लिखा है, ''पूँजीवादी उत्पादन के चलन के लिए शर्त यह है कि व्यापार द्वारा एक बाज़ार कायम हो चुका हो जहाँ नयी उत्पादन-पद्धति से तैयार किये हुए माल की खपत हो सके। जिस बाज़ार के आधार पर जाति का निर्माण सम्भव होता है, वह बाज़ार सौदागरी पूँजीवाद द्वारा पहले कायम होता है, उसमें वस्तुओं की बढ़ती हुई खपत को पूरा करने के लिए उत्पादन की पद्धति में तब्दीली बाद में होती है।'' (उप. पृ. 261) इस तरह हम निरन्तरता का अनुभव करते हैं। इस निरन्तरता से यह भी स्पष्ट होता है कि नये सामाजिक गठन की प्रक्रिया में बहुत समय तक पुराने रूपों का अस्तित्व बना रहता है। कभी-कभी अत्यन्त प्राचीन रूप भी व्यवहार में परिलक्षित होते हैं। आधुनिक जातियों के अभ्युदय के बाद बिरादरियों की भावना समाप्त नहीं हुई है। जापान जैसे उन्नत देश में भी 'चोरी' (अस्पृश्य) जातियों के साथ भेदभाव बहुत हद तक जारी है; भारत में गोत्र समाज के संस्कार भी पूरी तरह लुप्त नहीं हुए हैं। इन अवशेषों से यह निर्धारित नहीं किया जा सकता कि नया सामाजिक गठन अस्तित्व में नहीं आया है। केवल यह पता चलता है कि पुराने रूप पूरी तरह मिटे नहीं हैं, चाहे पुराने सामाजिक अवशेषों के कारण या उन रूपों से संस्कारगत लगाव के कारण।

पूँजीवाद का विकास भी क्रमशः होता है। सामन्ती व्यवस्था में व्यापार के काम के लिए एक स्वतन्त्र वर्ण—वैश्य—उत्पन्न होता है। उसके व्यापारिक क्रियाकलाप से पूँजीवादी बाज़ार और उत्पादन पद्धति के विकास में सहायता मिलती है। लेकिन वैश्य के व्यापार से पूँजीवादी व्यापार का अन्तर इस बात में है कि पूँजीवाद के अन्तर्गत ''वस्तुओं का उत्पादन खाने-खरचने के लिए नहीं होता, उत्पादन होता है क्रय-विक्रय के योग्य माल तैयार करने के लिए। सामन्ती व्यवस्था में खाने-खरचने से जो माल बचता है, वह बेच लिया जाता है।'' यानी फालतू माल से काम नहीं चलता बल्कि बिकाऊ माल तैयार किया जाता है और ''कारीगर जो माल तैयार करता है, उसका उपयोग-मूल्य कम हो जाता है, विनिमय-मूल्य बढ़ जाता है।'' (उप. पृ. 263) दूसरे शब्दों में, जातीय विकास या उसकी पृष्ठभूमि के रूप में पूँजीवाद का विकास आकस्मिक

घटना नहीं है, वह एक सुसम्बद्ध ऐतिहासिक प्रक्रिया की तरह सम्पन्न होती है।

उत्पादन-पद्धति से सामाजिक गठन के रूपों का—वर्ण और वर्ग तथा लघुजाति और महाजाति का—क्या सम्बन्ध है? सामन्ती समाज में खाने-खरचने के उद्देश्य से जो उत्पादन होता है, वह अधिकांशतः खेत, घर या दुकान में होता है। "हल-माची की खेती से लेकर चरखे-करघे की कताई-बुनाई तक हर उद्योग में पूरा कुटुम्ब शामिल होता है। जो पेशा बाप का, वही बेटे का। इस तरह पेशे के आधार पर जातियाँ बनती हैं; पेशे का आधार होता है कुटुम्ब, इसलिए जो जाति बाप की होती है, वही उसके बेटे की होती है।" (निराला की साहित्य साधना, भाग-2, (1972), राजकमल, 1981, पृ. 28) इस वर्ण-व्यवस्था के साथ लघुजाति का सम्बन्ध यह है कि छोटे पैमाने पर उत्पन्न माल आसपास की मण्डियों में ही बेचा जात्ता है इसलिए कुछ गण या जन मिलकर जो नयी इकाई बनाते हैं, वह जनपद की, लघुजाति की इकाई होती है।

इससे पृथक्, पूँजीवादी समाज के उत्पादन से वर्ग और जाति (या महाजाति) का सम्बन्ध है, "एक कारखाने में तमाम मजदूर काम करते हैं। मैं लोको वर्कशॉप के मजदूरों के बीच रहता था जब मैं बीए में पढ़ता था। उसमें गाँव के तमाम किसान थे। उनमें मुसलमान भी थे, शूद्र भी थे, ब्राह्मण भी थे। ये उनकी परिस्थितियाँ थीं जो एक वर्ग के रूप में उनको संगठित कर रही थीं। यह चीज़ आगे बढ़ रही थी। बोली का प्रेम लोगों में बहुत होता है। ठीक है बोली का प्रेम, लेकिन कोई ऐसा कारखाना नहीं जहाँ सारे मजदूर भोजपुरी या अवधी बोलते हों। तो, ये जीवन की परिस्थितियाँ हैं जो लोगों को एक नयी दिशा में ठेल रही हैं।" (आज के सवाल और मार्क्सवाद, 2000, सम्पादक : अजय तिवारी, स्वराज, नयी दिल्ली, पृ. 272-73) जिस कारखाने में वे वर्ण-जाति से परे अपनी वर्गीय एकता पहचानते हैं, उसी में जनपदीय बोलियों से उठकर अपनी नयी सांस्कृतिक पहचान भी कायम करते हैं। सभी श्रम बेचनेवाले हैं, सभी खड़ीबोली में बात करनेवाले हैं—यह वर्ग और जाति की नयी पहचान नयी जीवन-स्थितियों की उपज है। जनपदीय बोली घर में चलती है, गाँव में चलती है, नगर में और काम-काज में सामान्य भाषा (यहाँ खड़ीबोली) का व्यवहार होता है।

यह प्रक्रिया किसी एक देश या समाज में नहीं, सभी देशों और समाजों में घटित होती है। जीवन की जो परिस्थितियाँ आपस में विभिन्न समुदायों को जोड़ती हैं, वे नये सामाजिक गठन का आधार बनती हैं। उत्पादन की पद्धति उनमें एक है। विनिमय के विस्तार के साथ दूर-दूर के इलाकों में आपसी सम्पर्क बढ़ता है, छोटी-छोटी भौगोलिक इकाइयों की जगह बड़ी इकाइयों का निर्माण होता है, बड़े सामाजिक गठन का अभ्युदय होता है। बिरादरी की तुलना में वर्ग उसी तरह बड़ा संगठन है, जिस तरह लघुजाति

की तुलना में महाजाति। छोटे पैमाने का सामन्ती उत्पादन, छोटे स्तर का सामाजिक गठन—बिरादरी और लघुजाति; बड़े पैमाने का पूँजीवादी उत्पादन, बड़े स्तर का सामाजिक गठन—वर्ग और महाजाति। यह विकास आकस्मिक नहीं होता। सामन्ती शासन के अधीन चक्रवर्ती साम्राज्यों के निर्माण से जातीय एकीकरण में मदद मिलती है। इसलिए उसे केवल पूँजीवाद तक सीमित नहीं किया जा सकता। जातीय एकीकरण के उपकरण सामन्ती अवस्था में संचित होते हैं, पूँजीवादी उत्पादन के साथ वे निर्णायक स्थिति में पहुँचते हैं, यह बात रामविलासजी ने बारम्बार स्पष्ट की है। अन्य विचारकों से अलग, स्वयं स्तालिन की धारणाओं से असहमति व्यक्त करते हुए रामविलासजी ने लक्षित किया है कि जातीयता का भाव पहले अभिजात वर्ग में पैदा होता है, "इसका कारण यह है कि पूँजीपतियों (व्यापारियों) द्वारा घरेलू बाज़ार का निर्माण जातीय निर्माण के अनेक कारणों में एक कारण है, एकमात्र कारण नहीं है।" (भारतीय साहित्य के इतिहास की समस्याएँ, पृ. 22)

अन्य कारणों में सबसे महत्त्वपूर्ण है भाषा। जातीयता और संस्कृति की पहचान भाषा से ही होती है। इसलिए बाज़ार निर्माण उसका सहायक हो सकता है, किन्तु नियामक नहीं हो सकता। देश और बाज़ार के विभाजन के बावजूद बंगाली जातीयता अविभाजित है—पूर्वी और पश्चिमी बंगाल की भाषा एक है, संस्कृति एक है, उसे धर्म के आधार पर भी नहीं तोड़ा जा सका है। इसी प्रकार, जाति के रूप में संगठित होने से पहले पोलिश जनता ने सामन्ती उत्पीड़न के समय विभिन्न प्रदेशों में विभाजित रहते हुए अपनी एकता पहचानी और जातीय पुनर्गठन के लिए संघर्ष किया। जर्मनी का स्लाव प्रदेश प्रुशिया दूसरे विश्वयुद्ध के बाद पोलैण्ड का अंग बना। उसके पहले सामन्ती काल में और हिटलर के काल में जर्मन उत्पीड़न झेलते हुए इन पोल जनों ने अपने इलाकों में अपना भाषायी अस्तित्व बनाये रखा। उनके संघर्ष ने, लेनिन के अनुसार, दो काम किये, किसान प्रजातन्त्र की स्थापना की और 'पहले अभिजात वर्ग में जातीयता जगायी, फिर पूँजीपतियों में, और अन्त में आम किसान जनता में।' (उद्धृतः रामविलास शर्मा, उप. पृ. 21) स्तालिन की धारणा से लेनिन की यह स्थापना अलग है। रामविलासजी अपने तर्कों के माध्यम से लेनिन की स्थापना को सही बताते हैं।

यह जातीयता भाषा के कारण, साझा जीवन के नाते, इतिहास और परम्परा की समानता के माध्यम से विकसित हुई। अभिजात वर्ग ने पोलिश भाषा और संस्कृति के दमन के विरुद्ध, उनके जर्मनीकरण के विरुद्ध संघर्ष करके भाषा की रक्षा की और जातीय चेतना के विकास की परिस्थितियाँ निर्मित कीं। भाषा के आधार पर अपनी एकता को पहचानने के कारण पोल जाति का एकीकरण सम्भव हुआ। यह तथ्य अन्य

जातियों के लिए भी समान रूप से लागू होता है। बंगाली और पोलिश जाति के इतिहास में अन्तर यह है कि बंगाली जाति पहले निर्मित हुई, राजनीतिक विभाजन बाद को हुआ; पोल जाति विभाजित थी, जातीय चेतना का विकास पहले हुआ, जातीय एकीकरण बाद को हुआ। एक अन्तर यह भी है कि बंगालियों में हिन्दू भी हैं, मुसलमान भी, पर धर्म के कारण उनकी जातीयता विभाजित नहीं है; पोल जन धर्म की दृष्टि से इसाई थे, उनमें धार्मिक विभाजन की सम्भावना ही न थी।

इससे यह पता चलता है कि जातीय निर्माण के लिए केवल आर्थिक या केवल राजनीतिक कारण पर्याप्त नहीं है। वह अनेक परस्पर सम्बद्ध प्रक्रियाओं का नतीजा है। इसका उदाहरण एक तरफ पंजाबी और बंगाली जातियाँ हैं, जिनका सामान्य बाज़ार नहीं है, सामान्य राजनीतिक प्रशासन नहीं है, सामान्य धर्म भी नहीं है; फिर भी उनकी भाषा और जातीयता पूर्वी और पश्चिमी भागों में एक ही है। इनसे पृथक्, पोल जाति की ही तरह 'उक्रैनी जाति विभाजित रही है; दूसरे महायुद्ध के बाद उसका एकीकरण पूरा हुआ है; उकैनी-उक्रैनी एक हैं, इस बात को वे विभाजित दशा में भी जानते थे।' (भाषा और समाज, पृ. 236) एक जगह पहले राज्य और बाज़ार संयुक्त था, जातीयता का विकास हुआ, विभाजन जातीय अस्मिता के निर्माण के बाद की परिघटना है; दूसरी जगह बाज़ार और राज्य विभाजित था, किन्तु भाषायी आधार पर जातीयता निर्मित हुई, उसने एकीकरण की राह सम्भव की। इसलिए सामान्य भाषा और संस्कृति जातीयता का अधिक व्यापक या निर्णायक आधार है। रामविलासजी ने इस तथ्य को ध्यान में रखकर कहा है कि बाज़ार के एकीकरण से वही जन और लाघुजातियाँ एक महाजाति बनती हैं "जो भाषा, संस्कृति और इतिहास में एक-दूसरे के बहुत निकट रही हों।' (उप. पृ. 271) इसका प्रमाण रूसी और हिन्दी, ये दो विशाल महाजातियाँ हैं। इसका कारण यह है कि भाषा के तत्त्व आर्थिक कारणों से निर्मित नहीं होते, उन तत्त्वों को निकट लाकर एक सामान्य भाषा के विकास में बाज़ार की भूमिका अवश्य होती है।

बाज़ार, राजसत्ता और जातीय भाषा

किस जनपद की भाषा जातीय भाषा का रूप लेती है, यह अनेक बातों पर निर्भर है। इनमें एक है बाज़ार, दूसरा है राजनीतिक सत्ता का केन्द्र। आज के हिन्दीभाषी प्रदेश में आगरा बाज़ार का केन्द्र था, राजसत्ता का केन्द्र भी था। वहाँ की ब्रज सांस्कृतिक व्यवहार की भाषा के रूप में स्वीकृत हुई। ब्रज केवल हिन्दीभाषी प्रदेश में नहीं, महाराष्ट्र और आसाम तक साहित्य की मान्य भाषा बनी। साहित्य की भाषा बनकर ब्रज ने पूरे हिन्दी क्षेत्र को आपस में सम्बद्ध किया, भारत के अन्य क्षेत्रों से हिन्दी प्रदेश

को जोड़ा, इस प्रकार जातीय निर्माण में अग्रणी भूमिका निभायी। उसके पहले व्यापारियों के साथ खड़ीबोली का प्रसार दूर-दूर तक हुआ था। दिल्ली में अमीर खुसरो, काशी में कबीर और हिन्दी क्षेत्र के बाहर नामदेव नगर केन्द्र से जुड़े थे और खड़ीबोली में लिखते थे। उस समय दिल्ली राजधानी थी। रामविलासजी ने सत्ताकेन्द्र से जातीय भाषा का विशेष सम्बन्ध नहीं जोड़ा है, लेकिन व्यवहार में हम यह देखते हैं कि व्यापारिक केन्द्र के अलावा राजनीतिक सत्ता का केन्द्र भी जातीय भाषा के निर्धारण में महत्त्वपूर्ण भूमिका अदा करता है। अकबर के बाद राजधानी आगरा आ गयी और क्रमशः आगरे की भाषा साहित्य की भाषा के रूप में प्रतिष्ठित हुई। उस समय ब्रज जैसी भूमिका अवधी की भी थी। तुलसी की भाषा न केवल अवध के बाहर समझी जाती थी बल्कि सूफी काव्य कहीं भी हो, अवधी में ही लिखा जाता था। 19वीं सदी में फिर राजधानी दिल्ली आने के बाद खड़ीबोली के लिए संघर्ष हुआ। खड़ीबोली, अवधी, ब्रज—इन तीन बोलियों की संश्लिष्ट भूमिका के कारण हिन्दी जाति के गठन और पुनर्गठन में कुछ उलझनें दिखायी देती हैं।

रामविलासजी का यह कहना सही है कि "हिन्दी जाति के निर्माण में, जनपदों के सांस्कृतिक आदान-प्रदान में, ब्रज, अवधी, खड़ीबोली तीनों की महत्त्वपूर्ण भूमिका थी। इस भूमिका के लिए आवश्यक परिस्थितियाँ व्यापारियों ने अनेक नगरों को व्यावसायिक सम्बन्धों द्वारा जोड़कर तैयार कीं।" (हिन्दी जाति का साहित्य, राजपाल, नयी दिल्ली, 1986, पृ. 12) इस जुड़ाव से विभिन्न जनपद पहले की अपेक्षा अधिक गहन सम्पर्क में आये, उनके बीच भाषायी और सांस्कृतिक निकटता और अधिक विकसित हुई। जिन दिनों साहित्य की भाषा ब्रज थी, उन्हीं दिनों बाज़ार की अर्थात् नगर केन्द्रों की भाषा खड़ीबोली थी। खड़ीबोली दिल्ली के आसपास की बाँगरू है। उस पर ब्रज का प्रभाव पड़ा तब वह जातीय भाषा बनी। खड़ीबोली के माध्यम से हरियाणा से मिथिला तक पूरे हिन्दी प्रदेश के बाज़ार में एकसूत्रता आयी। यदि खुसरो, कबीर और नामदेव तीनों खड़ीबोली में लिख रहे थे तो यह स्पष्ट है कि जातीय भाषा में साम्प्रदायिक भेद नहीं था, ब्रज हो या अवधी और खड़ीबोली, तीनों हिन्दू-मुसलमान व्यापारियों और कवियों की सामान्य भाषा थीं। इस तरह, न केवल विभिन्न जनपदों का एकीकरण हो रहा था, बल्कि धार्मिक अलगाव भी दूर हो रहा था। जातीय निर्माण की प्रक्रिया ऐसी ही होती है। वह धर्म और बिरादरी के भेद मिटाकर उन्हें सामान्य सांस्कृतिक इकाई बनाती है, जनपदों का आपसी सम्पर्क सुदृढ़ करके उन्हें एक भाषायी इकाई बनाती है।

कहा जा सकता है कि खड़ीबोली-ब्रजभाषा जैसा भेद जातीय निर्माण की असंगतियों का द्योतक तो है ही, वह हिन्दी जाति के अस्तित्व पर भी प्रश्नचिह्न लगाता

है क्योंकि एक जाति की दो भाषाएँ नहीं होतीं। यह स्थिति कहीं और रही हो, इसका पता नहीं चलता! रामविलासजी ने हिन्दी जाति के निर्माण की समस्याओं को विश्व के सभी समाजों के अध्ययन से पुष्ट किया है। उनका कार्य समाज, इतिहास, साहित्य और दर्शन तक सीमित नहीं रहा, भाषाविज्ञान में भी है। यह तथ्य उन्होंने उजागर किया है कि खड़ीबोली-ब्रजभाषा जैसा भेद फ्रांस में था। आधुनिक फ्रांसीसी भाषा उत्तरी फ्रांस की बोली है जिसका नाम है लांगदइल। (भाषा और समाज, पृ. 278) पेरिस इसी उत्तरी फ्रांस का हिस्सा है। पेरिस व्यापार का केन्द्र है, राजधानी भी है। "उसके (लांगदइल के) अभ्युदय से पहले दक्खिनी फ्रांस के प्रावांस जनपद की भाषा साहित्य में प्रयुक्त होती थी।" (भारतीय साहित्य के इतिहास की समस्याएँ, पृ. 53) प्रावांस जनपद की भाषा का नाम प्रोवांसाल था। प्रोवांसाल में लिखा साहित्य पूरे फ्रांस में पढ़ा, सुना और गाया जाता था। इससे विभिन्न जनपद एक-दूसरे के नजदीक आये, फ्रांसीसी जाति के निर्माण में सहायता मिली। यही स्थिति पहले ब्रज की थी, फिर खड़ीबोली की हुई। एक जनपद की भाषा साहित्य का माध्यम बनकर विभिन्न जनपदों के एकीकरण में सहायक होती है, इस प्रक्रिया में, तुलसी की अवधी की तरह, अन्य जनपदीय तत्त्वों को आत्मसात् करती है।

जाति के निर्माण में व्यापार और राजसत्ता के केन्द्रों की भूमिका असन्दिग्ध है, किन्तु वह निरपेक्ष नहीं है। कभी-कभी अन्य उपादान महत्त्वपूर्ण हो जाते हैं। इसका उदाहरण चीन है। बीजिंग राजसत्ता का केन्द्र है, सांस्कृतिक केन्द्र भी है; वहीं की चीनी जातीय भाषा बनी है। उसके पहले तीन प्रमुख जनपदों की बोलियाँ महत्त्वपूर्ण उपभाषाएँ थीं—च्यांग शी, हुनान और ई। इन सभी का चीनी जाति के विकास में योगदान है। चीनी जाति का निर्माण शुरू करने में व्यापार की जगह एक नहर की भूमिका निर्णायक थी। 13वीं सदी में पेकिंग और हांग चाउ क्षेत्र को मिलानेवाली संसार की सबसे लम्बी नहर ने चीनी जाति में एकसूत्रता का भाव उत्पन्न किया। (भाषा और समाज, पृ. 277) दूसरी तरफ इंग्लैण्ड में 1755 तक कोई नहर थी ही नहीं। चीन की तरह भारत में भी प्राचीनकाल से नहरों का अस्तित्व प्रमाणित है—मौर्यों, गुप्तों, मुग़लों ने सड़कों के साथ-साथ नहरें भी बनवायी थीं।

बाज़ार, राजसत्ता, नहर—एकीकरण का कोई भी माध्यम विभिन्न जनपदों को एक-दूसरे के निकट लाकर उनमें एकता का भाव, जातीयता की चेतना, उत्पन्न करने में सहायक बन सकता है। आपसी सम्पर्क से विभिन्न जनपद अपनी विशेषता बनाये रखकर अन्य जनपदों के साथ अपने भाषायी-सांस्कृतिक सम्बन्धों को पहचानते हैं, एक वृहत्तर इकाई से जुड़कर नये सामाजिक गठन में विकसित होते हैं। इसी अन्तर्जनपदीय संगठन का नाम जाति है। जातीय गठन का कोई भी उत्प्रेरक हो, जातीय गठन के

अन्तर्तत्त्व समान रहते हैं। यह समानता सुदीर्घ सम्पर्क और साझेदारी से विकसित होती है।

जातीय एकीकरण के साथ राजनीतिक सत्ता के केन्द्र की भाषा भारत, फ्रांस या चीन की जातीय भाषा बनी। यहाँ, भाषा और समाज में, अभी राजनीतिक सत्ता-केन्द्र का कुछ महत्त्व रामविलासजी स्वीकार करते हैं। फ्रांस और चीन की तरह भारत के सम्बन्ध में वे लिखते हैं, भाषा 'इसके सिवा तुर्कों और मुग़लों के शासनकाल में दिल्ली उत्तर भारत में राजसत्ता का बहुत बड़ा केन्द्र थी। इस कारण भोजपुरी या अवधी जातीय भाषा के रूप में विकसित न हुईं; जातीय भाषा बनी दिल्ली केन्द्रवाली खड़ीबोली।'' (उप. पृ. 278) यह स्थिति मुग़लों से पहले, कबीर-खुसरो के काल की थी, बाद को भी कायम रही। लेकिन उनके जाति-विवेचन में राजनीति की भूमिका क्रमशः परोक्ष होती गयी। आगे चलकर उन्होंने महाभारतकाल के सन्दर्भ में यह स्थापना प्रस्तुत की कि, ''जिस सामन्तवर्ग के हाथ में राजसत्ता थी, वह राजनीतिक रूप से इस देश को कभी एकताबद्ध नहीं कर पाया। जिन कवियों के हाथ में राजसत्ता नहीं थी, वे इस देश को सांस्कृतिक रूप से एकताबद्ध करने में सफल हुए।'' (भारतीय साहित्य के इतिहास की समस्याएँ, पृ. 31-32)

कहा जा सकता है कि यहाँ बात जाति की नहीं, राष्ट्र की है। एक जाति के विकास में राजनीति की भूमिका होती है, राष्ट्र के विकास में नहीं, यह बात थोड़ी अतिरंजित जान पड़ती है। पर इसमें सन्देह नहीं कि विभिन्न कालों में अस्थिर राज्यसीमाओं से राष्ट्रीयता का या जातीयता का विकास अवरुद्ध नहीं होता, यह दुनिया के अनेक देशों के उदाहरण से स्पष्ट है। व्यापार इन राज्य सीमाओं में बँधकर नहीं रहता, संस्कृति भी इन सीमाओं को नहीं मानती। इस दृष्टि से संस्कृति विनिमय का अनुसरण करती है, राजनीतिक सीमाओं का नहीं। राज्यसीमा और जातियों की परिधि में अन्तर से यह भी स्पष्ट है कि कोई जाति एक राज्य में सीमित हो, यह आवश्यक नहीं है, जैसे किसी राष्ट्र में केवल एक जाति के लोगों का रहना आवश्यक नहीं है। राष्ट्र और जाति का प्रश्न उलझा हुआ है। इस उलझाव के कई कारण हैं। उस पर विचार करना आवश्यक है।

जाति और राष्ट्र

एक जाति अनेक राष्ट्रों में विभाजित हो सकती है, अनेक जातियाँ एक राष्ट्र में रह सकती हैं। इस बारे में हमें पर्याप्त विविधता दिखायी देती है। जातियों की बहुराष्ट्रीयता के उदाहरण हैं बंगाली (भारत और बांग्लादेश), पंजाबी (भारत और पाकिस्तान), नेपाली (भारत और नेपाल), फ्रांसीसी (फ्रांस, स्विट्ज़रलैण्ड, बेल्जियम,

कनाडा आदि), स्लाव (रूस, पोलैण्ड, बुल्गारिया, जर्मनी आदि) और अँगरेज़ (इंग्लैण्ड, कनाडा, ऑस्ट्रेलिया, अमरीका आदि); तथा राष्ट्रों की बहुजातीयता के उदाहरण हैं भारत, ब्रिटेन, रूस, स्विट्ज़रलैण्ड इत्यादि। भारत में हिन्दी, बंगाली, असमी, तमिल, मराठी, गुजराती, तेलुगु आदि अनेक जातियाँ अनादिकाल से रहती आयी हैं; ब्रिटेन में आयरिश, स्कॉट, वेल्श आदि जातियाँ रहती हैं; स्विट्ज़रलैण्ड में जर्मन, इटालियन, फ्रांसीसी बोलनेवाली जातियाँ शान्तिपूर्ण सहअस्तित्व में रहती हैं; कनाडा में अंग्रेजी और फ्रांसीसी भाषी दो जातियाँ हैं; स्पेन में स्पेनिश, बास्क और कतलन बोलनेवाली तीन जातियाँ हैं; बेल्जियम में फ्लेमिश और फ्रांसीसी दो भाषाएँ बोलनेवाले साथ रहते हैं। भारत की ही तरह स्विट्ज़रलैण्ड, कनाडा और बेल्जियम में भी जातीय वैमनस्य नहीं है। उनकी यह एकता विश्वयुद्ध के समय प्रदर्शित भी हुई। इन देशों को सही अर्थ में बहुजातीय राष्ट्र कहना चाहिए।

इसलिए जातीयता के प्रश्न पर आगे विचार करने से पहले हमें 'जाति' और 'राष्ट्र' के अर्थ, अवधारणा और परस्पर-सम्बन्ध पर ध्यान देना चाहिए। हिन्दी में जाति और राष्ट्र दो शब्द हैं किन्तु अंग्रेजी में इन दोनों के लिए एक ही शब्द है—'नेशन'। अंग्रेजी में प्रायः जाति के अर्थ में नेशन का प्रयोग होता है और राष्ट्र के लिए कोई उपयुक्त पद नहीं मिलता। कुछ लोग राष्ट्र के लिए 'नेशन' और जाति के लिए 'नेशनैलिटी' का प्रयोग करते हैं, जिसके हिन्दी अनुवाद के रूप में 'राष्ट्रीयता' का व्यवहार होता है। इससे उलझन बढ़ जाती है। ''नेशन' की लेनिन द्वारा दी गयी प्रसिद्ध परिभाषा है, ''सारी दुनिया में सामन्तवाद पर पूँजीवाद की अन्तिम विजय के काल का राष्ट्रीय आन्दोलनों से सम्बन्ध रहा है। इन आन्दोलनों का आर्थिक आधार यह तथ्य है कि पण्य उत्पादन की पूर्ण विजय प्राप्त करने के लिए पूँजीपति वर्ग द्वारा घरेलू बाज़ार पर कब्ज़ा किया जाना, राजनीतिक दृष्टि से संयुक्त ऐसे इलाकों का होना, जिनके निवासी एक ही भाषा बोलते हों, और इस भाषा के विकास तथा साहित्यों में उसके दृढीकरण में सभी बाधाओं का हटाया जाना आवश्यक है।'' (राष्ट्रीय नीति तथा सर्वहारा अन्तरराष्ट्रीयता के प्रश्न, प्रगति प्रकाशन, मॉस्को, 1986, पृ. 56)

सभी बातें जाति की परिभाषा करती हैं लेकिन उसे 'राष्ट्रीयता' कहा गया है। इस समस्या को लक्षित करने के लिए 'एक ही भाषा' बोलने पर ध्यान दें। संसार में ऐसे राष्ट्र अपवादस्वरूप ही मिलेंगे जिनमें 'एक ही भाषा' बोलनेवाले लोग रहते हों। स्वभावतः यह परिभाषा जाति की है, राष्ट्र की नहीं। जिसे 'नेशन स्टेट' कहा जाता है, वास्तव में वह जातीय राज्य है और इन जातीय राज्यों (नेशन स्टेट्स) का विकास 15-16वीं सदी में पुनर्जागरण के काल में हुआ था। यूरोपव्यापी ईसाई महामण्डल के विरुद्ध—मध्यकालीनता के विरुद्ध—आधुनिक संस्कृतियों का विद्रोह जातीय भाषाओं

की पताका लेकर उभरा था। इटली, जर्मनी, इंग्लैण्ड—सर्वत्र लैटिन के प्रभुत्व के विरुद्ध बोल-चाल की भाषाओं के माध्यम से जातीय संस्कृतियों का अभ्युत्थान दिखायी देता है। तभी नयी राष्ट्रीयता का विकास हुआ। इसलिए यह धारणा प्रचलित हुई कि आधुनिक राष्ट्र एक भाषा बोलनेवाली आबादी के निवास है। जबकि इनमें कोई ऐसा देश नहीं था जहाँ एक ही भाषा बोलनेवाले लोग रहते हों। यह अवश्य हुआ कि एक भाषाभाषी जाति का नेतृत्व रहा, जिसने आधुनिक संस्कृतियों के लिए बाकियों का संगठन किया; नये राज्यों के उदय के बाद इन जातियों का प्रभुत्व कायम हुआ जिसने प्रारम्भिक उभार के समय 'राष्ट्रवाद' के ढाँचे में अन्य (सहयोगी) जातियों के घुल-मिल जाने का आदर्श प्रस्तुत किया। इस आदर्श के अनुरूप यह प्रतिपादित किया गया कि प्रत्येक देश में एक ही जाति या राष्ट्रीयता के लोग रहते हैं। वास्तव में यह तथ्य नहीं था।

इसके परिणाम न तब अच्छे निकले, न बाद में; इस समस्या पर आगे विचार किया जायगा। यहाँ उल्लेखनीय यह है कि नेशन स्टेट के रूप में जिन देशों की स्थापना की गयी, वे अनेक भाषाभाषी समुदायों के निवास थे किन्तु उन्हें बहुजातीय राष्ट्र के रूप में नहीं देखा गया। 'नेशन स्टेट'—इस पदावली में 'नेशन' का अर्थ राष्ट्र न होकर जाति है और स्टेट का अर्थ राज्य है। फ्रांस केवल फ्रांसीसी बोलनेवालों का देश है, यह धारणा प्रचारित हुई। इसी आधार पर भारत को भी नेशन स्टेट कहने का चलन बढ़ा। जबकि कम-से-कम भारत में तमिल-कन्नड़-मलयाली-गुजराती-मराठी-बंगाली-उड़िया-हिन्दी आदि अनेक भाषाभाषी जातियाँ अत्यन्त प्राचीन काल से—गणसमाज के काल से—साथ रहती आयी हैं। यदि यूरोप के देश एक भाषाभाषी हों तो भी भारत पर यह सिद्धान्त लागू नहीं होता। फिर भी यूरोप के देशों की तरह भारत को 'नेशन स्टेट' कहने का चलन समाजविज्ञान में काफी व्यापक है। इस भ्रान्ति का कारण है अंग्रेजी में सही पदावली का अभाव और भारत में अंग्रेजी के माध्यम से चिन्तन।

रामविलासजी ने इस सम्बन्ध में विस्तार से विचार किया है लेकिन उसके पहले वाकर कोन्नोर के अभिमत का उल्लेख आवश्यक है ताकि स्पष्ट रहे कि रामविलासजी ने मनमाने अर्थ नहीं किये हैं। वाकर कोन्नोर ने 'नेशन स्टेट' की समस्या पर विचार करते हुए बताया है कि 'नेशन' का अर्थ है 'पीपुल', 'सिटिज़ेनरी' (People, Citizenry) और 'स्टेट' का अर्थ है 'टेरिटरी', 'बाउण्डरी' (Territory, Boundary)। (नेशनलिज्म, 1994, (सं.) जॉन हचिंसन, एन्थोनी डी. स्मिथ; ऑक्सफ़ोर्ड यूनिवर्सिटी प्रेस, ऑक्सफ़ोर्ड, न्यूयॉर्क, पृ.39) कोन्नोर ने अंग्रेजी के माध्यम से अवधारणा पर विचार किया लेकिन 'नेशन' का अर्थ आबादी को बताया जो सही है; हालाँकि यह स्पष्ट नहीं है कि यह आबादी एक भाषाभाषी है या बहुभाषाभाषी। कोन्नोर से बहुत

पहले, कम-से-कम साढ़े तीन दशक पहले, रामविलासजी ने 'नेशन' का पर्याय 'जाति' को बताया है और यह भी स्पष्ट किया है कि 'राष्ट्र' का पर्याय अंग्रेजी में नहीं है। इस बारे में उनका कथन द्रष्टव्य है, "राष्ट्र और देश में अन्तर यह है कि राष्ट्र में उसकी भूमि में रहनेवाले व्यक्ति भी शामिल हैं, देश से मानव-समाज का बोध नहीं होता। देश और समाज, दोनों के संयुक्त अर्थ का बोध राष्ट्र शब्द से होता है। 'समाज' का अस्तित्व गण-व्यवस्था में होता है, सामन्ती व्यवस्था में होता है, पूँजीवादी व्यवस्था में भी होता है। अनावश्यक भ्रम से बचने के लिए 'नेशन' का पर्याय जाति मान लेना चाहिए, राष्ट्र का अर्थ एक सीमा तक लैटिन शब्द—पात्रिआ से ध्वनित होता है यद्यपि पात्रिआ में मानव-समुदाय का बोध राष्ट्र की तरह नहीं होता। फिर भी हिन्दी में जिसे बहुजातीय राष्ट्रीयता कहेंगे, उसके अनुरूप अंग्रेजी में मल्टीनेशनल पैट्रिऑटिज्म का व्यवहार सम्भव है। (भारतीय साहित्य के इतिहास की समस्याएँ, पृ. 34)

इस सम्बन्ध में उन्होंने आगे कहा, "राष्ट्र और पात्रिआ में अन्तर यह है कि पात्रिआ केवल उस भूमि का अर्थ देता है जहाँ एक या अनेक मानव समुदाय रहते हैं। राष्ट्र और 'नेशन' में अन्तर यह है कि नेशन शब्द किसी भूखण्ड-विशेष में रहनेवाले मानव समुदाय का अर्थ देता है। यदि 'नेशन' और 'पात्रिआ' इन दोनों शब्दों का अर्थ मिला दिया जाय तो वह अंशतः राष्ट्र के निकट पहुँचेगा, पूर्णतः नहीं, क्योंकि 'नेशन' एक ही भाषा बोलनेवाला समुदाय होता है किन्तु राष्ट्र में एक ही भूखण्ड के निवासी अनेक भाषाएँ बोलनेवाले मानव समुदाय हो सकते हैं।" (उप. पृ. 70)

दूसरे शब्दों में, एकजातीय राज्य के लिए नेशन स्टेट या पात्रिआ का व्यवहार उचित है, बहुजातीय राष्ट्र के लिए नहीं। इसके लिए अंग्रेजी में कोई शब्द या पदावली नहीं है। इसलिए यह धारणा भी अंग्रेजी से नहीं समझी जा सकती। इस तथ्य को ध्यान में रखें तो जातीयता और राष्ट्रीयता के प्रश्न पर सही दृष्टि से विचार सम्भव है। संक्षेप में, जाति की अवधारणा किसी एक भाषा के बोलनेवाले मानव समुदाय से सम्बद्ध है, राष्ट्र की अवधारणा एक भाषा बोलनेवाले समुदाय की भी हो सकती है, जैसे बांग्लादेश या पोलैण्ड, अनेक भाषाएँ बोलनेवालों की भी हो सकती है, जैसे भारत, स्विट्ज़रलैण्ड, इत्यादि। समस्या यह है कि जाति का अर्थ है नेशन, देश का अर्थ है कण्ट्री और स्टेट का अर्थ है राज्य, राष्ट्र का कोई पर्यायवाची नहीं है। इसलिए जहाँ 'नेशन' या 'नॅशनल' पर बहस हो, उसे जातीयता की चर्चा समझना चाहिए। यूरोप और भारत में राष्ट्रों का निर्माण एक तरह से नहीं हुआ, जातियों के निर्माण की प्रक्रिया में समानता है।

सांस्कृतिक निरन्तरता और बहुजातीय राष्ट्रीयता

भारत के राष्ट्रीय स्वरूप को ध्यान में रखकर विवेचन करें तो बहुजातीय राष्ट्र के रूप में प्राचीन काल के दो समाज उल्लेखनीय हैं, यूनान और भारत। इन दोनों देशों में राष्ट्रीयता का भाव गणसमाज से चला आ रहा है; 'थुकेदिदेस अपनी पुस्तक हेलास के वृत्तान्त से आरम्भ करता है, किसी विशेष गणसमाज के वृत्तान्त से नहीं।' (भारतीय साहित्य के इतिहास की समस्याएँ, पृ. 27) यूनान का प्राचीन नाम हेलास है, जैसे भारत का आर्यावर्त्त है। भारत में भी 'राष्ट्र शब्द का व्यवहार इन तीनों प्रकार के मानव समाजों के लिए (गणसमाज, लघुजाति और महाजाति के लिए,-अ. ति.) होता रहा है।' (उप. पृ. 28)

यूनान और भारत की तरह यूरोप के प्रभुत्वशाली देशों के लिए यही दावा नहीं किया जा सकता कि वे प्राचीनकाल से एक राष्ट्र हैं। ब्रिटिश जाति का निर्माण ऐंगल और सैक्सन गणों के मिलने हुआ है जो पहले जर्मनी में रहते थे। दोनों का इतिहास काफी बर्बर है। इस इतिहास पर रामविलासजी ने अनेकशः प्रकाश डाला है। 'हिन्दी जाति के सांस्कृतिक इतिहास की रूपरेखा' (1977) में उन्होंने दिखाया कि ब्रिटेन में ऐंगल और सैक्सन गणों ने केल्त लोगों से युद्ध किया जो शताब्दियों तक चला। केल्त गण स्कॉटलैण्ड और वेल्स में रहते थे। ऐंगल और सैक्सन गणों ने स्कॉट और लोगों का बलपूर्वक दमन किया, उन्हें अधीन बनाया। उत्तरी आयरलैण्ड अब भी उनके कब्जे में है। आयरिश और वेल्स भाषाएँ अंग्रेजी से उतनी ही भिन्न हैं जितनी हिन्दी से कश्मीरी; लेकिन स्कॉटलैण्ड में अंग्रेजीकरण की प्रक्रिया अधिक हुई है; स्वभावतः भारत या यूनान की तरह ब्रिटिश जाति का सांस्कृतिक इतिहास अविच्छिन्न नहीं है, न उनकी राष्ट्रीयता ही प्राचीन है, "ब्रिटेन या जर्मनी के प्राचीन गणसमाजों से उसका वैसा ही सम्बन्ध नहीं है, जैसा हिन्दी जाति का भरत, कोसल और मगध गणों से है।" (परम्परा का मूल्यांकन, राजकमल, 1981, पृ. 16-17) भारत की तरह इटली और यूनान का सांस्कृतिक इतिहास भी अविच्छिन्न है, 'यूनान के प्राचीन गणसमाजों का इतिहास सुविदित है। इनके प्राचीन महाकाव्य, नाटक और गद्य-ग्रन्थ यूरोप की संस्कृति का आदिस्रोत हैं, पर वे सबसे पहले यूनानी जाति की विरासत हैं। आधुनिक यूनानी भाषा प्राचीन ग्रीक भाषा (या भाषाओं) से वैसे ही मिलती-जुलती है जैसे हिन्दी संस्कृत से।" (उप. पृ. 17)

वैदिक काल में भरत, कुरु, पांचाल आदि गण; बौद्ध काल में ब्रज, कोसल (अवध), मगध, बुन्देलखण्ड आदि जनपद; अब हिन्दी, बँगला, तमिल, कन्नड़ आदि जातियाँ। भारत का जातीय विकास यूनान की तरह अविच्छिन्न है, गणसमाज से अब तक सांस्कृतिक और जातीय निरन्तरता के कारण भारत, यूनान, इटली को हम

स्वाभाविक राष्ट्र कह सकते हैं। इनसे अलग कुछ दूसरे प्रकार के बहुजातीय राष्ट्र हैं, जिनमें जातीय अथवा सांस्कृतिक निरन्तरता नहीं मिलती। ब्रिटेन और अमरीका ऐसे राष्ट्रों में अग्रणी हैं। दोनों तरह के राष्ट्रों का विवेचन रामविलासजी ने किया है। इंग्लैण्ड, स्कॉटलैण्ड, आयरलैण्ड और वेल्श आदि का विस्तृत इतिहास प्रस्तुत करते हुए उन्होंने लिखा है, ''सामन्ती युग में बहुजातीय राष्ट्र का निर्माण दो तरह से होता दिखायी देता है। एक तरीका स्विट्ज़रलैण्ड का है जहाँ एक-दूसरे को गुलाम बनाये बिना भिन्न भाषाएँ बोलनेवाली जातियाँ मिलकर एक साथ रहने लगीं। दूसरा तरीका इंग्लैण्ड का है जहाँ अंग्रेजों ने, मूल निवासियों का नाश करके, उनकी भूमि से उन्हें खदेड़कर, वहाँ अपना प्रभुत्व कायम किया, और जिनका नाश न कर पाये या जिन्हें खदेड़ न पाये, उन्हें साम-दाम-दण्ड-भेद से, किसी-न-किसी प्रकार, अपने अधीन कर लिया।'' (उप. पृ. 19) स्विट्ज़रलैण्ड प्राचीन काल से राष्ट्र नहीं है, इंग्लैण्ड भी नहीं है; आधुनिक राष्ट्र के रूप में 13वीं-14वीं शताब्दी से स्विट्ज़रलैण्ड एक सहअस्तित्वपूर्ण समाज है, उसे स्वाभाविक राष्ट्र की श्रेणी में रखना चाहिए; उससे भिन्न इंग्लैण्ड है जिसे अस्वाभाविक राष्ट्र कहना चाहिए। अमरीका इसके बाद—यूरोपवासियों की घुसपैठ के बाद—राष्ट्र बना। वह और अधिक अस्वाभाविक राष्ट्र है।

जातीयता के प्रश्न को रामविलासजी भाषा के प्रश्न से अभिन्न रूप में देखते हैं। ऐंगल और सैक्सन गण अपनी भाषा लेकर गये थे, उन्होंने अन्य जातियों के साथ-साथ उनकी भाषाओं का भी दमन किया; यूनानी जाति की सांस्कृतिक परम्परा अटूट है इसलिए उसकी जातीयता और राष्ट्रीयता अविच्छिन्न है, उसकी भाषायी परम्परा अटूट है। जर्मनी के जो कबीले ब्रिटेन गये, वे इण्डो-जर्मन भाषा-परिवार की शाखा थे। ''इसी शाखा के ऐंगल और सैक्सन कबीलों ने ब्रिटेन की सभ्यता का विनाश किया और ब्रिटेन के भीतर इंग्लैण्ड की स्थापना की।'' आगे चलकर जर्मन शाखा के इन्हीं इंग्लैण्डवासियों ने, वहाँ के सामन्तों और व्यापारियों ने, अमरीका की आदिवासी सभ्यताओं के नाश किया; वहाँ अपने उपनिवेश बनाये' ''फिर अमरीकी उपनिवेशों के अंग्रेज़ इंग्लैण्ड के अंग्रेजों से लड़े'' (भारतीय साहित्य के इतिहास की समस्याएँ, पृ. 25) हिंसा और युद्ध इस जर्मन शाखा की अपनी विशेषता है।

दूसरे शब्दों में, दुनिया की महाशक्ति अमरीका की राष्ट्रीयता भी गणसमाज से अब तक अविच्छिन्न नहीं है। इंग्लैण्ड की तरह अमरीका इस बात का उदाहरण है कि अनेक आधुनिक जातियों के मूलप्रदेश वही नहीं हैं जहाँ वे आज रहते हैं। जिन देशों में गणसमाज से आधुनिक समाज तक इतिहास और संस्कृति की परम्परा अविच्छिन्न दिखायी देती है, उन्हें स्वाभाविक राष्ट्र की संज्ञा दी जा सकती है, जिनमें यह परम्परा अविच्छिन्न नहीं दिखायी देती, उन्हें अस्वाभाविक राष्ट्र कहना उचित है। ब्रिटेन की

ही तरह अमरीका भी ऐसा ही देश है। अमरीकी जाति का गठन अनेक स्रोतों से हुआ है। पहले इंग्लैण्ड और आयरलैण्ड के लोग यूरोप से वहाँ गये, फिर यहूदी एशिया से गये और अश्वेत अफ्रीका से गये; "अमरीकी जाति अनेक महाद्वीपों के अनेक भाषाएँ बोलनेवाले मानव-तत्त्वों से बनी है जिनकी भिन्नता और पृथक्ता आज भी अलग से पहचानी जा सकती है।" स्वभावतः "अमरीकी जाति के सांस्कृतिक इतिहास की शृंखला गणसमाजों तक अविच्छिन्न रूप में नहीं पहुँचती।" (परम्परा का मूल्यांकन, पृ. 16)

इसका दूसरा पहलू यह है कि ब्रिटेन की तरह अमरीका जानेवाले ऐंगल और सैक्सन कबीले के लोगों ने वहाँ और भी अधिक विनाश-कार्य संगठित किया। मूल निवासियों का जिस बड़े स्तर पर उन्मूलन किया गया, वह मानव सभ्यता के इतिहास में अतुलनीय है। अज़तेक, इंका और माया सभ्यताएँ इतिहास के पटल से लुप्त हो गयीं। उनकी आबादी और भाषा का कोई चिह्न नहीं बचा। माया सभ्यता के विनाश पर पाब्लो नेरुदा ने अपना विश्वप्रसिद्ध शोकगीत लिखा था—'माच्चू-पिच्चू के शिखर'। केवल रेड इण्डियन की थोड़ी-सी आबादी बची है, जिनकी भाषा को राजकीय मान्यता नहीं है। अंग्रेजी वहाँ अन्य भाषा-संस्कृतियों का दमन करती है। इसलिए ऊपर से एकजातीय राज्य होते हुए भी अमरीका बहुजातीय देश है जिसकी परम्परा अविच्छिन्न रूप में प्राचीन काल तक नहीं जाती और जहाँ जातीय उत्पीड़न इतिहास और समाज का अनिवार्य अंग है। रेड इण्डियनों की तरह अश्वेतों का दमन भी अमरीकी समाज का जातीय स्वभाव है।

रामविलासजी की विशेषता यह है कि तथ्यों की खोज के आधार पर वे न सिर्फ अपनी स्थापनाएँ प्रस्तुत करते हैं बल्कि आवश्यक होने पर अपनी धारणाओं में परिवर्तन भी करते हैं। ऊपर ब्रिटेन के बहुजातीय स्वरूप के बारे में उनकी स्थापना हमने देखी। पहले वे उसे बहुजातीय राज्य नहीं मानते थे। 'भाषा और समाज' में वे ब्रिटेन को एकजातीय राज्य के रूप में विश्लेषित करते हैं। किन्तु 'भारतीय साहित्य के इतिहास की समस्याएँ' में वे स्पष्टतः स्वीकार करते हैं कि "यह धारणा ग़लत है।" अपनी ही इस ग़लत धारणा के खण्डन में वे तीन तर्क देते हैं: (1) "वेल्श, स्कॉट आदि केल्त जातियों को जीतकर एक राष्ट्र बनाने का क्रम सामन्ती युग में पूरा हुआ।" अतः वह पूँजीवादी आर्थिक सम्बन्धों के विकास का परिणाम न था; (2) पूँजीवादी क्रान्ति के बाद राज्यसत्ता सामन्तों से पूँजीपतियों के हाथ में आयी, लेकिन "इस सामन्त-विरोधी क्रान्ति में उन्होंने सामन्तों द्वारा गुलाम बनायीं गयी जातियों को मुक्त नहीं किया, उनकी पराधीनता से बिकाऊ माल तैयार करने और बेचने से उन्होंने लाभ उठाया।" क्रॉमवेल द्वारा जातियों का दमन बताता है कि 'सामन्ती राज्य-विस्तार पूँजीपतियों के लिए

लाभकारी है, वे जातियों का सामन्तयुगीन उत्पीड़न कायम रखेंगे।'' और (3) आयरिश जाति अपनी स्वतन्त्रता के लिए लड़ रही है, वेल्श और स्कॉट जाति भी ''अब निरन्तर स्वायत्त शासन की माँग कर रही है।'' (भारतीय साहित्य के इतिहास की समस्याएँ, पृ. 19) स्वतन्त्रता की यह माँग उनकी स्वतन्त्र जातीयता की स्वीकृति है।

अपनी धारणाओं में परिवर्तन करते हुए रामविलासजी ने राष्ट्रीयता के विकास की अनेक स्थितियाँ रेखांकित कीं। ब्रिटेन और अमरीका का जिस तरह 'निर्माण' हुआ है, उसे भारत, यूनान या स्विट्ज़रलैण्ड की तरह 'राष्ट्र' की संज्ञा नहीं दी जा सकती। दोनों में अन्तर है। ब्रिटेन-अमरीका बलात् संगठित राष्ट्र हैं और भारत-यूनान-स्विट्ज़रलैण्ड स्वाभाविक राष्ट्र। दोनों के अन्तर पर प्रकाश डालते हुए रामविलासजी ने लिखा है, ''सामन्ती युग में बहुजातीय राज्य का निर्माण दो तरह से होता दिखायी देता है। एक तरीका स्विट्ज़रलैण्ड का है जहाँ एक-दूसरे को गुलाम बनाये बिना भिन्न भाषाएँ बोलनेवाली जातियाँ मिलकर एक साथ रहने लगीं। दूसरा तरीका इंग्लैण्ड का है जहाँ अंग्रेजों ने, मूल निवासियों का नाश करके, उनकी भूमि से उन्हें खदेड़कर, वहाँ अपना प्रभुत्व कायम किया, और साम-दाम-दण्ड-भेद से, किसी-न-किसी प्रकार, अपने अधीन कर लिया।'' (उप. पृ. 19) स्विट्ज़रलैण्ड से भारत की समानता यह है कि यहाँ विभिन्न भाषाभाषी जातियाँ एक-दूसरे को गुलाम बनाये बिना, मिलकर रहती हैं; दोनों में अन्तर यह है कि स्विट्ज़रलैण्ड की राष्ट्रीयता सामन्ती युग में विकसित हुई है जबकि भारत की राष्ट्रीयता गणसमाज के आरम्भिक काल से अविच्छिन्न चली आती है। दूसरे शब्दों में कहें तो भारत के सन्दर्भ में प्राचीन काल के लिए यूनान का उदाहरण लागू होता है, आधुनिक काल के लिए स्विट्ज़रलैण्ड का।

किसी जाति या राष्ट्र के निर्माण की प्रक्रिया उसके जातीय चरित्र का निर्धारण करती है। यह जातीय चरित्र आर्थिक परिस्थितियों का सीधा प्रतिबिम्ब नहीं होता। जातीय चरित्र के निर्धारण में किसी जाति का इतिहास अधिक महत्त्वपूर्ण भूमिका निभाता है, आर्थिक सम्बन्धों की भूमिका गौण होती है। स्वाभाविक और बलात् दोनों तरह के राष्ट्रों की तुलना से यह बात प्रमाणित होती है। हम देख चुके हैं कि ऐंगल-सैक्सन भाषा-परिवार के जर्मन कबीले किस तरह ब्रिटेन की सभ्यता में आततायी की भूमिका अदा करते हैं और अमरीकी सभ्यता का नाश करते हैं। इस इतिहास का स्मरण करते हुए रामविलासजी ने लिखा है, ''पिछले दो महायुद्धों में नरसंहार के लिए प्राचीन जर्मन कबीलों के आधुनिक उत्तराधिकारी ज़िम्मेदार हैं।...भाषाओं के विश्व मानचित्र में यह जर्मन कबीला एक छोटी-सी बूँद के समान है किन्तु विनाश और विध्वंस के कार्यों में वह अद्वितीय है।...गण-व्यवस्था के समय इनके पुरखों ने जिस बर्बरता का परिचय दिया था, उसमें इन पूँजीपतियों ने चार-चाँद लगा दिये हैं।'' (उप. पृ. 25) विनाश

में दूसरा स्थान लैटिन शाखा का है। उन्होंने यूरोप की केल्त सभ्यता का दमन किया, बाकियों को गुलाम बनाया। (पृ. 26) रोमनों ने भी यूरोप को लूटा था, किन्तु बदले में कुछ दिया। पर लैटिन शाखा के वारिसों ने उत्तरी और दक्षिणी अमरीका में जैसी लूट मचायी, उससे वे जर्मन कबीलों के नजदीक मालूम होते हैं। दुनिया की अन्य जातियाँ भी सामन्ती और पूँजीवादी स्थितियों से गुज़री हैं, किन्तु ऐसी विनाशलीला उन्होंने नहीं दिखायी। भारत या यूनान की सभ्यताओं के लिए यह विनाशकार्य अकल्पनीय है। इससे निष्कर्ष यह निकलता है कि, ''जो लोग यह समझते हैं कि किसी जाति के इतिहास का निर्माण मूलतः उसकी आर्थिक परिस्थितियों के कारण होता है वे इस बात पर ध्यान दें कि अर्थतन्त्र के विचार से जो मंजिलें इन शाखाओं की जातियों ने पार कीं, उन्हें दूसरों ने भी पार किया है।'' (उप. , पृ. 26) संक्षेप में, आर्थिक परिस्थितियों से पृथक्, जातीय चरित्र की विशेषताएँ इतिहास और संस्कृति से निर्धारित होती हैं।

बहुजातीय राष्ट्रीयता और सांस्कृतिक बहुलतावाद

जाति के रूप में समाज का संगठन पूँजीवादी सम्बन्धों के प्रसार के साथ होता है, किन्तु जातीय चरित्र का निर्माण इतिहास से होता है। राष्ट्रीयता का रूप जाति के चरित्र से बनता है, सामाजिक व्यवस्था की मंजिल से नहीं। विभिन्न समाज एक जैसी मंजिलों से गुज़रते हैं फिर भी एक जैसी राष्ट्रीयता सर्वत्र नहीं दिखायी देती। जातीय और राष्ट्रीय विकास एकांगी परिघटना नहीं है। वह अर्थतन्त्र, इतिहास, भाषा और संस्कृति के अनेक आधारों पर निर्भर है। जातीय गठन के समय पूँजीवाद क्या भूमिका निभायेगा, यह उस इतिहास पर निर्भर है। इस विषय में इतने विशद रूप में रामविलासजी के अलावा किसी अन्य विचारक ने काम नहीं किया। उत्तर-आधुनिक या उपभोक्तावादी युग में प्रकट होनेवाली अनेक नयी प्रवृत्तियों को समझने की सामग्री उनके विवेचन में मौजूद है।

जातियों और राष्ट्रों के विकास में पूँजीवाद की भूमिका हमेशा एक जैसी नहीं होती। ब्रिटेन का गृहयुद्ध पूँजीवादी क्रान्ति थी। व्यापारी वर्ग जिस समय ज़मींदारों से सत्ता छीन रहा था, उसी समय वेल्श, आयरिश, स्कॉट लोगों ने विद्रोह किया; ''उनके विद्रोहों का दमन किया गया।'' दूसरी तरफ फ्रांस की राज्यक्रान्ति भी पूँजीवादी क्रान्ति थी। क्रान्ति के समय विभिन्न प्रदेशों में रहनेवाले जर्मन, इटालियन, कतलन, बास्क, ब्रेतों भाषाएँ बोलनेवालों को अपनी भाषा के व्यवहार के लिए प्रोत्साहित किया गया ताकि क्रन्तिकारी आन्दोलन आसानी से फैले और ''क्रान्ति का अन्तर्जातीय स्वरूप निर्मित हो।'' (उप. पृ. 24) क्रान्ति के बाद अवश्य फ्रांस के पूँजीपतियों ने अपना

प्रभुत्व दृढ़ करने के लिए एक भाषा के चलन का प्रयत्न किया। यही स्थिति अमरीका की है। फ्रांस में ब्रेतों में लिखी चिट्ठियाँ प्रेषक के पास वापस कर दी जाती हैं, अमरीका में केवल अंग्रेजी बोलनेवालों को नागरिकता दी जाती है, हालाँकि वहाँ फ्रेंच, जर्मन, स्वीडिश, डच बोलनेवाले यूरोपीय भी हैं, मूलनिवासी रेड इण्डियन भी हैं, जिन्होंने अपनी भाषा बचा रखी है और वह कुछ क्षेत्रों में शिक्षा का माध्यम भी है। किन्तु अंग्रेज़ीभाषी इन सभी भाषाओं का दमन करते हैं।

यह बात आज़माकर देखी जा सकती है कि किसी समाज में दूसरी भाषाओं और जातियों को जितना ही दबाकर रखा जाता है, वहाँ राष्ट्रीयता भीतर से उतनी ही खण्डित होती है, ऊपर से चाहे दिखायी दे। इस दमन का कारण यह दिखाना है कि यह एक ही जाति का राष्ट्र है। ऐसे देशों में 'सामन्तों द्वारा विजित और उत्पीड़ित जातियों के ऊपर अपना शिकंजा और भी मजबूत करके पूँजीवाद ने यह भ्रम उत्पन्न किया है कि जिस राज्य पर किसी एक जाति के पूँजीपतियों का प्रभुत्व है, उसमें एक ही भाषा बोली जाती है, अन्य भाषाओं और उन्हें बोलनेवाली जातियों का अस्तित्व ही नहीं है।'' (उप. पृ. 20) इस दमन से दूसरी जातियों का अस्तित्व समाप्त नहीं होता। उनका असन्तोष दबा रह सकता है। दूसरे विश्वयुद्ध के बाद जैसे-जैसे साम्राज्य सिकुड़ते गये, लूट का माल मजदूरों और मध्यवर्ग में बँटना कम होता गया, शोषण अखरने लगा, बेकारी बढ़ने लगी, वर्ग-संघर्ष तेज़ हुआ, वैसे-वैसे 'स्वायत्तता या स्वतन्त्रता की माँग' उठने लगी। (उप.) इस माँग का सारतत्त्व यह है कि प्रभुत्वशाली 'राष्ट्र' में उनकी भी अपनी जगह है और वे अपनी पहचान मिटाने के लिए तैयार नहीं हैं। सांस्कृतिक बहुलतावाद की वास्तविक पृष्ठभूमि यह है। बेशक, रामविलासजी के सामने सांस्कृतिक बहुलतावाद का आन्दोलन नहीं था। लेकिन जातीय प्रश्न को राष्ट्रीयता के ऐतिहासिक परिप्रेक्ष्य में देखने के नाते उन्होंने जिन सम्भावनाओं का उल्लेख किया है, वे इस दिशा में सही रौशनी डालते हैं।

अमरीका, ब्रिटेन, फ्रांस, पहली दुनिया के सभी प्रमुख देशों में सांस्कृतिक बहुलतावाद आज प्रभुत्वशाली जाति के लिए अनुपेक्षणीय समस्या बन गया है। दुनिया के अधिकांश देश बहुजातीय हैं, एकभाषायी नहीं; ''कहीं इन राज्यों में प्रभुत्वशाली जाति से भिन्न दूसरों की जातीयता मुखर है, कहीं वह ऊपर से शान्त दिखायी देती है।'' (पृ. 22) यह उल्लेख 1972 का है। तब से लगभग चार दशक बीतते-बीतते इन सभी देशों में अपनी स्वतन्त्र सांस्कृतिक पहचान के आन्दोलन उठ खड़े हुए हैं। ये जातियाँ 'राष्ट्र' में अपने अधिकार के लिए मुखर हो गयी हैं। अब वे प्रभुत्वशाली 'राष्ट्र' में अपनी पहचान घुलाकर एक नयी पहचान में ढलने के लिए तैयार नहीं हैं, बल्कि राष्ट्र रूपी तश्तरी में सलाद के विभिन्न उपकरणों की तरह अपनी अलग पहचान

के साथ रहने की माँग करती हैं। अपनी अलग पहचान का आग्रह राष्ट्र में अपनी सम्मानित जगह की माँग का पर्याय है। यह माँग दमन के विरुद्ध स्वायत्तता की माँग के रूप में व्यक्त होती है। इसे संगठित 'राष्ट्र' के भीतर राष्ट्र के 'टुकड़े' भी कहा जाता है।

अस्मिता का एक रूप उभरने पर अपने को दमित या उपेक्षित अनुभव करनेवाली अस्मिताओं के अन्य रूप भी अग्रसर होते हैं। सांस्कृतिक बहुलतावाद उन सभी का मंच बन गया है। किन्तु उसकी पृष्ठभूमि जातीय उत्पीड़न में निहित है जिससे असन्तुष्ट संस्कृतियों ने प्रभुत्व को चुनौती देना आरम्भ किया है। सामन्ती या पूँजीवादी उत्पीड़न के दौर में जिस राष्ट्रवाद के दर्शन होते थे, अपने दमनकारी चरित्र के नाते उसकी जनतान्त्रिक सम्भावनाएँ क्षीण थीं। इस दृष्टि से विकसित समाजों में सांस्कृतिक बहुलतावाद एक जनतान्त्रिक सम्भावना लेकर उभरा है। पश्चिमी सिद्धान्तों के अनुकरण के आग्रही विद्वान् भारत में भी सांस्कृतिक बहुलतावाद के आधार पर राष्ट्रवाद और इतिहास की व्याख्या करते हैं। लेकिन भारत जैसे देश में न ऐसा जातीय उत्पीड़न था, न किसी एक भाषाभाषी जाति का प्रभुत्व। सबसे बड़ी हिन्दी जाति दमनकारी होने की जगह स्वयं विभाजित है, पिछड़ी है और अचेतन है', वह जनपदीय निष्ठाओं में बँटी है। इसलिए भारत जैसे देश के लिए सांस्कृतिक बहुलतावाद कोई अनुकरणीय आदर्श नहीं है। यहाँ यह आन्दोलन चला भी नहीं। एक प्रवृत्ति के रूप में उसका उपयोग कुछ बुद्धिजीवी अवश्य करते हैं किन्तु उसका व्यापक समाजिक आधार भारत के सांस्कृतिक इतिहास में नहीं है। यहाँ की बहुजातीय राष्ट्रीयता दुनिया के लिए एक उदाहरण है। अपनी ऐतिहासिकता, निरन्तरता और वैशिष्ट्य में भारत की अन्तर्जातीय राष्ट्रीयता एक अनोखी घटना है। इसके स्वरूप का विस्तृत अध्ययन रामविलासजी ने किया है।

ऊपर हम देख चुके हैं कि थुकेदेदिस के समय से—गणसमाज के समय से—यूनान में, भरत गण के समय से भारत में, राष्ट्रीयता का अविच्छिन्न इतिहास मिलता है। यह अविच्छिन्नता आधुनिक जातियों के अभ्युदय के बाद लुप्त नहीं हो गयी। मार्क्स का हवाला देते हुए रामविलासजी ने दिखाया है कि अंग्रेजों के आगे पेशवा बाजीराव के आत्मसमर्पण से "मराठा राज्य की प्रभुसत्ता का अन्त हुआ, जिसकी शुरुआत 1669 में शिवाजी से हुई थी।" इस मराठा सत्ता का अर्थ था मराठा नाम की 'स्वतन्त्र जाति', मराठों के अलावा मार्क्स ने केरल, कर्णाटक, आन्ध्र, उड़ीसा आदि का ज़िक्र भी किया है। इन उल्लेखों से स्पष्ट है कि मार्क्स की दृष्टि में 'भारत का इतिहास उसकी जातियों का इतिहास है।" (भारतीय साहित्य की भूमिका, पृ. 350) इसलिए भारत एक बहुजातीय राष्ट्र है, यह बात मार्क्स के सामने स्पष्ट थी। इस बहुजातीय

राष्ट्र की एक महत्त्वपूर्ण जाति हिन्दीभाषियों की है। उसके अस्तित्व पर अनेक दिशाओं से आक्रमण होते हैं। इसलिए हिन्दी जाति और उसके गठन या पुनर्गठन के प्रश्न पर विचार करना आवश्यक है।

हिन्दी जाति : गठन और पुनर्गठन

ऊपर के विवेचन से यह स्पष्ट है कि भाषा जाति की पहचान है, संस्कृति उसका आधार है, इतिहास उसका स्रोत है, बाज़ार उसका प्रेरक है और राजनीति उसका सहायक (या बाधक) है। इन विभिन्न कारकों की सम्मिलित परिणति किसी जाति के ऐतिहासिक अस्तित्व में होती है। जिसे राष्ट्र कहा जाता है, वह एक या अनेक जातियों के साथ रहने से बननेवाली इकाई है। राष्ट्र की भौगोलिक सीमाएँ लम्बे समय तक स्थिर रहती हैं लेकिन उनकी सामाजिक अन्तर्वस्तु बदलती रहती है। यह परिवर्तन सामाजिक गठन के रूप में दिखायी देता है। रक्तसम्बन्ध-गणसमाज, वर्णव्यवस्था-लघुजाति, वर्गसमाज-महाजाति, इन तीनों स्थितियों में राष्ट्र की अन्तर्वस्तु एक नहीं होती, हालाँकि उसकी सीमाएँ बहुत-कुछ अपरिवर्तित हो सकती हैं। रूढ़िवादी विचारक राष्ट्र को उसकी सामाजिक अन्तर्वस्तु से विच्छिन्न करके भौगोलिक परिधि में सीमित कर देते हैं। समाज के गठन का परिवर्तन राष्ट्र की धारणा में कोई परिवर्तन लाता है या नहीं, इसे वे व्यर्थ समझते हैं। लेकिन वैज्ञानिक विवेचन के लिए यह समझना आवश्यक है कि विकास की विभिन्न स्थितियों में राष्ट्र का स्वरूप एक ही नहीं रहता। बड़ी सामाजिक इकाइयों के गठन से राष्ट्र को एकताबद्ध रखने की व्यावहारिक परिस्थितियाँ अधिक मुखर होती हैं। इसका प्रमाण भारतवर्ष में हिन्दी जाति की स्थिति है। एक ओर बंगाल की सीमा से दूसरी ओर महाराष्ट्र की सीमा से, एक ओर कश्मीर की सीमा से दूसरी ओर गुजरात की सीमा से, पूरब-पश्चिम-उत्तर-दक्षिण देश के अनेक भाषाभाषी प्रदेशों को जोड़ते हुए मध्य भारत में स्थित विशाल हिन्दी प्रदेश स्वयं विभाजित होने पर भी देश को एकता के सूत्र में बाँधे हुए है। इसलिए हिन्दी जाति के स्वरूप और गठन पर ध्यान देना अनिवार्य है।

हिन्दी प्रदेश के भूगोल का चित्र खींचते हुए रामविलासजी ने लिखा है, "बिहार से लेकर मध्य प्रदेश तक और ऊपर दिल्ली हरियाणा तक, इन राज्यों को मिलकर हिन्दीप्रदेश बनता है।" (भारतीय साहित्य की भूमिका, पृ. 306) अपने विस्तार के साथ यह प्रदेश राष्ट्रीय एकता की दृष्टि से भी महत्त्वपूर्ण है। इस बात का आवश्यक संकेत हिन्दीप्रदेश के मानचित्र के बारे में रामविलासजी के इस कथन से मिलता है, "दक्षिण में तमिलनाडु, उत्तर में कश्मीर, पूर्व में असम और पश्चिम में गुजरात, दूर-दूर के इन प्रदेशों को जोड़नेवाला, इनके बीच स्थित विशाल हिन्दी प्रदेश है। ऋग्वेद,

अथर्ववेद, उपनिषद्, महाभारत, रामायण, अर्थशास्त्र की रचना यहीं हुई। यहीं कालिदास और भवभूति ने अपने ग्रन्थ रचे और मौर्य तथा गुप्त साम्राज्यों की आधारभूमि यही प्रदेश है।'' (भारतीय संस्कृति और हिन्दी प्रदेश, भाग-1, किताबघर, 1999, पृ. 10)

इस विशाल प्रदेश को बाज़ार किस तरह एकीकृत करता है? डेविड मोरलैण्ड ने 'फ्रॉम अकबर टु औरंगज़ेब' में 17वीं सदी में विश्वबाजार में कपड़े के निर्यात में भारत की हिस्सेदारी का उल्लेख किया है; इस विवरण के आधार पर रामविलासजी ने लिखा है, ''अवध का कपड़ा यदि आगरे के बाज़ार में बिकने आये तो हम यही कहेंगे कि इस तरह अवध और ब्रज के प्रदेश एक बाज़ार द्वारा परस्पर-सम्बद्ध हुए। इसी प्रकार पटना बनारस का सम्बन्ध आगरे से कायम हुआ तो मगध और भोजपुरी प्रदेश भी इस विशाल बाज़ार से सम्बद्ध हुए।'' (भाषा और समाज, पृ. 279) यदि पटना, बनारस, अवध का कपड़ा आगरे में एकत्र न होता तो विश्व भर में उसका प्रसार सम्भव न होता। इन बड़ी-बड़ी मण्डियों से सम्पर्क कायम होने पर उनकी माँग पूरी करने के लिए छोटे-छोटे बाज़ारों का एक–दूसरे से जुड़ना आवश्यक हुआ। बाज़ार के इस जुड़ाव ने विभिन्न जनपदों को निकट लाकर उनमें एकता उत्पन्न की। इस तरह ब्रज-अवधी-भोजपुरी आदि बोलनेवाले लोग एक बड़े हिन्दी प्रदेश का अंग बने। इसलिए इसे व्यापारिक पूँजीवाद कहा जाता है।

जातीय निर्माण में बाज़ार का महत्त्व निरपेक्ष रूप में नहीं है, न सभी बाज़ारों को व्यापारिक पूँजीवाद की संज्ञा दी जा सकती है। जाति एक सांस्कृतिक इकाई है और संस्कृति की पहचान भाषा है। इसलिए जिस बाज़ार के साथ विभिन्न जनपदों के बीच एक भाषा के माध्यम से सम्पर्क स्थापित होता है, उसे व्यापारिक पूँजीवाद कहा जायेगा। इस बारे में रामविलासजी ने स्पष्ट कहा है, ''हर तरह के व्यापार को व्यापारिक पूँजीवाद नहीं कहा जा सकता, हर तरह के व्यापार से जाति का निर्माण आरम्भ नहीं हो जाता।...घरेलू बाज़ार कायम करने के लिए, व्यापारिक सम्बन्धों के दायरे में गाँवों और शहरों की आम जनता को समेट लेने के लिए, किसी जनपदीय भाषा का जातीय भाषा के रूप में उभारना आवश्यक है।'' (भारतीय नवजागरण और यूरोप, हिन्दी माध्यम कार्यन्वय निदेशालय, दिल्ली विश्वविद्याल्लय, दिल्ली, 1996, पृ. 324) हम पहले देख चुके हैं कि 12वीं-13वीं शताब्दी से जिस बाज़ार का विकास हुआ, उसमें कभी खड़ीबोली के माध्यम से, कभी ब्रज के मध्यम से विभिन्न जनपद एक-दूसरे के निकट आये। एक भाषा विभिन्न भाषाओं से प्रभाव लेते हुए जातीय भाषा के रूप में—आम सांस्कृतिक व्यवहार की भाषा के रूप में—दिखायी देती है।

जनपदों के मिलने से उनकी बोलियाँ सम्पर्क में आती हैं, एक-दूसरे को प्रभावित करती है। भाषाओं के मिलने का यह क्रम प्राचीनकाल से चलता आ रहा है। जनपदीय भाषाएँ पुराने गणसमाजों से सम्बद्ध हैं। ''ये जनपदीय भाषाएँ शताब्दियों से एक-दूसरे को प्रभावित करती रही हैं।'' इसलिए वे स्वयं भी परिवर्तित होती रही हैं। गणसमाज से जातीय समाज तक की यात्रा में जनपदीय भाषाओं का रूप भी बदला है, ''कोई भी जनपदीय भाषा अनेक बोलियों का समूह है, और इन बोलियों में शब्द-भण्डार की ही नहीं, व्याकरण और ध्वनितन्त्र की भी काफी विभिन्नता है।'' यही नहीं, इन बोलियों का आदिस्रोत ''गणभाषाएँ भी बोलियों का समूह थीं।'' (भारत के प्राचीन भाषा परिवार और हिन्दी, भाग-1, 1989, राजकमल, नयी दिल्ली, पृ,139) दूसरे शब्दों में, गणसमाज की भाषाओं में परस्पर प्रभाव, जनपदीय भाषाओं में परस्पर-प्रभाव, इस तरह किसी जाति की भाषा बनने से पहले उपभाषाओं और बोलियों का अन्तर्मिश्रण जन-समुदाय के परस्पर–सम्पर्क का परिणाम है। जातीय भाषा बनने के बाद यह प्रक्रिया दोतरफा होती है—अपनी जनपदीय बोलियों से और अन्य भाषाओं से। इसलिए भाषा के विकास और परिवर्तन का क्रम निरन्तर चलता रहता है।

ऋग्वेद की भूमि हिन्दीप्रदेश का वह भूभाग है जिसे कुरु जनपद या बाँगरू का क्षेत्र कहते हैं। यही बाँगरू ब्रज के प्रभाव से परिष्कृत होकर हिन्दी बनी—इस प्रदेश की जातीय भाषा बनी। अपने वैदिक काल से ही इस प्रदेश की जनजातीय और भाषायी विविधता का उल्लेख करते हुए रामविलासजी ने कहा है, ''आर्य शब्द उन तमाम गणसमाजों के लिए प्रयुक्त होता है जो एक-दूसरे से मिलती-जुलती भाषाएँ बोलते हैं।'' ये भाषाएँ मिलती-जुलती हैं', 'एक' या 'एकरूप' नहीं हैं। सभी गणसमाज केवल आर्यभाषा नहीं बोलते थे। यूनान और इटली की तरह ''वैदिक काल में यहाँ भी अनेक भाषाएँ बोली जाती थीं।'' (भारतीय साहित्य के इतिहास की समस्याएँ, पृ. 36) वैदिक भाषा में अनेक बोलियों के मिश्रण के चिह्न डॉ. सुनीति कुमार चटर्जी ने भी लक्षित किये हैं। (पृ. 37)

अर्थात् आर्यभाषा में अनेक बोलियाँ थीं, उनका मिश्रण हुआ; सभी जनजातियाँ आर्यभाषा नहीं बोलती थीं, आर्यभाषा से अन्य भाषाओं का मिश्रण हुआ; इस मिश्रण के परिणामस्वरूप जो भाषा विकसित हुई, वह वैदिक प्राकृत के रूप में सामने आयी। यह भाषा अपने प्राचीन वैदिक रूप में भरतगण की भाषा थी। भरतगण के प्रभाव के कारण वह विभिन्न गणसमाजों के परस्पर व्यवहार की भाषा बनी। उसमें फिर विभिन्न बोलियों का मिश्रण हुआ। इन अनेक चरणों में विभिन्न बोलियों-भाषाओं के मिश्रण से बनी ''इसी भाषा को पाणिनि ने अपने व्याकरण द्वारा अनुशासित किया।'' (पृ. 37) भरतगण के इसी निवास-स्थान की भाषा अपने संस्कृत रूप में दक्षिण तक और देश

के बाहर भी सम्पर्क का माध्यम बनी, "संस्कृत का व्यवहार विभिन्न जनपदों में होने लगा और उसका व्यवहार-क्षेत्र बढ़ते-बढ़ते दक्षिण भारत को समेटकर भारत के बाहर भी जा पहुँचा।" (पृ. 37) आगे चलकर इसी स्थान की भाषा अपने खड़ीबोली रूप में आधुनिक भारत में हिन्दी जाति की भाषा बनी और वह न केवल पूरे देश में बल्कि देश के बाहर भी सम्पर्क का माध्यम है।

जब अनेक जनों का मिश्रण होता है, तब बड़ी जातीय इकाई बनती है, इन विभिन्न जनों की भाषाओं से मिलकर जातीय भाषा बनती है; "अनेक जनों के मिश्रण से उस प्रमुख जन की भाषा में अन्य तत्त्वों का समावेश होता है।" (भाषा और समाज, पृ. 238) इसलिए नयी इकाइयों में प्राचीन स्मृतियाँ भी सुरक्षित रहती हैं। जैसे शूरसेन जनपद ब्रज कहलाया, कोसल जनपद अवध हुआ, यह उनमें पुरानी स्मृति का संस्कार है। बुद्ध के समय तक आते-आते मगध, कोसल, वत्स और अवन्ति चार प्रधान राज्य बन गये, अन्य जनपदों की स्थिति गौण हो गयी। शूरसेन पर जब मगध का अधिकार हुआ, तब हिन्दीप्रदेश के दो छोरों के जनपद एक-दूसरे के पास आये; 'निकट आने की यह प्रक्रिया युद्ध, हिंसा और राज्य-विस्तार की सामन्ती पद्धति से सम्पन्न होती है।" किन्तु एकीकरण का सबल पक्ष यह है कि 'मौर्य शासकों ने पेशावर से पाटलिपुत्र तक 1850 मील लम्बी सड़क बनवायी।" (उप. पृ. 239) यह लम्बा मार्ग हिन्दीप्रदेश के जनपदों को आपस में जोड़ता था। इस जुड़ाव से उन जनपदों के निवासी अपनी-अपनी बोलियों के साथ एक-दूसरे के सम्पर्क में आते थे, एक-दूसरे की भाषाओं को प्रभावित करते थे। इस तरह, जातीय भाषा बनने से पहले खड़ीबोली लम्बे समय तक अन्य जनपदीय उपभाषाओं के सम्पर्क में रही, उन सभी भाषाओं में एक-दूसरे के भाषायी तत्त्वों का प्रभाव पड़ा।

इन भाषायी तत्त्वों में आपसी सम्बन्ध और प्रभाव का स्रोत आर्थिक सम्बन्धों में अवश्य होता है लेकिन भाषायी तत्त्व आर्थिक प्रकिया का परिणाम नहीं होते। जन से महाजाति तक मानव समाज के विकास के सभी उपकरण समान होते हैं, उन उपकरणों से समाज के गठन की प्रेरक शक्ति आर्थिक जीवन होता है। किन्तु भाषा के तत्त्व आर्थिक प्रक्रिया की उपज नहीं होते। रामविलासजी का यह कहना सही है कि, "जातीय भाषाएँ किसी आर्थिक व्यवस्था का सांस्कृतिक प्रतिबिम्ब नहीं हैं। उनके भाषातत्त्वों का निर्माण आर्थिक आधार पर नहीं होता। बोलियों या किन्हीं लाघुजतियों की भाषाओं के रूप में उनका अस्तित्व पहले भी रहता है किन्तु महाजाति की भाषा के रूप में उनका अस्तित्व पहले नहीं होता," (उप. पृ. 259) इस विकास से दो निष्कर्ष निकलते हैं। एक, ये भाषाएँ पहले से विद्यमान होती हैं, किसी नयी भाषा का जन्म नहीं होता। दूसरे, जातीय भाषा बनने पर उसके भाषिक रूपों में अन्य प्रभावों

के कारण अनेक परिवर्तन होते हैं और वह परिनिष्ठित रूप लेती है। हिन्दीप्रदेश में यह भाषा खड़ीबोली है, इसमें कोई सन्देह नहीं। इस हिन्दी के बारे में रामविलासजी ने कहा है कि गिलक्रिस्ट के आने से पहले और "खड़ीबोली और उर्दू के रूपों में विभाजित होने से पहले दिल्ली और आगरे की भाषा का नाम हिन्दी था।" यही भाषा आगे चलकर "आधुनिक हिन्दीप्रदेश के जनपदों में रहनेवालों की जातीय भाषा बनी।" (भारतीय साहित्य के इतिहास की समस्याएँ, पृ. 51)

इस दृष्टि से देखें तो 'हिन्दी' भाषा भी है और जाति भी। मीर ने जब फारसीप्रेमियों को ललकारकर कहा था, 'क्या जाने लोग कहते हैं किसको सरूरेक़ल्व/ आया नहीं है लफ्ज़ ये हिन्दी ज़बां के बीच' तब उन्होंने हिन्दी को भाषा के रूप में याद किया था, जो उनकी अपनी भाषा थी। इकबाल ने जब कहा था, 'हिन्दी हैं हम, वतन है हिन्दोस्तां हमारा।' तब उन्होंने उसे जाति के रूप में याद किया था। हिन्दी जाति का निर्माण हिन्दी भाषा के माध्यम से छह-सात सौ वर्षों में, बाबर के आने के पहले से लेकर अंग्रेजों के आने के बाद तक, लम्बे इतिहास में हुआ है। रामविलासजी ने 'बाबरनामा' में 'हिन्दी ज़बान' और 'हिन्दी के लोगों' के उल्लेखों का हवाला दिया है; 17वीं से 19वीं सदी (1857) तक यूरोपीय और अँगरेज़ यात्रियों, विद्वानों, प्रशासकों के संस्मरणों का उल्लेख करके स्पष्ट किया है कि, "उस समय के साहित्य में हिन्दुस्तानी शब्द एक जाति-विशेष के लिए प्रयुक्त होता था।" (भाषा और समाज, पृ. 285) यह हिन्दुस्तानी जाति हिन्दी के द्वारा ही निर्मित हुई थी।

यह प्रश्न महत्त्वपूर्ण है कि आगे चलकर इस खड़ीबोली का विभाजन हिन्दी और उर्दू के रूप में हुआ। इस विभाजन का कोई भाषायी आधार नहीं है। उसका सम्बन्ध ब्रिटिश कूटनीति से है। रामविलासजी इस विषय में पहले यह मानते थे कि हिन्दी-उर्दू का भेद उत्पन्न करने में औरंगज़ेब ने प्रारम्भिक भूमिका निभायी। उन्होंने लिखा है, "औरंगज़ेब ने सूफियों का दमन किया और अपने दरबार में फारसी शायरों को प्रोत्साहन दिया।" (परम्परा का मूल्यांकन, पृ. 24) यह धारणा सही नहीं है। उर्दू के निर्माण में फारसी का योगदान संज्ञा शब्दों के अलावा ज्यादा महत्त्वपूर्ण नहीं है। दूसरे औरंगज़ेब स्वयं हिन्दी में कविता लिखता था और उन छन्दों का ध्रुवपद के रागों में गायन होता था। वह फारसी प्रभुत्व का विरोधी था। दरबार में ईरानी और हिन्दुस्तानी मुसलमानों में रस्साकशी चलती थी, उस रस्साकशी में औरंगज़ेब हिन्दी और हिन्दुस्तानियों का समर्थन करता था। उसके दरबार में फारसी कवि थे तो हिन्दी के भी अनेक कवि थे। यदि वह हिन्दी का विरोधी और फारसी का पोषक होता तो उसके दरबार में किसी हिन्दी कवि का अस्तित्व न होता। सबसे बढ़कर वह स्वयं हिन्दी में—ब्रज में—कविता न लिखता। उसकी ये कविताएँ 'संगीतरागकल्पद्रुम' में संकलित हैं।

रामविलासजी अपनी इस स्थापना से पहले तथ्यों की छानबीन करते हुए अधिक सही बात कह आये हैं। उन्होंने दिखाया है कि अंग्रेजों ने भाषाभेद डालने का प्रयास पहले बंगाल में किया; किन्तु वहाँ आधी आबादी मुसलमान थी, वहाँ यह भेद वे न डाल सके; हिन्दीप्रदेश में 14% मुसलमान थे, यहाँ यह भेद वे डाल सके। (भारतीय साहित्य के इतिहास की समस्याएँ, पृ. 51-52) दिलचस्प तथ्य यह है कि हिन्दुस्तानी जाति की एकता पर सबसे पहले एक बंगाली सज्जन श्यामाचरण गांगुली ने ध्यान दिया! (भाषा और समाज, पृ. 286) बंगाली जाति ने अपने जातीय विभाजन के विरुद्ध संघर्ष किया, बंगाली बुद्धिजीवियों ने हिन्दी जाति की एकता के लिए प्रयत्न किया। यह संयोग नहीं है कि हिन्दी पत्रकारिता का सूत्रपात बंगालियों ने ही किया! इस एकता से भाषायी विभाजन ही दूर नहीं होता, उस विभाजन के लिए इस्तेमाल किया जानेवाला साम्प्रदायिक आधार भी ध्वस्त होता है। साम्राज्यवादी कूटनीति का यह सही प्रत्युत्तर है।

(क) धर्म और जातीयता : हिन्दी-उर्दू भेद की जड़ में हिन्दू-मुस्लिम अलगाव की ब्रिटिश राजनीति थी। प्रेमचन्द ने साफ शब्दों में कहा था, "और यह सारी करामात फोर्ट विलियम की है, जिसने एक ही ज़बान के दो रूप मान लिए। इसमें भी उस वक़्त कोई राजनीति काम कर रही थी या उस वक़्त भी दोनों ज़बानों में काफी फर्क आ गया था, यह हम नहीं कह सकते, लेकिन जिन हाथों ने यहाँ की ज़बान के दो टुकड़े कर दिये, उसने हमारी कौमी ज़िन्दगी के दो टुकड़े कर दिये।" (प्रेमचन्द : कुछ विचार, पृ. 73) ज़बान के टुकड़े और कौमी ज़िन्दगी के टुकड़े एक ही कूटनीति का परिणाम था। धर्म का उपयोग करके पहले हिन्दी भाषा के दो टुकड़े किये गये, फिर कौम (जाति) के दो टुकड़े किये गये, इस तरह देश के दो टुकड़े करने का रास्ता तैयार हुआ। इससे सिद्ध है कि हिन्दी प्रदेश का विभाजन देश के विभाजन के लिए सबसे निर्णायक सिद्ध हुआ। यह इस प्रदेश की ऐतिहासिक स्थिति है। इसलिए धर्म और भाषा के सम्बन्ध पर, विशेषतः मुसलमानों की जातीयता से भारत की भाषा और संस्कृति के सम्बन्ध पर ध्यान देना आवश्यक है।

वस्तविकता यह है कि भाषा का धर्म और सम्प्रदाय से सम्बन्ध नहीं होता। भाषा का सम्बन्ध संस्कृति से है, धर्म बिलकुल अलग है। उर्दू से मुसलमानों का कोई सम्बन्ध न भारत में है, न अन्यत्र। रामविलासजी ने इस बारे में दुनिया के अनेक देशों का उदाहरण देकर लिखा है, "जातीयता की सबसे बड़ी पहचान भाषा है। दुनिया के मुसलमान एक भाषा नहीं बोलते, किसी एक परिवार की भाषाएँ भी नहीं बोलते, वे अनेक भाषाएँ बोलते हैं, अनेक परिवारों की भाषाएँ बोलते हैं।" (भारतीय साहित्य के इतिहास की समस्याएँ, पृ. 55) मसलन, अरबी सामी परिवार की भाषा है, वह यहूदी

समुदाय की हिब्रू से मिलती-जुलती है; फारसी इण्डो-यूरोपीय परिवार की है और अरबी की अपेक्षा संस्कृत के निकट है; तुर्की इन दोनों से भिन्न परिवार की है, उसकी अनेक विशेषताएँ कोल-द्रविड़ परिवार में मिल जायेंगी; इण्डोनेशियाई मुसलमान आस्ट्रो-एशियाटिक परिवार की भाषा बोलते हैं, वह सन्थारी-मुण्डारी से मिलती-जुलती है; इत्यादि। (उप.)

मुसलमान भारत आये। कुछ आक्रमणकारी बनकर आये, कुछ व्यापारी बनकर। न उनकी भूमिका एक थी, न वे किसी एक जातीय और भाषायी मूल के थे। भारत पर सारी दुनिया के मुसलमानों ने हमला नहीं किया, 'केवल दो-तीन जातियों ने किया और उनकी भाषाएँ अलग-अलग थीं।' (उप.) सबसे पहले अरबों ने हमला किया, वे सिन्ध से आगे नहीं बढ़ पाये। अरबी मुसलमानों की धर्मभाषा है लेकिन वह भारत में न कहीं राजभाषा रही, न किसी प्रदेश की जनभाषा ही बनी। तुर्कों ने सबसे ज्यादा हमले किये। वे सबसे ज्यादा 'क्रूर और बर्बर' थे, उन्होंने ही मुग़ल साम्राज्य स्थापित किया; बाबर की मातृभाषा तुर्की थी, किन्तु भारत की भाषाओं पर तुर्की प्रभाव 'नगण्य' है। (पृ. 56) फारसी ईरान की भाषा थी और ईरानियों ने न हमला किया, न साम्राज्य स्थापित किया, फिर भी उनका असर अपेक्षाकृत अधिक है। तीसरे नम्बर पर पठान हैं, इनकी भाषा पश्तो है जो फारसी की तरह इण्डो-यूरोपीय परिवार की है, पर वह भी भारत की राजभाषा कभी नहीं रही। ब्रिटिश काल से वर्तमान काल तक साम्प्रदायिक प्रचार ने यह भ्रम व्यवस्थित रूप में उत्पन्न किया है कि मुसलमानों की भाषा फारसी है और फारसी से मिलकर उर्दू का जन्म हुआ है। इस बारे में रामविलासजी ने बहुत महत्त्वपूर्ण बात कही है, "भारत पर जिन मुसलमान शाही खानदानों ने राज्य किया, उनमें से किसी की भी मातृभाषा फारसी नहीं थी। हिन्दुओं और मुसलमानों में यह भ्रम बड़े व्यापक रूप में फैला हुआ है—और प्रयत्नपूर्वक फैलाया गया है—कि भारत पर हमला करनेवाले मुसलमान फारसी बोलते थे। इस प्रकार सब मुसलमान एक जमात में समेट लिए जाते हैं और उनकी एक ही भाषा फारसी मान ली जाती है।" (पृ. 56)

दूसरी बात यह है कि मुसलमानों के जाने से किसी देश में कोई नयी भाषा उत्पन्न हुई हो, इसका कोई प्रमाण नहीं है। अरब सिन्ध तक आये थे। वहाँ अरबी लिपि अपनायी गयी, सिन्धी में कुछ अरबी शब्द आ गये, लेकिन न सिन्धी जातीयता का नाश हुआ, न किसी नयी भाषा का जन्म हुआ। (पृ. 57) मिस्र, यूनान, बल्गारिया में तुर्कों ने भाषा और जातीयता का नाश किया, लेकिन भारत में बार-बार आक्रमण और राज्य स्थापना करके भी वे किसी प्रदेश को तुर्क प्रदेश न बना सके; प्रदेश तो दूर, कोई मोहल्ला भी आबाद न कर पाये जहाँ तुर्की बोली जाती हो। (पृ. 57) रामविलासजी ने उचित गर्व से कहा है, "जातीयता का नाश करने और दूसरों की भाषा

की जगह अपनी भाषा स्थापित करने में तुर्कों को सबसे बड़ी असफलता भारत में प्राप्त हुई।'' (उप. पृ. 57-58) सच यह है कि अपनी भाषा लागू करने की जगह यहाँ वे अपनी भाषा और जातीयता खोकर विभिन्न प्रदेशों में वहाँ की जातियों में घुल-मिल गये, वहीं की भाषा बोलने लगे।

दूसरे शब्दों में, मुसलमानों से किसी अलग भाषा का कोई सम्बन्ध नहीं है। जातीयता का आधार भाषा है, धर्म का जातीयता से कोई सम्बन्ध नहीं है। इसलिए जाति निर्माण की प्रक्रिया में केवल भाषायी तत्त्वों का एकीकरण नहीं होता, विभिन्न धर्मों का भी एकीकरण होता है। इन पंक्तियों के लेखक से एक बातचीत में रामविलासजी ने स्पष्ट शब्दों में कहा था, ''हिन्दी जाति की धारणा में हिन्दू और मुसलमान दोनों हैं। जहाँ जातीय इतिहास की बात करेंगे, वहाँ मुसलमानों के योगदान से सामना करना पड़ेगा।'' (आज के सवाल और मार्क्सवाद, स्वराज, 2000, पृ. 264) इसलिए वे 'हिन्दू राष्ट्र' की नहीं 'बहुजातीय राष्ट्र' की बात करते हैं। यहाँ हम वर्गीय विभाजन अवश्य पाते हैं, धार्मिक आधार पर जाति का विभाजन नहीं रहता। 15वीं-16वीं शताब्दी में जातीय निर्माण के साथ हम यह देखते हैं कि एक तरफ हिन्दू सामन्त और मुसलमान सामन्त हैं, उनके साथ जुड़ा पुरोहित वर्ग है; दूसरी तरफ हिन्दू-मुसलमान किसान-कारीगर हैं; इनमें साम्प्रदायिक भेद नहीं है। ''अकबर के समय में, औरंगज़ेब के समय में, अधिकांश राजपूत सामन्त दिल्लीपति का साथ देते रहे थे। इन सामन्त जजमानों को छोड़कर उनका पुरोहित समुदाय किसके सहारे जीता? भारत में एक मिला-जुला सामन्त वर्ग था। केन्द्रीय राजसत्ता से मुसलमान सामन्त भी लड़े, उनका साथ हिन्दू सामन्तों ने भी दिया। बादशाह के मुसलमान होने का अर्थ यह नहीं था कि हिन्दू सामन्त उसके साथ राजसत्ता में भागीदार नहीं थे।'' (हिन्दी जाति का साहित्य, पृ. 31) सामन्तों की तरह व्यापारियों का भी मिला-जुला वर्ग था। ''सामन्तों के बाद ब्राह्मणों की जजमानी हिन्दू व्यापारियों के यहाँ थी। वैष्णव मत के प्रसार में इन हिन्दू व्यापारियों ने आगे बढ़कर हिस्सा लिया। इनके हित मुसलमान व्यापारियों के हितों से न टकराते थे, दोनों मिलकर धन्धा करते थे।' (उप. पृ. 31-32)

इस तरह, हिन्दू-मुसलमान सामन्त और व्यापारी तथा उनसे सम्बद्ध पुरोहित वर्ग एक तरफ, हिन्दू-मुसलमान किसान-कारीगर और उनसे सम्बद्ध सन्त-भक्त दूसरी तरफ—जातीयता के उभार के प्रथम चरण में ही हम धार्मिक अलगाव टूटते हुए देखते हैं, उसकी जगह नयी सामाजिकता का निर्माण देखते हैं। मुल्ला-पण्डित को एक साथ ललकारनेवाले कबीर हिन्दू-मुसलमान का फर्क नहीं करते, ईश्वर-अल्ला की एकता का प्रतिपादन करते हुए वे हिन्दू-मुसलमान जनता को ही ध्यान में रखते हैं। यह काम वे तभी कर सकते थे जब हिन्दुओं-मुसलमानों की भाषा एक होती। बोलचाल की यही

भाषा जातीय भाषा थी। इसीलिए रामविलासजी जनता के बोलचाल के आधार पर भाषा समस्या का समाधान करने का सुझाव देते हैं। वे देखते हैं कि "हिन्दी प्रदेश में भाषा को लेकर दो तरह के अलगाव हैं। एक है बोलियों का अलगाव और दूसरा है लिखित भाषा के रूप में हिन्दी और उर्दू का अलगाव।" (भारतीय साहित्य की भूमिका, पृ. 367) इसका समाधान सामान्य आर्थिक जीवन और किसानो-मज़दूरों का व्यवहार है, "निर्णायक तथ्य यह है कि खेतों-खलिहानों और कारखानों में हिन्दू-मुसलमान मिलकर काम करते हैं। वहाँ न उनकी संस्कृति में भेद है, न उनकी भाषा में भेद है।" (पृ. 366) खुसरो और कबीर के समय से आज तक ऐसा भेद धर्म के आधार पर हम नहीं पाते। इसलिए धर्म को संस्कृति और जातीयता से अलग करके देखना अनिवार्य है।

धर्म और जातीयता का अलगाव दुनिया में अन्यत्र भी मिलता है। इसका एक उदाहरण इटली है, "चौदहवीं सदी में इटली के महाकवि दान्ते ने अपना जातीय सम्बन्ध लैटिन के महाकवि वर्जिल से जोड़ा था। स्वर्ग और नरक की यात्रा में वर्जिल दान्ते के साथ रहते हैं। यह सम्बन्ध धार्मिक नहीं है क्योंकि दान्ते ईसाई थे और वर्जिल के समय तक ईसा मसीह का जन्म न हुआ था।" (परम्परा का मूल्यांकन, पृ. 17) अन्यत्र इस तथ्य का उल्लेख पुनः करते हुए रामविलासजी ने बताया कि वर्जिल गैर-इसाई थे, उन्होंने लैटिन में काव्य रचा; दान्ते परम धार्मिक थे, उन्होंने इटालियन में काव्य रचा; किन्तु इटालियन जातीयता के आधार पर दान्ते ने वर्जिल से गुरु-शिष्य का सम्बन्ध जोड़ा। (भारतीय साहित्य के इतिहास की समस्याएँ, पृ. 38) जिस तरह धार्मिक भेदों से परे हिन्दी जातीयता में अतीत-वर्तमान के लेखक एक हैं, उसी तरह इटली में भी हैं। लैटिन और इटालियन जैसा अन्तर संस्कृत और हिन्दी में भी है। लेकिन जातीय परम्परा के आधार पर उनमें सम्बन्ध है। इटली के बाहर लिखे जानेवाले लैटिन के साहित्य को इटली का जातीय साहित्य नहीं माना जाता, हिन्दीप्रदेश के बाहर लिखे गये गये संस्कृत साहित्य को हिन्दी का जातीय साहित्य नहीं माना जा सकता। किन्तु इटली के बाहर लिखे गये लैटिन साहित्य को राष्ट्रीय साहित्य की जगह यूरोपीय साहित्य कहा जायेगा, हिन्दीक्षेत्र से बाहर लिखे गये संस्कृत साहित्य को भारतीय साहित्य माना जायेगा—वह हमारी राष्ट्रीय विरासत है।

(ख) जातीय पुनर्गठन की समस्या : अक्सर कहा जाता है कि हिन्दी प्रदेश में जातीय चेतना का अभाव है। रामविलासजी हिन्दी द्वारा जाति का आग्रह उनके हिन्दी-अन्धभक्त होने का प्रमाण है। लेकिन हमें वास्तविकता को तथ्यों की रौशनी में देखना चाहिए। इसमें सन्देह नहीं कि हिन्दी जाति में अपनी सांस्कृतिक अस्मिता के प्रति जागरूकता नहीं है। इससे रामविलासजी इनकार नहीं करते। वे अन्धभक्त कहे जा

सकते हैं यदि इस बात को झुठलाते हुए अन्य जातियों के प्रति तिरस्कार प्रदर्शित करें। तमिलनाडु हिन्दी विरोध का गढ़ है। रामविलासजी ने तमिलनाडु से हिन्दी प्रदेश की तुलना करते हुए लिखा है, हिन्दी प्रदेश और तमिल प्रदेश में अन्तर यह है कि हिन्दी प्रदेश में "शाहजहाँ के समय में पण्डितराज जगन्नाथ ने संस्कृत में काव्य रचा और उन्नीसवीं सदी में ग़ालिब ने बहुत-सा काव्य फारसी में रचा। इन सबसे विपरीत दिशा में चलते हुए तमिल कवियों ने अपना साहित्य तमिल में रचा, जातीय गठन की प्रक्रिया सबसे पहले तमिलनाडु में सम्पन्न हुई।" (भारतीय नवजागरण और यूरोप, पृ. 325) जातीय-दम्भ या अन्ध-हिन्दीवाद का आरोप कितना मिथ्या है, इसका प्रमाण यह कथन है, "जातीय निर्माण में सारे देश के लिए तमिलनाडु और महाराष्ट्र मार्गदर्शक हैं, बहुजातीय राष्ट्र के निर्माण के लिए भारत सारी दुनिया के लिए मार्गदर्शक है।" (उप.)

तमिलनाडु में सातवीं-आठवीं सदी में भक्त कवियों के समय में और महाराष्ट्र में शिवाजी के नेतृत्व में 17वीं सदी में जातीय निर्माण की प्रक्रिया सम्पन्न हुई। हिन्दी जाति का निर्माण उसी समय सम्पन्न हुआ किन्तु अनेक कारणों से उसमें जातीय चेतना का विकास अवरुद्ध हुआ। इस अवरोध की चर्चा से पहले एक बात यह कि आज तमिल और मराठी जातीयता के साथ संकीर्णता की भावना और विदेशी पूँजी का सम्बन्ध है, हिन्दी जाति के साथ यह समस्या नहीं है। तमिल जातीयता जिस तरह हिन्दी-विरोध से प्रेरित है, वह भारत के राष्ट्रीय जीवन के लिए शुभ संकेत नहीं है। मराठी जातीयता की भावना उभरने में आज दक्षिणपन्थी नेताओं और अन्तरराष्ट्रीय वित्त संस्थाओं के साथ-साथ अमरीका जा बसे मराठियों का बहुत अधिक सहयोग है। रामविलासजी ने स्पष्ट किया है कि, "मैं जिस जातीय चेतना की कल्पना करता हूँ, वह इससे थोडा हटकर है।" (भारतीय साहित्य की भूमिका, पृ. 307) 'खेती न किसान को, भिखारी को न भीख बलि।...' यहाँ पेशे पर आधारित जातियों (बिरादरियों) का उल्लेख नहीं है; ये वर्ग हैं, वर्ण नहीं; वर्ग के आधार पर जनता को संगठित करने से देश का विकास होगा क्योंकि जाति और वर्ग आधुनिक जीवन में एक साथ उत्पन्न होते हैं।

हिन्दीप्रदेश में जातीय चेतना का अभाव है, क्योंकि 1857 में सघन साम्राज्यविरोधी युद्ध का केन्द्र होने के नाते वह विजयी ब्रिटिश राज का कोपभाजन बना और अंग्रेजों ने उसे पिछड़ा एवं विभाजित रखा। स्वाधीनता-आन्दोलन के समय कांग्रेस ने ब्रिटिश प्रेसिडेन्सियों की सीमाओं की चिन्ता न करके महाराष्ट्र, गुजरात, तमिलनाडु, आन्ध्र प्रदेश आदि की अलग-अलग समितियाँ गठित कीं, 'लेकिन हिन्दी प्रदेश को उसने छोड़ दिया था। 1947 के बाद जब भाषावार प्रान्त बनाने का सवाल आया तब कम्युनिस्ट पार्टी ने अन्य प्रदेशों के एकीकरण के आन्दोलन में भाग लिया किन्तु उसने हिन्दी प्रदेश को छोड़ दिया।" (साम्य, अंक-22, मार्क्सवाद और हिन्दी जाति की

एकता, सम्पादकः विजय गुप्त, 1995, पृ. 4) मतलब यह कि स्वाधीनता संघर्ष के दौरान कांग्रेस ने हिन्दी प्रदेश के बारे में अंग्रेजों की नीति का अनुसरण किया, स्वाधीनता के बाद कम्युनिस्ट पार्टी ने कांग्रेस की नीति का अनुसरण किया। उसके बाद दक्षिणपन्थी राजनीति के उभार के साथ बिहार, उत्तर प्रदेश, मध्य प्रदेश, हिमाचल, राजस्थान, हरियाणा और दिल्ली, इन सात प्रान्तों को और विखण्डित करके तीन नये प्रान्त बना दिये गये—छतीसगढ़, उत्तराखण्ड और झारखण्ड। इस तरह दस राज्यों में विभाजित हिन्दी प्रदेश की जनता से अपेक्षा की जाती है कि वह पहले अखण्डित जातीय चेतना प्रदर्शित करे, तब उसे एकीकृत करने का सवाल आयेगा!

इतना ही नहीं, साम्प्रदायिक राजनीति का गढ़ हिन्दी प्रदेश है, जातिवादी राजनीति का गढ़ हिन्दी प्रदेश है। इसका करण है यहाँ सामन्ती अवशेषों का समाप्त न होना। इसलिए रामविलासजी हिन्दी जाति के पुनर्गठन के प्रश्न पर साफ कहते हैं "पुनर्गठन का अर्थ है, आपकी निष्ठा का स्थान बदलना चाहिए।" कहा जाता है, हिन्दी क्षेत्र में लोग 'राष्ट्रभक्त' नहीं हैं, बिरादरीभक्त है, सम्प्रदायभक्त हैं; "जातीय निर्माण की प्रक्रिया मुख्यतः सामन्तविरोधी प्रक्रिया है। जब साम्राज्यवाद का विस्तार हुआ, तब यह प्रक्रिया साम्राज्यवाद विरोधी प्रक्रिया भी हुई।' (गोदारण, अंक-5, सम्पादकः भरत सिंह, जुलाई 2005, पृ. 309) जब तक सामन्ती और साम्राज्यवादी अवशेष नहीं मिटाये जाते, तब तक पुनर्गठन का कोई अर्थ नहीं है। जिन जातियों का निर्माण पहले हुआ और जिनमें जातीय चेतना विकसित रही है, उनमें भी सामन्ती अवशेषों के कारण संकीर्णता की प्रवृत्तियाँ दिखायी देती हैं, साम्राज्यवादी प्रभाव के कारण जातीय चेतना कुण्ठित हो रही है, जातिदम्भ हावी हो रहा है। दूसरे प्रान्त के श्रमिकों के विरुद्ध हिंसक कार्रवाई में महाराष्ट्र जैसे विकसित प्रदेश को असम जैसे पिछड़े प्रदेश से होड़ करते देखा जा सकता है। तमिलनाडु की तरह महाराष्ट्र में भी किसानों और मज़दूरों की भागीदारी सांस्कृतिक जीवन से घटती जा रही है। इसकी एक पहचान है अंग्रेजी का वर्चस्व। अपनी भाषा तमिल या मराठी के अलावा वे भारत की दूसरी भाषा, विशेषतः हिन्दी, को स्वीकार करने के लिए तैयार नहीं हैं।

उत्तरपूर्व और दक्षिण में क्षेत्रवाद, मध्यभारत में सम्प्रदायवाद—ये दो प्रवृत्तियाँ आज जातीयता और राष्ट्रीयता के विकास में सबसे बड़ी बाधक हैं। दोनों का सम्बन्ध दुनिया में वित्त पूँजी के उभार से और देश में विदेशी पूँजी के आगमन से है। रामविलासजी ने सही लक्षित किया है कि, "धर्म, जाति, संस्कृति इनके मसले बराबर हमारे सामने आ रहे हैं। ये मसले ऐसे समय आ रहे हैं जब विश्व पैमाने पर इजारेदार पूँजी का अभूतपूर्व प्रसार हो रहा है।" (भारतीय साहित्य की भूमिका, पृ. 336) साम्प्रदायिकता के अलावा सांस्कृतिक पतनशीलता, एड्स जैसे महारोग और भ्रष्टाचार

का इस पूँजी से घनिष्ठ सम्बन्ध है। इस परिस्थिति में हम देखते हैं कि इजारेदार पूँजी के समर्थक ही प्राचीन संस्कृति के प्रतिनिधि बनकर सामने आते हैं और उसके विरोधी इस परिस्थिति को समझने में, उसका सामना करने में असफल सिद्ध हो रहे हैं।

इन पतनशील और रूढ़िवादी प्रवृत्तियों का विरोध करना है तो जातीय चेतना को वर्ग चेतना से जोड़कर नयी रणनीति बनाने की ज़रूरत होगी। लेकिन यह कर्त्तव्य श्रमिक वर्ग के प्रतिनिधि और उनके राजनीतिज्ञ अदा नहीं कर रहे हैं। फासिस्ट-विरोधी संयुक्त मोर्चे के सिद्धान्तकर ज्योर्जी दिमित्रोव का उदाहरण देकर रामविलासजी ने बताया है कि, "मजदूर वर्ग का आन्दोलन चलाना है तो जातीय चेतना को भी ध्यान में रखना होगा। जर्मन जाति का स्वाभिमान वार्साई सन्धि से क्षुब्ध हुआ था। जातीय चेतना का ध्यान फासिस्टों ने रखा और उन्होंने उससे पूरा लाभ उठाया और कम्युनिस्टों ने गलती की। वे जातीय चेतना की बात को वर्ग चेतना के आगे तुच्छ समझते रहे। इस तरह बजाय फासिस्टों को जनता से अलग करने के वे स्वयं जनता से अलग-थलग हो गये।" (उप. पृ. 339)

भारत में बहुत-कुछ इसी की पुनरावृत्ति दिखायी देती है। अपनी महान् संस्कृति और मानववादी विरासत को ठुकराकर वामपन्थ और जनतन्त्र के हिमायतियों ने इतिहास के उदाहरण से जनता को प्रेरित करना दूर, स्वयं उससे पिण्ड छुड़ा लिया। जर्मनी की तरह यहाँ भी उन्होंने सारी विरासत अपने हाथ से फासिस्टों को सौंप दिया। दिमित्रोव के हवाले से रामविलासजी ने कहा है, "जातीय चेतना का गहरा सम्बन्ध इतिहास बोध से है। यूरोप के हर देश के फासिस्ट पुराना इतिहास खखोल रहे थे। जो पुराने वीर हुए थे, जो महापुरुष थे, जिनके नाम से जनता परिचित थी, उनके जीवन को वे अपने आन्दोलन से जोड़ रहे थे। इतिहास के बारे में भ्रान्तियाँ फैला रहे थे लेकिन नामों का उपयोग कर रहे थे। कम्युनिस्ट इस ओर से उदासीन थे।" (उप.) इस इतिहास के होते हुए भारत के कम्युनिस्ट उदासीन रहे। अन्धविश्वास को जातीय चेतना और पुराणकथाओं को इतिहास बोध का रूप दिया गया, लेकिन उसका प्रतिवाद नहीं हुआ, प्रतिवाद के लिए अपने इतिहास की व्याख्या नहीं हुई। जो छिटपुट प्रयास हुए, उन्हें फासिस्टों का सहायक बताकर तिरस्कृत किया गया। परिणामस्वरूप न रूढ़िवाद का प्रसार रुका, न सामाजिक समस्याओं का समाधान निकला; न हिन्दीप्रदेश की एकता कायम हुई, न भारत की राष्ट्रीयता संकटमुक्त हुई। जनता की आर्थिक स्थितियाँ निरन्तर दयनीय हुईं, सांस्कृतिक चेतना निरन्तर कुण्ठित हुई।

अपने विभाजन और पिछड़ेपन के बावजूद हिन्दी प्रदेश के निवासी भारतीय भाषाओं के विरोध में या दूसरे प्रान्त के आबसैयों के विरोध में हिंसक तो दूर, अहिंसक विरोध करते हुए नहीं दिखायी देते। इन ग़रीब-पिछड़े हिन्दीभाषियों को अपने राष्ट्रीय

कर्त्तव्य का बोध अपेक्षाकृत अधिक है। रामविलासजी हिन्दी चेतना को, हिन्दी जाति के पुनर्गठन को, सामन्तविरोध के साथ-साथ साम्राज्यविरोध की दिशा देते हैं, "हिन्दी जाति के पुनर्गठन का अर्थ है, हिन्दीभाषी राज्यों में हिन्दी को उच्चतम शिक्षा का माध्यम बनाना और अंग्रेजी का वर्चस्व समाप्त करना। यह राष्ट्रीय एकता के लिए आपका बहुत बड़ा योगदान होगा।" (गोदारण, पृ. 312)

इस प्रकार, एक तरफ सामन्ती अवशेषों को मिटाकर समाज का आधुनिकीकरण करना, दूसरी तरफ साम्राज्यवादी प्रभुत्व तोड़कर राष्ट्रीय संस्कृति का नवीनीकरण करना—हिन्दी जाति के पुनर्गठन के दो पक्ष हैं। जब तक यह दायित्व पूरा नहीं होता, तब तक आधुनिकता के नाम पर पश्चिमीकरण और राष्ट्रीयता के नाम पर रूढ़िवाद का बोलबाला रहेगा। आज के भारत में हम दोनों समस्याएँ देखते हैं। इन दोनों प्रवृत्तियों के रहते न हमारे जातीय जीवन का सहज विकास हो सकता है, न राष्ट्रीय संस्कृति का। इन प्रश्नों पर सबसे व्यवस्थित, सबसे सुसंगत और सबसे विस्तृत रूप में रामविलास शर्मा ने हमारा ध्यान आकृष्ट किया है। इस दृष्टि से वे हमारे लिए प्रासंगिक ही नहीं, विचारणीय और अनुकरणीय भी बने रहेंगे।

भारतीय प्रगतिशील वैचारिकता, भाषा, राष्ट्रीयता और 'इतिहास' दृष्टि : राहुल सांकृत्यायन का संघर्ष

हितेन्द्र पटेल

अध्येता, भारतीय उच्च अध्ययन संस्थान, शिमला

राहुल सांकृत्यायन (1893-1962) की ख्याति इस रूप में सबसे अधिक है कि उन्होंने हिन्दी प्रदेश में मार्क्सवाद को अपने साहित्य लेखन से लोकप्रिय बनाया और पाठकों को अपने अतीत से, उसकी बौद्धिक सम्पदा से और अपने इर्द-गिर्द सामन्ती-पूँजीवाद की जड़ता से परिचित करवाने में सबसे अधिक महत्त्वपूर्ण भूमिका निभायी। यह काम उन्होंने दर्शन, साहित्य और इतिहास तीनों क्षेत्रों में किया। कहते हैं कि जगत् को समझने का प्रयत्न दर्शन बुद्धि द्वारा, साहित्य भावना द्वारा और इतिहास अनुभव के उपलब्ध विवरण के आधार पर करता है। राहुल ने बुद्धि, भावना और अनुभव तीनों के क्षेत्र में काम करके ही सन्तोष नहीं किया। उनके जीवन का बड़ा उद्देश्य था इस ज्ञान को समाज को बेहतर बनाने के स्वप्न के साथ इसे जोड़कर देखना। राहुल सांकृत्यायन ने एक ही जीवन में सनातनी, आर्य (जिस दौर में वे बड़े हो रहे थे सनातनी और आर्य आपस में बुरी तरह से लड़ रहे थे), फिर बौद्ध, फिर मार्क्सवादी और अन्त में स्वाधीन चेता भारतीय प्रगतिशील चेतना स्तर से विपुल लेखन इसी उद्देश्य से किया। इस क्रम में वे सिर्फ लेखक के रूप में नहीं एक चिन्तक के रूप में भी उभरते हैं। हिन्दी के प्रति स्वाभिमान रखते हुए और अपनी वैचारिकता के प्रति विश्वास से भरे इस महान् पण्डित को पाठकों का पण्डित के रूप में बहुत सम्मान मिला, और यह सम्मान कम नहीं हुआ है। आज़ाद भारत के चौदह वर्षों में राहुल सांकृत्यायन ने अपने विचारों का जो निचोड़ अपने जीवन के अन्तिम दौर में प्रस्तुत किया। इस कार्य में उन्हें सांस्थानिक सहयोग नहीं मिल सका। भिन्न-भिन्न प्रकार की बौद्धिक प्रवृत्तियों का

रचनात्मक संवाद राहुल के शेष दो दशकों के लेखन में इतने जटिल रूप में है कि उनकी बौद्धिक विरासत को समझनेवालों के लिए एक चुनौती खड़ी हो जाती है। जिन तीन चिन्तन दिशाओं में वे गये (जब-जब जिस ओर गये पूरे विश्वास के साथ गये) वहाँ से संचित ज्ञान में से जो कुछ उन्हें उपयोगी लगा उसे उन्होंने छोड़ा नहीं। इस कथन से कई लोग असहमत हो सकते हैं कि 'अपने जीवन में उन्होंने अनेक राहें बदलीं, पर उनकी मंजिल हमेशा या तो हिन्दी रही या हिन्दुस्तान की गरिमा, लेकिन इसमें सन्देह नहीं कि वे हिन्दी को और भारतीय बौद्धिक परम्परा के प्रति बहुत सजग रहे।

राहुल की वैचारिक यात्रा चकित कर देनेवाली है। पर सबसे महत्त्वपूर्ण बात यह है कि उन्होंने सनातनी, आर्यसमाजी, बौद्ध, मार्क्सवादी सबको मिलाकर एक प्रगतिशील भारतीय दृष्टि पैदा करने की कोशिश की है। इनमें से किसी धारा के लोगों में से एक का चुनाव करते तो वे उनके द्वारा आदर पाते लेकिन जोखिम लेते हुए वे अपनी राह पर ही चले। इस क्रम में वे इनमें से किसी के भी नहीं हैं और कोई भी उनको पूरा स्वीकार नहीं कर पाता। उनके विराट् रचनात्मक व्यक्तित्व के सम्यक् विश्लेषण के लिए उसी तरह की चेष्टाओं की जरूरत है जैसी कि रवीन्द्रनाथ ठाकुर के लिए की जाती रही है। अधिकतर लोग उनके बारे में उनकी महान् पाण्डित्य की, तिब्बत से लाकर प्राचीन सामग्री लाकर भारत चर्चा के क्षेत्र में योगदान की और उनके वोल्गा से गंगा की चर्चा करके अपने कर्त्तव्य की इतिश्री समझ लेते हैं। जरूरत है कि उनके वैचारिक अवदान का विश्लेषण करें, उसकी आलोचना करें और उनकी पीड़ा के बहाने हिन्दी के बौद्धिक की त्रासदी को भी समझें।

ऐसा क्यों है कि वे एक ही जीवन में इतनी दिशाओं की ओर गये? प्रारम्भिक जीवन के उनके संघर्षों की कथा के बारे में सब जानते हैं। इसलिए इस आलेख में बौद्ध धर्म की ओर उन्मुख होने से ही बात शुरू करना उचित होगा। 1916 में बौद्ध धर्म की पुस्तकों के महत्त्व के प्रति एक बौद्ध विद्वान् के सुझाव के कारण उन्मुख हुए। वे उस समय सनातन धर्म से आर्य धर्म की ओर बढ़ चले थे। पर उसी समय वे 1917 के रूसी क्रान्ति के बारे में भी वे उत्साह के साथ सोचने लगे थे ! राहुल 1926 के बाद भदन्त आनन्द कौशल्यायन की प्रेरणा से बौद्ध धर्म के प्रति प्रवृत्त हुए। 16 मई, 1927 से 1 दिसम्बर, 1928 तक वे श्रीलंका में रहे। इस दौरान वे एक समर्पित बौद्ध अध्येता थे और उन्होंने बौद्ध धर्म की बौद्धिक विरासत के लिए महान् कार्य किये। जब उन्होंने अपने बौद्ध होने की घोषणा की उस समय भी उनको लगता था कि वे साम्यवाद के प्रति भी झुके हुए हैं। 1928 के दिसम्बर में लौटने के बाद एक जगह उन्होंने लिखा है कि वे अब आर्यसमाजी नहीं थे। उनके ही शब्दों में उनका एक पाँव बौद्ध धर्म में

था और दूसरा साम्यवाद में।'[1] अगले दस-बारह वर्षों तक बौद्ध राहुल सांकृत्यायन (यह नाम उन्हें 1930 में मिला जब वे बौद्ध हुए) खूब घूमे, प्राचीन दुर्लभ बौद्ध ग्रन्थों का संग्रह किया और प्राचीन भारतीय ज्ञान परम्परा का गम्भीर परिचय प्राप्त किया। अगले चरण में वे मार्क्सवादी विचारों के प्रभाव में ज़्यादा रहे और यह प्रभाव उन पर अन्त तक बना रहा। हालाँकि सांगठनिक रूप से साम्यवादी दलों से उनका जुड़ाव 1942 के बाद थोड़ा कम हुआ। उसके बाद वे रूस में अध्यापन हेतु गये और वहाँ से लौटने के बाद उनके विचारों और कम्युनिस्ट पार्टी के बीच एक अन्तर था जिसके कारण उनका पार्टी से अलगाव हुआ। उनके जीवन के एक गम्भीर अध्येता विष्णुचन्द्र शर्मा ने लक्षित किया है कि 1939 तक राहुलजी की मानसिक प्रवृत्ति बुद्धि प्रधान थी। इसके बाद वे साधारण लोगों के बीच श्रद्धा-प्रधानता के तत्त्व पर ध्यान दे रहे थे।[2] पार्टी से अलग रहकर भी वे पार्टी के हित में ही सोचते रहे और साम्यवादी पार्टियों के आपसी मतभेदों से दुःखी भी होते थे पर यह स्पष्ट है कि 1947 से 1956 के महत्त्वपूर्ण वर्षों में उनके चिन्तन की भाव भूमि और पार्टी की नीतियों के बीच एक अन्तर है। बाद में जब वे तकनीकी रूप से पार्टी से फिर से जुड़ गये थे भी वे अपने चिन्तन को पार्टी से नियन्त्रित समझते हों ऐसा मानना कठिन है।[3]

राहुल बड़ी उम्मीदें और योजनाएँ लेकर भारत लौटे अगस्त 1947 में लौटे थे। इसके बाद से 1961 में कोलकाता में उनके स्मृति विलोप के बीच के चौदह-पन्द्रह सालों के उनके जीवन के बारे में अब तक चर्चा कम हुई है। इस दौर में ही राहुल ने सबसे अधिक लिखा है। इस दौर में 'परिपक्व राहुल सांकृत्यायन'[4] एक तरह से अपनी वैचारिक यात्रा का निचोड़ पेश करते हैं। सम्भवतः इस दौर के लेखन में वे किसी संगठन या विचारधारा के बारे में कम और अपनी वैचारिक दृष्टि के अनुसार अधिक लिखते हैं। स्वाधीन भारत में राहुल ने जो कुछ सोचा, लिखा और जीवन के जैसे उनके अनुभव हुए उसके बारे में चर्चा करने से वे भी कतराते हैं जो उनके पहले के कार्यों के लिए उनकी सराहना करते नहीं थकते। भाषा, राष्ट्रीयता, धर्म आदि विषयों पर वे अलग तरीके से सोचते हैं। जो उन्हें ठीक लगता है उसको वे कहते हैं और इसकी परवाह नहीं करते कि साम्यवादी दल, उस समय की सरकार और साहित्यिक संगठन से जुड़े प्रभावशाली लोग उनकी बातों को किस प्रकार लेंगे। राहुल सांकृत्यायन के बारे में, उनके बौद्धिक संघर्ष में हिन्दी जगत् के बौद्धिक इतिहास की बहुत सारी समस्याओं के बारे में विचार करने की गुंजाइश पैदा हो सकती है। अभी भी इतिहासकारों ने उनके जीवन में दर्शन, इतिहास और साहित्य की त्रिधारा में एक नये भारत के बनने के स्वप्न को समझने की ठीक से कोशिश नहीं की है। इस आलेख की परिधि में इस ओर जाना सम्भव नहीं है पर यह कहा जा सकता है कि आधुनिक भारत के निर्माता कहे जानेवाले

जवाहरलाल नेहरू के जन्म के चार साल बाद पैदा और दो साल पहले इस पृथ्वी से जानेवाले इस महापण्डित के जीवन और इतिहास-दृष्टि, उनके बौद्धिक विकास का नेहरू के साथ तुलनात्मक अध्ययन करे तो हो सकता है कि एक-दूसरे प्रकार के वैकल्पिक भारत निर्माण का मानचित्र उभरे। इन दोनों के बीच भारत के अतीत, औपनिवेशिक युगीन साम्राज्यवाद विरोध और नये भारत के उनके स्वप्न के बीच की समानता और अन्तर को देखना बहुत उपयोगी हो सकता है। इस आलेख में तीन विषयों–धर्म, भाषा, राष्ट्रीयता के कुछ प्रसंगों को उसके इतिहास के सन्दर्भ में रखकर राहुल सांकृत्यायन के बारे में टिप्पणी की गयी है। साथ ही उनके लिए इतिहास की जरूरत और उसके बारे में सोचते हुए किस तरह एक बेहतर मानव भविष्य के स्वप्न को जोड़ा गया है उसके बारे में भी कुछ प्रसंगों की चर्चा की गयी है।

राहुल के लिए इतिहास एक जरूरत को पूरा करने के लिए है। उन्होंने कई बार यह कहा है कि उन्होंने जीने के लिए उपन्यास 1938 में लिखने के बाद महसूस किया कि उन्हें ऐतिहासिक उपन्यास लिखना चाहिए क्योंकि हिन्दी में ऐसे लेखकों का अभाव है जो इस काम को ठीक से कर सकें। भगवतशरण उपाध्याय की लिखी 1941-42 की कहानियों को पढ़ने के बाद उन्होंने इसे देखा और अगर उपाध्याय इस तरह की पर्याप्त कहानियाँ लिखते तो राहुल इस ओर न जाते ऐसा खुद राहुल ने कहा है।[5] उनका उद्देश्य था—'अतीत के प्रगतिशील प्रयत्नों को सामने लाकर पाठकों के हृदय में आदर्शों के प्रति प्रेरणा पैदा करना।[6] वे कहते हैं कि अगर यह उद्देश्य उनके सामने न रहता तो वे कहानी या उपन्यास नहीं लिखते। भगवतशरण उपाध्याय ने राहुल के इतिहास लेखन के बारे में बहुत सकारात्मक टिप्पणी की है। उन्हें लगता है कि 'महापण्डित राहुल सांकृत्यायन की बहुमुखी प्रतिभा ने विविध दिशाओं में जो-जो स्थायी उपलब्धियाँ की थीं, उन सबके मूल में सम्भवतः इतिहास ही था। साहित्य के क्षेत्र में उनके जो भी प्रयत्न हुए, उनका अधिकांश इतिहास के आधार पर उठा।...(राहुल की) प्राचीन की पकड़ इतनी सही, इतनी अनुसन्धानशील और इतनी मौलिक थी कि जहाँ वह बीते संसार की काया सहज ही अंगांगों सहित सिरज देती थी, वहीं वह एक ऐसी दिशा की ओर भी संकेत कर देती थी, जिधर का मार्ग लोगों को जाना न था।...इस दिशा में अपने प्रयत्नों में वे प्रायः निर्मम हो उठे।...क्योंकि असत्य के वह शत्रु थे।...पिछले युगों के भारतीय बौद्धिक नेताओं में एक प्रकार के असत्य का भी पोषण हुआ है, जिसके प्रभाव में वे...अन्धविश्वासों, प्रथाओं, असामाजिक संस्थाओं का समर्थन करते रहे हैं...राहुलजी ने मूल पर ही प्रहार किया है।[7]

यह एक दिलचस्प शोध का विषय हो सकता है कि राहुल सांकृत्यायन ने अतीत को समझने के लिए किस-किस तरह से कोशिशें की। उनके लिए ऐतिहासिक स्रोतों

की समझ इतिहासकारों की तरह संकीर्ण नहीं है और वे आमलोगों के प्रति विश्वास से भरकर अतीत चिन्तन करते रहे और उन्हें कभी भी यह नहीं लगा कि मध्य वर्ग आम भारतीय लोगों से तत्त्वतः अधिक प्रगतिशील हैं। उनके पूरे साहित्य में और विशेषकर उनकी आत्मकथा और यात्रा-वृत्तान्तों में ऐसे अनेक सूत्र बिखरे पड़े हैं जिसके आधार पर यह कहा जा सकता है कि अगर कोई ध्यान से उनको पढ़े तो ऐसी बहुत-सारी बातें कोई जान सकता है जिसे उस समय और बाद में समाजविज्ञानियों ने महत्त्वपूर्ण पाया।[8] पहले सनातनी, फिर आर्यसमाजी और फिर बौद्ध के रूप में जो कुछ उन्होंने अतीत में पाया उसे सुव्यवस्थित रूप में वे लिख नहीं पाये। जब वे इतिहास लिखने लगे तब तक उनके ऊपर साम्यवादी प्रभाव बढ़ने लगा था।[9] कुछ समय तक यह मार्क्सवादी दबाव ज्यादा रहा। लेकिन इस आलेख के लेखक के अनुसार आगे के दौर के हिन्दू, आर्यसमाजी प्रभावों को राहुल ने पूरी तरह नहीं छोड़ा। इस न छोड़ने को कुछ लोग गलत तरीके से भी व्याख्यायित कर लेते हैं। हाल ही में राहुल पर अंग्रेजी में प्रकाशित पुस्तक में उन्हें 'हिन्दी राष्ट्रवाद' के समर्थक के रूप में देखा गया है। कई विद्वानों ने उनके मध्य एशिया का इतिहास (तीन खण्डों में) को दूसरे उपलब्ध स्रोतो पर अत्यधिक निर्भर बताया है लेकिन उस पुस्तक को लिखने की प्रक्रिया पर कमला सांकृत्यायन के विवरण पर अगर ध्यान दिया जाये तो लगता है की इसके लिए भी राहुलजी ने बड़ी मेहनत की थी। अगर उन्हें समुचित सहयोग रूस में मिला होता तो वे और अधिक बेहतर प्रयास कर पाते।[10]

ऐसा प्रतीत होता है कि कुछ चीजें उनके अतीत-चिन्तन में बनी रहीं जिसको उसी रूप में लिख देने के कारण राहुल से उनके साम्यवादी मित्रों को भी दिक्कत हुई थी। कम-से-कम दो मुद्दे ऐसे हैं जिन पर वे अपने तरीके से सोचते रहे और तमाम दबावों के बावजूद उन्होंने अपने मत को नहीं बदला। वे दो हैं—भारतीय मुसलमान के भारतीयकरण और हिन्दी के मुद्दे। निश्चित रूप से राहुल साम्प्रदायिक दृष्टि से बहुत ऊपर थे और इस्लाम और भारतीय मुसलमानों के भारतीयकरण के सवाल पर बेबाकी से व्यक्त उनके विचारों को ध्यान से पढ़ने के बाद यह कहना गलत ही होगा कि वे साम्प्रदायिक सोच के व्यक्ति थे। वे उस समय के कई वामपन्थी विचारों के लोगों की इस बात को नहीं मानते थे कि मुसलमानों की आलोचना न की जाये या इस्लाम के बारे में कुछ न कहा जाये क्योंकि इससे साम्प्रदायिक सौहार्द पर खतरा पैदा होता है। लेकिन राहुल इसे नहीं मानते। जब वे रूस से भारत लौट रहे थे उस समय के बारे में उन्होंने जो लिखा है उसको पढ़ने से उनके विचारों का पता चलता है।

हिन्दी के बारे में भी उनकी राय उस समय के साम्यवादियों से अलग थी। राहुल हिन्दी ही नहीं सभी भारतीय भाषाओं के अधिकार के प्रति सचेत थे और कहीं से भी

हिन्दी के अन्ध समर्थक या उर्दू या अंग्रेज़ी विरोधी नहीं थे। वे अतीत चिन्तन करते हुए उन दिशाओं में गये हैं जहाँ से हम अपने अतीत की इतिहासकारों से बेहतर व्याख्या कर सकते हैं। इस पूरी प्रक्रिया में जाति (नेशन) और धर्म की जैसी व्याख्या राहुल के पास है उससे हम लाभान्वित हो सकते हैं। हिन्दी प्रदेश के बौद्धिक इतिहास के आधुनिक पर्व के इतिहास लेखन में भी उनकी दृष्टि से हमें मदद मिल सकती है।

यह हमारा दुर्भाग्य है कि राहुल सांकृत्यायन के बारे में बहुत कम अध्ययन के बावजूद उनके बारे में बड़े विद्वान् भी कभी-कभी बहुत चलताऊ किस्म की टिप्पणी करने में संकोच नहीं करते। एक ही उदाहरण देना यहाँ पर्याप्त होगा। समाजविज्ञान से जुड़े अन्तरराष्ट्रीय ख्याति के कई विद्वानों के सहयोग से एक पुस्तक का प्रकाशन हुआ है जिसे द आक्सफोर्ड इण्डिया कम्पेनियन के रूप में दो वॉल्यूम में छापा गया है। इसका सम्पादन वीणा दास ने किया है। इस बहुपठित पुस्तक की भूमिका में प्रो. दास ने लिखा है—'... the engagement of sociology and social anthropology in the questioning of colonial representations of Indian polity and society was evident: moreover, social anthropologists such as N. K. Bose, and historians like Kosambi and Rahul Sankrityayan had worked in close coòavoration with Gandhi and the national movement.'[11] यह एक वक्तव्य है जिसमें एक तरह से राहुल को उस धारा के लिए कम करनेवाला सिद्ध किया जा रहा है जिसके साथ राहुल के मतभेद थे। दिलचस्प है कि दो खण्डों में इसके अलावा कहीं फिर राहुल के बारे में एक भी शब्द नहीं है। वीणा दास ने तो कम-से-कम उनका उल्लेख किया है, अधिकतर इतिहास और समाजविज्ञान के लोग तो उनकी चर्चा भी नहीं करते।

राहुलजी के विचार, इतिहास के बारे में उनकी समझ और उनका संघर्ष

राहुल की अतीत के बारे में दृष्टि बहुत साफ थी। वे अतीत के ज्ञान का सम्मान करते थे और उसकी रक्षा के लिए अपने प्राणों की भी परवाह नहीं करते थे। लेकिन वे अतीत से चिपके रहने के सख्त खिलाफ थे। जब वे कम्युनिस्ट नहीं हुए थे उस समय भी इलाहाबाद में जवाहरलाल नेहरू की उपस्थिति में 1937 में उन्होंने कहा—'ज़्यादातर पुरानी पोथियों में 75 प्रतिशत तो बेवकूफियाँ-ही-बेवकूफियाँ भरी पड़ी हैं। हाँ, कहीं-कहीं अकल की बातें भी हैं।'' पण्डितों की नगरी काशी के बारे में उनका मत कठोर है। वे लिखते हैं—'इसमें सन्देह है, कि ऐतिहासिक काल अथवा पिछली सात शताब्दियों में काशी ने कभी देश और राष्ट्र की तत्कालीन या भावी महत्त्वपूर्ण समस्याओं पर माथापच्ची की हो। काशी ने देश को हमेशा पीछे की तरफ खींचने की कोशिश की। एक-से-एक प्रतिगामी पण्डित और परिव्राजकों को उसने प्रदान किया।[12]

अगर हम राहुल के बारे में लिखे संस्मरणों को ध्यान से पढ़ें तो यह स्पष्ट हो जाता है कि 1947 के बाद जब पार्टी से उनकी दूरी बढ़ गयी थी और उन्होंने अपने लेखन पर अपना ध्यान केन्द्रित कर दिया था उनके विचारों को लेकर विद्वानों की असुविधा बढ़ गयी थी। संकेत तो स्पष्ट रूप से उनके चालीस के दशक के लेखन में भी हैं लेकिन यह पूरी तरह से स्पष्ट तब हुआ जब वे हिन्दी, इस्लाम, भारतीय इतिहास में लोक और बौद्धिक परम्पराओं, भारत के नवनिर्माण को लेकर बगैर शक्तिशाली राजनैतिक और अकादमिक संस्थानों की परवाह किये लिखने-बोलने लगे। दाम्पत्य जीवन में आने के बाद एक स्थायी पारिवारिक जीवन की जिम्मेदारियों को झेलते हुए राहुल के लिए परिस्थितियाँ कितनी दुरूह हो गयी थीं और उनका मुक़ाबला करते हुए उन्हें कितनी तकलीफें उठानी पड़ीं इसके बारे में अलग से बातचीत हुई है। दुर्भाग्य से इस ओर सभी तरह की जानकारी होते हुए भी राहुल साहित्य से जुड़े लोगों ने और खुद उनके परिवार के लोगों ने चर्चा करना जरूरी नहीं समझा।[13]

राहुलजी के विचार धीरे-धीरे इस प्रकार के हो गये थे कि तत्कालीन अकादमिक समूहों को उनकी बातों से बहुत असुविधा होने लगी थी। जब राहुलजी का स्वास्थ्य बहुत अच्छा नहीं था उन्हें दिल्ली विश्वविद्यालय में डॉ. नगेन्द्र के विशेष आग्रह पर व्याख्यान के लिए जाना पड़ा। अध्यापक विजयेन्द्र स्नातक ने उनसे सिद्ध साहित्य पर बोलने का अनुरोध किया। उन्होंने अपने भाषण में यह सिद्ध किया कि कण्णपा अपने युग के सबसे प्रभावशाली व्यक्ति थे। और भी इसी तरह की बातें बोले। स्नातक ने विनम्रतापूर्वक प्रतिवाद किया और उनसे कहा कि वे प्रमाण दें। इस पर राहुलजी ने यह कहा—'मैं नहीं चाहता कि आप मेरी मान्यता को ग्रहण करें, किन्तु मैं इतना अवश्य चाहता हूँ कि आप इतिहास के पृष्ठ पलटें। अंग्रेजों द्वारा लिखा गया इतिहास हमारे देश का दूषित, त्रुटित और पक्षपात रंजित इतिहास है। मैं इस इतिहास पर सिद्ध साहित्य को नहीं परखता। क्या आप बता सकते हैं कि सिद्धों की विशाल परम्परा से कौन-सा अंग्रेज़ इतिहासकार परिचित है? किसने पूर्व—मध्ययुग पर प्रामाणिक दृष्टि से लिखा है। आप इन इतिहास ग्रन्थों को पढ़कर कण्णपा या किसी सिद्ध या नाथपन्थी योगी का परिचय नहीं पा सकते क्योंकि इनकी दृष्टि सन्-संवतों में सिमटी रह जाती है। मैं देखता हूँ कि गौतम बुद्ध के बाद देश में तीन-चार बार क्रान्तियाँ हुई हैं। किन्तु किसी क्रान्ति को जनमानस की व्यापक क्रान्ति के रूप में हमारे इतिहास लेखकों ने अंकित नहीं किया। महेशों और नरेशों का इतिहास लिखनेवाले क्या जानें कि जनमानस को जागृत करनेवाले विलासी नरेश नहीं होते, साधु, महात्मा और सिद्ध होते हैं। जो राज्य सत्ता से कहीं अधिक प्रभाव जनता पर डालते हैं। आप लोग पहले इतिहास की दृष्टि को स्वच्छ करें इतिहास के पृष्ठों पर पड़ी धूल को साफ करें और तब इतिहास

पढ़ने का उपक्रम करें। मैं सिद्धों और नाथों का समर्थक नहीं हूँ किन्तु इतिहास में उनके महत्त्व की कथाओं को पाकर यह कहने को बाध्य हुआ हूँ।[14]

राहुल के साथ आज़ाद भारत में बौद्धिक परिवेश के साथ तादात्म्य बिठाना बहुत मुश्किल हुआ और उन्हें बहुत कठिनाई हुई इसकी चर्चा आगे भी हुई है, पर जो सबसे उद्वेलित करनेवाली बात है कि अन्त में वे बाध्य हुए श्रीलंका जाकर नौकरी करने को ताकि उन्हें 1500 रुपये माहवार मिल सके ताकि उनके बच्चों की शिक्षा-दीक्षा ठीक से हो सके। श्रीलंका में रहते हुए उनके बारे में लिखते हुए भदन्त आनन्द कौशल्यायन ने लिखा है—'राहुलजी का हस्ताक्षर सुपाठ्य नहीं रहा था। उनकी दिनो दिन बिगड़नेवाली स्वाक्षरी उनके बढ़ते हुए स्नायु दौर्बल्य की सूचना दे रही थी। बहु-मूत्र का रोग। असन्तोषजनक भोजन। बच्चों और परिवार से दूर। किसी प्रकार का खास मनोविनोद नहीं। रात-दिन लिखना-पढ़ना। वही काम और वही आराम!...बाद में देखा कि कभी-कभी किसी भी समय राहुलजी सोने लग गये थे। दिन में आठ और नौ बजे सोते पाये जाने लगे।...राहुलजी का 'क्लास' में पढ़ाने जाना बन्द कर दिया गया।... उचित समझा गया कि राहुलजी जया-जेता के पास जाकर रहें क्योंकि उन दोनों बच्चों को बिना एक चिट्ठी लिखे हुए, रात को राहुलजी कभी सोते ही नहीं थे।... थोड़े-से चंगे होकर राहुलजी एक बार फिर सिंहल आये। न वे पढ़ा सकते थे औ न उन्हें किसी ने पढ़ाने के लिए कहा। उन्हें खाने-पीने की सुविधा-असुविधा का ख्याल करके उन्हें उनके एक परम मित्र श्री एम. के. कापड़िया के यहाँ ही रखा गया।[15]

उनकी पत्नी का यह कथन बहुत कष्टदायी है—'औघरदानी तो वे थे ही, इसलिए भी धन के प्रति उनकी आसक्ति नहीं थी। मनुष्य को अपने जीवन निर्वाह के लिए धन की भी आवश्यकता पड़ती है, इस सत्यता का बोध महापण्डित को अपने जीवन के अन्तिम वर्षों में ही हुआ।[16] राहुल ने एक पत्र लिखा जिसमें उन्होंने जलवायु प्रतिकूल होने के बावजूद सिंहल में ही रहना चाहते हैं क्योंकि भारत में रहने से उन्हें आर्थिक कठिनाइयों का सामना करना पड़ेगा। 'मैं अपने बच्चों के भविष्य को अन्धकार में कैसे छोड़ दूँ ! मैंने ज़िन्दगी-भर कभी किसी के सामने हाथ नहीं फैलाया। अब भी ऐसा करना मुझे पसन्द नहीं।[17] पत्नी ने लिखा है—'जो जीव जीवन भर नहीं रोया, अनेक विपत्तियों का भी जिसने हँसते-हँसते सामना किया, वही महापण्डित अपने शेष जीवन के डेढ़ वर्ष प्रतिदिन रोते रहे, आँसू बहाते रहे।'

एक प्रश्न उठाया जाता है कि राहुल की इतिहास-दृष्टि में एक समस्या है कि वे शोध नहीं करते थे और उनकी अधिकांश बातें वे अपने हिसाब से इस्तेमाल करते थे।[18] वे आधुनिक शोधार्थी की तरह हर तथ्य की वैसी जाँच न कर पाते होंगे, पर उनको बहुत-कुछ कह सकने की हड़बड़ी थी और वे जिस चीज़ से निर्देशित थे वह

इतिहास के 'स्वीप ऑफ इमेजिनेशन' थी।[19] यह उनकी सीमा भी है और शक्ति भी। वे 'शुद्ध इतिहासकार' नहीं थे। राहुल अकादमिक विद्वानों की तरह अकादमिक जगत् की पद्धतियों में ज़्यादा उलझे रहने के बजाय काम की बातें निकालते हुए सहज तरीके से निष्कर्ष निकाल लेते थे। वे सहज भाषा में लिखते थे। सबको उनकी बातें समझ में आती थीं।

पूँजीवाद के आगमन की बड़ी रोचक व्याख्या राहुल ने की है। वे मानते थे कि यूरोपीय समाज में राजा और पुरोहित ही सब-कुछ थे। सारी शक्ति उन्हीं के हाथों में होती थी। बनिये बेचारे शक्ति से वंचित थे। अपने समाज में वे भले ही शक्ति पाने में असफल थे लेकिन सात समुन्दर पार उनके शक्तिशाली होने को यूरोपीय समाज के शक्तिशाली वर्ग नहीं रोक सके। इसी क्रम में बनिया क्लर्क ने शौर्य दिखलाते हुए 1757 में बंगाल में अपना विजय अभियान शुरू किया। तीन वर्ष बाद ही यूरोप में पूँजीवाद शुरू हुआ। ये लोग बाज़ार बनाने लगे, उसको नियन्त्रित करने लगे और धीरे धीरे इन लोगों ने अपनी शक्ति को बहुत बढ़ा लिया।

यूरोप में राष्ट्रीयता के विकास को वे फ्रांस में उठी राष्ट्रीयता की लहर के साथ जोड़कर देखते हैं। कैसे यह जर्मन जातियों में फैली—मगियार सैनिकों की पवित्र रोमन साम्राज्य की ज़रूरत और फिर लुई कोसुथ (1802-1894) द्वारा आस्ट्रिया के निरंकुश शासन के खिलाफ आन्दोलन के जरिये—इस पर राहुल ने ध्यान दिया। कालान्तर में जब हंगरी को आस्ट्रिया से जातीय अधिकार मिले, लेकिन तब उसने अपनी सहभागी जातियों—सर्बियन, क्रोशियन, रूमानियन को जातीय अधिकार नहीं दिये। मगियर द्वारा अन्य जातियों की भाषा और उनकी जातीय पहचान को न स्वीकार करने को राहुल गलत मानते हैं। इस मामले में वे सी डी हजेन की 1937 में प्रकाशित पुस्तक को उद्धृत करते हैं और कहते हैं कि हंगरी की इस नीति और हमारे यहाँ के कितने ही राष्ट्रीय नेताओं के विचारों में बहुत समानता है, और वह दूसरी अल्पमत जतियों को वही स्वायत्त अधिकार देने के लिए नहीं तैयार हैं, जिनके लिए वे पिछले पचास वर्षों से लड़ते आये हैं।[20]

तुर्की में भी इसी तरह से जातीयताओं को दबाने की चेष्टा की गयी, पर यह सम्भव नहीं हो सका। वहाँ सभी जातियों—ईसाई,यूनानियों, तथा आर्मेनियनों, और मुसलमान अरबों को अधिकारों से वंचित रखकर उन सबको तुर्क बनाने की कोशिश की गयी। राहुल उल्लेख करते हैं कि अदन में 30 हज़ार आर्मेनियन ईसाइयों को मार डाला गया, गैर मुस्लिम के धार्मिक अधिकारों को छीनने की कोशिश हुई और अल्पमत जातियों को व्यापार के क्षेत्र में मिटाने की कोशिश की गयी। मकदुनिया जैसी जगह में जहाँ मुसलमान कम थे वहाँ मुसलमानों को बहुमत में लाने के लिए दूसरी जगहों

के मुसलमानों को लाकर बसाने की कोशिश की गयी। इस आधार पर राहुलजी कहते हैं कि हिन्दू बहुमत से यदि भारतीय मुसलमानों को खतरा मालूम होता है तो... उसे हम बिल्कुल निर्मूल नहीं कह सकते।[21]

राहुल का प्रस्ताव है कि हर जाति को पूर्ण स्वतन्त्रता हो और वहाँ के लोग ही चूँकि इस लड़ाई में शामिल होंगे किसी बाहरी या सामुदायिक आधार पर छद्म लड़ाई करना सम्भव न होगा। लोग अपने आर्थिक अधिकारों के लिए लड़ेंगे। कोई साम्प्रदायिक फूट डालकर 'इस्लाम खतरे में' 'हिन्दू खतरे में' का झूठा नारा लगाकर आर्थिक समस्याओं को ढँकने की कोशिश नहीं कर पायेगा। भारत की हजारों समस्याओं की दवा के रूप में वे सुझाते हैं कि हमारी सरकार अपना पहला कर्त्तव्य समझे—सभी देशवासियों के खाने, कपड़े, मकान, दवा, शिक्षा आदि का प्रबन्ध करना। यह तभी सम्भव हो सकता है जबकि केवल जनता की आवश्यकता और लाभ के लिए उद्योग-धन्धे चलाये जायें।[22]

अखण्ड हिन्दुस्तान के लिए एक देश की तरह एक जाति की जरूरत पर वे बल देते हैं। वे कहते हैं कि जब हमारे राष्ट्रीय नेतागण अपनी-अपनी कायस्थ, राजपूत, ब्राह्मण जाति के बाहर शादी ब्याह के मामले में जाने के लिए तैयार नहीं हो सकते थे अखण्ड भारत कैसे बन सकता है? वे हिन्दू धर्मान्धता का विरोध करते हैं। अम्बेडकर की नीतियों के बारे में उनकी सहमति नहीं है। वोल्गा से गंगा के सुमेर को याद करने से ही यह स्पष्ट हो जाता है कि अम्बेडकर नीति को वे बहुत सार्थक नहीं मान पाते हैं। इस कहानी को अनुवाद करते समय छोड़ दिये जाने का यही कारण है।

'दोहा कोश' की भूमिका में शिवपूजन सहाय ने लिखा है—'साहित्यिक गवेषणा के क्षेत्र में उनके अनुसन्धानों ने जो प्रकाश फैलाया है उससे युगों का घनीभूत अन्धकार तिरोहित हुआ है।... श्री राहुलजी की तरह 'मिशनरी स्पिरिट' से काम करनेवाले यदि और भी दो-चार व्यक्ति हिन्दी में होते, तो साहित्यिक शोध के क्षेत्र में आज अनेक विस्मयजनक कार्य हुए रहते।...राहुलजी को सच्चे अनुयायी रूप से अभी तक निष्ठावान् सहायक नहीं मिले हैं।[32]

रामचन्द्र शुक्ल ने सिद्ध और योगियों की रचनाओं को 'साहित्य' न मानते हुए लिखा है कि यह साम्प्रदायिक (किसी सम्प्रदाय के लिए) शिक्षा मात्र है। वे कहते हैं कि "चौरासी सिद्धों में बहुत-से मछुए, चमार,धोबी, डोम, कहार, लकड़हारे, दर्जी तथा बहुत-से शूद्र कहे जानेवाले लोग थे।... जो शास्त्रज्ञान सम्पन्न न थे, जिनकी बुद्धि का विकास बहुत सामान्य कोटि का था। " इस दृष्टि की आलोचना करते हुए नामवर सिंह ने लक्षित किया है कि यहाँ साहित्य की कसौटी का आधार सामाजिक और

सांस्कृतिक है। जो 'सुसंस्कृत' है उसकी गाली भी साहित्यिक है, लेकिन जो 'असंस्कृत ' है उनकी डाँट फटकार भी असाहित्यिक है।[33]

इस विषय में विस्तार में जाने का अवसर यहाँ नहीं है, लेकिन राहुल क्या कहना चाहते थे उसके बारे में सामान्य पाठकों को जरूर जानना चाहिए। राहुल ने 'दोहा-कोश' को सम्पादित 1954 में किया और वे इस किताब के बारे में पाठकों की प्रतिक्रिया के बारे में विशेष रूप से इच्छुक थे जब वे विदेश में थे।[34] इस पुस्तक में राहुल की मुख्य स्थापनाओं को देखना चाहिए। भाषा की दृष्टि से छान्दस (वैदिक भाषा) के बाद ईसा पूर्व पाँचवीं-छठी सदी में भाषा ने नया रूप लिया जिसे उन्होंने जनपदीय पालियाँ कहा। ईस्वी सन् के आरम्भ के आसपास प्राकृत अस्तित्व में आयी जो ईसा की पाँचवीं सदी तक प्रचलित रही। इसके बाद भाषाविज्ञान की दृष्टि से एक गुणात्मक परिवर्तन हुआ। छान्दस, पाली और प्राकृत में एक विशेषता बनी रही जिसे भाषाविद् 'शिलष्ट' ('सिन्थेटिक') रूप कहते हैं। किन्तु प्राकृत के बाद जो भाषा आयी उसमें शिलष्ट की जगह अशिलष्ट रूप आया जिसका उल्लेख हर्ष के समकालीन वाण के हर्ष चरित में वाण के कवि मित्र ईशान के उल्लेख के रूप में मिलता है, जिसे भाषा कहकर पुकारा गया। यह जो भाषा है यह अपभ्रंश है (हालाँकि यह नाम बाद में मिला) जो संस्कृत—पाली-प्राकृत के शिलष्ट-भाषा-कुल से उत्पन्न, पर अशिलष्ट होने से एक नये प्रकार की भाषा है। यह नयी भाषा तीनों भाषाओं से दूर तथा हमारी आधुनिक भारतीय भाषाओं की माता-मातामही है और उसी प्रकृति की भाषा है। इसमें दोहा, चौपायी, पद्धरी के नये छन्द उसी समय आते हैं। मराठी, गुजराती, पंजाबी, हिन्दी क्षेत्र की भाषाओं—राजस्थानी, मालवी, बुन्देली, हरियानी, कौरवी (मूल हिन्दी) पहाड़ी, ब्रज, अवधी, भोजपुरी, मैथिली, मगही, असमिया, बँगला, उड़िया सभी भाषाओं के क्षेत्र में अपभ्रंश साहित्य की रचना हुई है, उसको अपना समझा गया। इसी के आधार पर राहुल ने माना कि यह कहना ठीक नहीं है कि आधुनिक भारतीय भाषाएँ सीधे संस्कृत से निकली हैं। राहुल की स्थापना है कि छठी शताब्दी मे यह नयी भाषा बनी। वे मानते हैं कि ईशान से लेकर सरहपाद के बीच और भी अपभ्रंश के कवि रहे होंगे पर उनकी कृतियाँ उपलब्ध नहीं हैं। सरहपाद राज्ञी अंचल (जो राहुल के हिसाब से भागलपुर और पौंद्र-वरद्धन—उत्तरी बंगाल) में जन्मे थे। उनकी मृत्यु के बारे में राहुल ने ऐतिहासिक साक्ष्यों के आधार पर कहा है उनकी मृत्यु 780 के करीब हो चुकी थी। शवरपा उनके प्रधान शिष्य हुए। उनके अन्य शिष्यों में जोगी, नागार्जुन और सर्वभक्ष भी थे। उनके अनुयायी आज भी तिब्बत में भारी संख्या में मौजूद हैं।

अगर हम राहुल की साहित्य के इतिहास को देखने की दृष्टि पर गौर करें तो यह स्पष्ट हो जाता है कि वे लोक की शास्त्रों द्वारा उपेक्षा का विरोध करते हैं और इस ज्ञान परम्परा की राजनीति और वर्चस्व के लिए चल रही लड़ाई के प्रति बहुत सचेत हैं। इस क्रम में वे तमाम उन प्रसंगों, व्यक्तित्वों के बारे में कभी तथ्यों और कभी अपने अनुमान के आधार पर वैकल्पिक दृष्टि के लिए सामग्री जुटाते हैं। दुर्भाग्य से उनको संस्थानिक सहयोग बहुत कम मिल सके। वे चाहते थे कि उन्होंने जो सामग्री जुटायी थी उस पर काम हो और उसका संरक्षण और अनुवाद हो सके। कलकत्ता विश्वविद्यालय के कुछ प्राध्यापकों ने कुछ कोशिशें कीं लेकिन वे पर्याप्त सिद्ध न हो सकीं।[35] राहुल सांकृत्यायन के अनुसन्धानों का किस तरह से प्रभाव रहा है इसको समझने के लिए शिवपूजन सहाय द्वारा हिन्दी साहित्य और बिहार के प्रथम खण्ड को पलटना ही पर्याप्त है। जिन सन्तों के बारे में यशस्वी हिन्दी सम्पादक ने सूचनाएँ इकट्ठा की हैं उनमें से बहुतों के बारे में राहुल के अनुसन्धान के कारण ही जानकारी मिल सकी है। दुर्भाग्य से राहुल ने जो भारतीय साहित्य के बारे में दृष्टि तैयार की थी और जिसके आधार पर भारतीय साहित्य का इतिहास कई शताब्दी पीछे से शुरू होती उसको अकादमिक जगत् में पर्याप्त गम्भीरता से नहीं लिया गया।

हो सकता है कि इसको मानने में साहित्य-इतिहास के विद्वानों को असुविधा हो पर क्या यह कहना अनुपयुक्त होगा कि हिन्दी भाषा के इतिहास में राहुल के इस मत के रूप में विश्वविद्यालय में पढ़ाया जाये? जिस आधार पर आचार्य शुक्ल ने इसे नकारा है उसकी जो आलोचना नामवर सिंह ने की है वह उचित ही प्रतीत होती है।

राहुल, जाति (नेशन), भाषा और धर्म

राहुल के लिए किसी आदमी की जाति पहचानने के लिए सबसे बड़ा चिह्न—'पक्का चिह्न' है उसकी भाषा।[36] इसके बाद वे जाति की पुष्टि के लिए जिस कारक का ज़िक्र करते हैं वह है—धर्म संस्कृति को वह भाषा, कला और धर्म की सम्मिलित उपज मानते थे।[37] वे इसे गलत मानते हैं कि जातियों का ज़िक्र हो और धर्म को छोड़ दिया जाये। वे उन लोगों को जो धर्म को जातीयता में विशेष स्थान नहीं देना चाहते उनको राहुल ऐसे लोग मानते हैं जिनकी निगाह वर्तमान को नहीं देखती। वे स्पष्ट लिखते हैं—'जिस देश में अपनी भाषा, साहित्य, कला के बराबर या उससे भी अधिक जनता का दृढ़ आग्रह किसी धर्म के बारे में मिलता हो, और जब तक वह जनता उसके लिए बड़ी-से-बड़ी कुर्बानी करने के लिए तैयार हो; वहाँ हम धर्म से आँख नहीं मूँद सकते।... जब तक मजहब से प्रभावित होकर कोई जाति उसी के ऊपर अपने अलग व्यक्तित्व को कायम करने के लिए डटी हुई है, तब तक भूत में यह मजहब नहीं था,

या भविष्य में नहीं रहेगा, इस बात को कहकर उस विचार को हटाया नहीं जा सकता और न हम वर्तमान की समस्या को हल कर सकते हैं।[38]

भारत के सन्दर्भ में वे स्पष्ट रूप से कहते हैं कि 'हमें यह मानने में कोई उज्र हो ही नहीं सकता कि हमारे देश के मुसलमान अपनी जातीयता में मजहब को बहुत स्थान देते हैं।[39] एक बार राहुल से पूछा गया कि अगर बौद्ध धर्म और कम्युनिज़्म में एक को चुनना पड़े तो किसे चुनेंगे तो उन्होंने कहा कि वे कम्युनिज़्म को चुनेंगे क्योंकि इसमें बौद्धों की सामाजिक समानता निहित है। प्रश्नकर्त्ता ने जब यह कहा कि यह समानता तो इस्लाम में भी है तो राहुल ने जो कहा वह ध्यान देने योग्य है। उन्होंने कहा—'इस्लाम की समानता और बौद्धों की समानता में बहुत अन्तर है। इस्लाम में मजहबी समानता है। हरेक मुसलमान धर्म-क्षेत्र में समान समझा जाता है, लेकिन बौद्ध धर्म में मानवमात्र समान है—यही क्यों जीवमात्र समान है। इस मौलिक भेद के कारण एक धर्म युक्तियों, अनुरोध, स्नेह, बन्धुत्व, त्याग, सहिष्णुता से फैला और दूसरा तलवारों की धार पर। वैसे अनेक मुसलमान सन्तों ने सहिष्णुता और मानव समानता का प्रचार भी किया। पर बहुत कम।[40]

राहुल 15 अगस्त 1947 को भारत लौटते हुए जहाज पर थे उन्होंने देखा कि स्वाधीन होने की खुशी में भारत और पाकिस्तान के लिए अलग-अलग झण्डे फहराये गये और एक के लिए जन गण मन और दूसरे के लिए 'पाकिस्तान हमारा' गाया गया। इस पर राहुल की टिप्पणी है कि इकबाल ने जिन्होंने पाकिस्तान का राष्ट्रीय गान लिखा उन्होंने लिखा था जिसमें ये पंक्तियाँ थीं—चीन और अरब हमारा, सारा जहाँ हमारा... तलवार के साये में हम पाले हैं... इसके गाने के बाद नारा दिया गया अल्लाह ओ अकबर ! राहुल ने लिखा है कि ये जानते नहीं कि जिहाद का समय बीत चुका है और विज्ञान का युग आ गया है। ये समझते हैं कि इस्लामी छूरेबाजी के बल पर इन्होंने पाकिस्तान कायम किया है। उनको यह नहीं मालूम कि अंग्रेजों ने अशगुन पैदा करने के लिए पाकिस्तान को बनाया।[41] इसके अतिरिक्त भी बहुत सारे प्रसंग हैं जिसमें उन्होंने इस्लाम और मुसलमानों के बारे में अपनी भावना को प्रकट करने में संकोच नहीं किया। एक जगह उन्होंने लिखा है—'इस्लाम में मुझे यदि कोई चीज बुरी लगती है, तो वह है स्थानीय भाषा और संस्कृति के प्रति अवहेलना और विद्रोह का भाव, और जहाँ यह बात नहीं रहती वहाँ उसके ऐतिहासिक महत्त्व का मैं बहुत प्रशंसक हो जाता हूँ।[42]

राहुल की कम-से-कम दो पुस्तकों में भाषा और इस्लाम के प्रश्न पर इस प्रकार के कथन मिलते हैं वे किसी कम्युनिस्ट के कम और किसी भारतीयता (गुणाकर मुले के अनुसार हिन्दुत्ववाली भारतीयता नहीं) के पक्षधर के अधिक प्रतीत होती हैं। युधिष्ठिर नमक पात्र के माध्यम से राहुल की पुस्तक—आज की राजनीति में कहा गया

है—''इतिहास बतलाता है कि धर्म के नाम पर इस्लामी मूलकों को एक राष्ट्र के रूप में कभी परिणत नहीं किया जा सका... इस्लाम स्वतन्त्र जातियों को आधुनिक ज्ञान-विज्ञान से लाभ उठाकर जितना आगे बढ़ने का अवसर था उनकी धर्मान्धता ने उन्हें वैसा नहीं करने दिया... कितने हिन्दू अब भी पाकिस्तान को बड़े भय की दृष्टि से देखते हैं, इनको मालूम होता है, कि मुसलमान बहुत लड़ाके हैं, और उनकी पीठ पर मिस्त्र और तुर्की तक के सारे इस्लामी राज्य हैं।' युधिष्ठिर को राहुल के विचार का प्रतिनिधित्व करनेवाला एक तरह से माना जा सकता है। यह स्पष्ट रूप से देखा जा सकता है कि युधिष्ठिर को राहुल ने बहुत ही सन्तुलित व्यक्ति के रूप में देखा है। इस पात्र का परिचय राहुल ने इस रूप में दिया है—'शिक्षा में वे किसी से पीछे नहीं हैं। साथ ही देशाटन ने उनके दृष्टिकोण को और भी विशाल बना दिया है... सिर्फ आयु के कारण ही दूसरे पंचों ने उन्हें अपना प्रधान या सरपंच नहीं बनाया, बल्कि उनमें सरपंच होने के गुण भी हैं। वे सबसे अधिक शान्त हैं।'' महीप जो इस उपन्यास का ऐसा पात्र है जिसमें राहुल के विचार को सबसे अधिक स्पष्टता से लक्षित किया जा सकता है उसके व्यक्त विचारों में भी राहुल के इस्लाम के इतिहास के प्रति राहुल के दृष्टिकोण की झलक मिलती है। महीप कहता है—'इस्लामी जातियाँ अपनी कट्टरता पर गर्व करती हैं, किन्तु उसके कारण उन्हें कूप-मण्डूकता और पिछड़ेपन के सिवा कुछ हाथ नहीं आया। युधिष्ठिर से जब पूछा जाता है कि फिर इस्लाम ने सफलता कैसे प्राप्त की तो उसका उत्तर है—'इस्लाम की सफलता किसी उच्च दार्शनिक विचार, महान् सदाचार या भव्य आदर्शवाद के कारण नहीं हुई है। आप कुरान को उठाकर किसी धर्म के प्रमुख ग्रन्थ से मिला के देख लीजिये, वह हर तरह से बहुत निम्न कोटि का जँचेगा।...(इस्लाम की) दूसरी सफलता की कुंजी थी : जैसे भी हो स्त्रियों को रखके उससे औलाद को पैदा करके बढ़ाना। धर्म प्रचार का इस अनूठे ढंग को आप किसी धर्म के लिए शोभा की बात तो नहीं कह सकते।...एक साम्प्रदायिकता दूसरी साम्प्रदायिकता को पैदा करती है। मुसलमान इस्लाम को मानें, इसमें कोई आपत्ति नहीं होनी चाहिए, किन्तु यदि वह वेश-भूषा, भाषा, संस्कृति में अपने को विदेशी रखना चाहते हैं, तो समझ लें, यह उनके लिए आफत की चीज है। कुछ इसी तरह के भाव राहुल की एक अन्य कृति भागो नहीं दुनिया को बदलो के सबसे महत्त्वपूर्ण पात्र, जिसके कथन में लेखक के अपने भाव ही व्यक्त हुए हैं, भैया ने भी व्यक्त किये हैं—मुसलमानों को वही बोली—बानी, वही पर-पोसाक, वही खान-पान अपनाना होगा, जो कि हिन्दुओं का है। बिलाइत में ईसाई रहते हैं, यहूदी भी रहते हैं, लेकिन उनको देखके कोई नहीं कह सकता, कि वह दो तीन धर्म को मानते हैं।[43]

साथ ही, यह उनके लिए स्पष्ट है कि, "एक मजहब होने पर भी यदि भाषा भिन्न भिन्न हुई तो अलग जाति का सवाल उठे बिना नहीं रहेगा। वे 1944 में कहते हैं कि सारे पाकिस्तानी (इस्लाम के आधार पर एक हो जायें अगर) एक जाति के नहीं हो जायेंगे, भाषा का सवाल वहाँ तीव्र उठेगा। यह कम उल्लिखित है कि राहुल ने 1944 में कहा था कि पूर्व बंगाल—जो कि पाकिस्तान का दूसरा टुकड़ा होगा—भी अपनी समुन्नत मातृभाषा को छोडकर उर्दू को अपनायेगा इसकी आशा नहीं रखनी चाहिए।[44] "इसी आधार पर वे कहते हैं कि पाकिस्तान कभी एक जातीय देश नहीं रहेगा। राहुल की यह धारणा है कि जातीयता के प्रश्न पर व्यावहारिक रूप से विचार करते वक्त धर्म से भी ज़्यादा हमें भाषा को प्रधानता देनी होगी। पाकिस्तान के बारे में वे लिखते हैं कि—पश्चिमी खण्ड में ही एक नहीं ग्यारह जातियाँ हैं जिनकी भाषाएँ हैं—सिन्धी, बलोची, बहुई, मुल्तानी, पश्चिमी पंजाबी, पश्तो, कश्मीरी, दरदी, बलती, हुञ्जा, और पूरब में पूरबी बंगाल की अपनी एक जीवित भाषा है। इस प्रकार पाकिस्तान ग्यारह जातियों का एक जाति संघ होगा।[45]

भाषा के सम्बन्ध में राहुलजी की इस बात पर गौर करना ज़रूरी है कि कुरु जनपद (मेरठ कमिश्नरी, अलीगढ़ जिला छोडकर) की एक भाषा अब सारे उत्तरी भारत के अनेकों पुराने जनपदों की शिक्षा का माध्यम हो गयी है, और उसे ही हम मातृभाषा का स्थान दिलाना चाहते हैं—अर्थात् ब्रज, बुन्देली, अवधी, बनारसी, भोजपुरी, मैथिली, मगही, मारवाड़ी, मेवाड़ी, मालवी, छत्तीसगढ़ी भाषाओं को मातृभाषा से खारिज कराना चाहते हैं। प्राकृत युग में भी मगही, सौरसेनी आदि भाषाओं की स्वतन्त्र सत्ता स्वीकार की गयी है और अब हम यदि उससे उल्टा करना चाहते हैं, तो न यह उचित है और न यह सम्भव है। इन लोक भाषाओं की जड़ उससे कहीं दूर तक गयी है, जितना कि हम समझते हैं।[46] वे इतिहास के इस अनुभव की ओर हमारा ध्यान दिलाते हैं कि बुद्ध के पहले जनपद युग में हरेक जनपद (कुरु, पांचाल, कोसल, काशी, मगध) का व्यक्तित्व अपनी भाषा पर ही आधारित था और उनकी एक स्वतन्त्र राजनैतिक सत्ता भी थी। भाषा के अन्तर के कारण दो जनपद एक साथ आने और मिल जाने के लिए तैयार नहीं थे। कन्नौज के आधिपत्य के दौर में विभिन्न जातियों को एक साथ जोड़कर कन्नौजिया की जातीय भावना का प्रसार भी आखिरकार सफल न हो सका। पूरे दौर में एक भाषा को लादने का प्रयत्न भी नहीं किया गया। एक 'अमातृभाषा' संस्कृत को भाषा ज़रूर स्वीकार किया गया।

राहुल के अनुसार सारे भारत में भारत की जातियाँ इस रूप में बाँटकर देखी जा सकती हैं—

बिहार

1. मल्ल (भोजपुरी भाषा-भाषी)—चम्पारण, सारण, शाहबाद (युक्तप्रान्त में गोरखपुर की देवरिया तहसील, गोरखपुर, बलिया, आजमगढ़ और गाजीपुर जिलों के भाग)

2. वज्जी (पश्चिमी)—मुजफ्फरपुर जिला

3. विदेह ((मैथिली)—दरभंगा जिला

4. अंग (छिकाछि की भाषा)—भागलपुर, मुँगेर, और पूर्णिया के कुछ भाग

5. मगध, पटना, गया, तथा हजारीबाग, मुँगेर जिलों के कुछ भाग

6. मुण्डा (छोटनागपुर)

7. ओरांव (छोटनागपुर)

8. हो (छोटनागपुर)

9. सन्थाल (सन्थाल परगना)

10. राढ़ (पश्चिमी बंगा)—मनभूम, सिंहभूम

दूसरे प्रान्तों के प्रजातन्त्र का नाम उन्होंने इस तरह गिनवाये हैं—

युक्त प्रान्त—मल्ल (पहले ही उल्लेख किया जा चुका है)

काशी, दक्षिणी अवध, उत्तरी अवध, उत्तरी ब्रज, पश्चिमी ब्रज, पूर्वी कुरु (खड़ीबोली), बुन्देलखण्ड, कूर्माञ्चल (पूर्वी पहाड़ी)

मध्य-प्रान्त—छेदी (जबलपुरी), दक्षिणी कोशल (छत्तीसगढ़ी), गोंड, नीमाड, मालव, बघेलखण्ड, उत्तर महाराष्ट्र, बुन्देलखण्ड

राजपूताना—मेवाड़, मारवाड़, मेरवाड़

देहली—पश्चिम कुरु (हरियाणी)

पंजाब—पश्चिमी कुरु, पूर्वी पंजाब, पश्चिमी पंजाब, पश्चिमी हिमालय (पश्चिमी पहाड़ी), कनौर, स्फिती, लाहुल

कश्मीर—जम्मू, लद्दाख, बाल्तिस्तान, दरदस्तान, हुंजा, कश्मीर

सीमाप्रान्त—पश्तो

बलोचिस्तान—बलोचिस्तान, बहुई

सिन्ध—सिन्ध

बम्बई—कच्छ, सौराष्ट्र (कठियावाड़ी), गुजरात, दक्षिणी महाराष्ट्र, कोंकण, कर्नाटक, डाकिनी भाषा (बिखरे)

मद्रास-कर्नाटक—तुलू, कुर्ग, केरल, तमिलनाड, आन्ध्र

ओड़ीसा—उत्कल

बंगाल—राढ़ (पश्चिम बंग), मध्य-बंग, पूर्व बंग, चट्टग्राम, लेपचा, गोर्खा, शर्बा (तीनों को एक साथ रखा है), कोच

आसाम—पूर्व बंग, आसाम, नागा, गारो, ख़ासी, जयन्तिया, मनीपुर, मिस्त्री भूटान

नेपाल—गोर्खा, नेवार, तमंग, थारू, शवी

अन्तर्प्रान्तीय भाषाएँ—हिन्दी, उर्दू, इंगलिश [47]

राहुल के बारे में यह बात बहुप्रचारित है कि वे अंग्रेज़ी या उर्दू विरोधी थे। यह सही नहीं कहा जा सकता। वे कहते हैं कि मुस्लिम प्रधान प्रान्तों में उर्दू अन्तर्प्रान्तीय भाषा होगी और बाकी प्रान्तों में हिन्दी। (यह सन्दर्भ हिन्दी-उर्दू राज्यों के सन्दर्भ में कही गयी है।) लाखों की तादाद में ऐंग्लो-इण्डियन और दूसरे जो अंग्रेज़ी बोलते हैं उनके लिए वे कहते हैं कि 'यद्यपि इनकी आबादी सारे भारत में बिखरी हुई है, तो भी हर जगह उनके बच्चों को पढ़ाने के लिए अंग्रेज़ी भाषा के स्कूलों का प्रबन्ध करना होगा।[48] वे मातृभाषा की शक्ति को लेकर सचेत और आशावान् हैं और इस बात से बिलकुल इत्तफाक नहीं रखते कि ग्रामीण बोलियों का महत्त्व सिर्फ उनके सुन्दर गीतों, कहानियों, मुहावरे और लोकोक्तियों के कारण हैं और उन्हें संगृहीत कर लिया जाना चाहिए क्योंकि ये धीरे-धीरे मर रही हैं। वे जोरदार शब्दों में कहते हैं कि...धृष्टता मत कीजिये । यदि ये भाषाएँ। अब तक नहीं मरीं तो नज़दीक भविष्य में वे...शेष (खत्म) नहीं होने जा रहीं। उनके तुलसियों, सूरों और विद्यापतियों की कदर अब तक आपने न की या उन्हें भुला दिया तो भी उनकी उर्वरता गयी नहीं ; ज्यों-की-त्यों हैं। भविष्य उनका है।[49] वे कहते हैं—'जनता की भाषाएँ जब घर की मालकिन बनेंगी, अपने घर को सम्हालने का सामर्थ्य जनता में तभी आ सकता है।[50]

राहुल के लिए अधिक प्रान्तों का बनना अच्छी बात है। वे कहते हैं कि अभी तक प्रान्तों का बँटवारा शासकों के सुभीते के अनुसार हुआ था अब उसे जनता के सुभीते के अनुसार करना होगा। उनके शब्दों में—तीन प्रान्तों की जगह तीस प्रान्त हो जाने से अंग्रेज़ प्रभुओं की आपत्ति के ख्याल से डर मत जायें...क्या आप समझते हैं कि अंग्रेजी साम्राज्यवाद ऐसा ही अक्षुण्ण रहेगा? सफेद आयी सी एसवालों की चक्की के नीचे भारत क्या ऐसे ही पिसता रहेगा? अगर यह भी हो तो भी फिक्र करने की ज़रूरत नहीं।[51]

भाषा और और इसके आधार पर गठित राज्य—जनपद पर राहुल बहुत स्पष्ट रूप से कुछ सुझाव देते हैं। उनके अनुसार हिन्दी-उर्दू प्रान्त (पंजाब, सिन्ध, युक्त-प्रान्त, बिहार तथा रियासतों) को 30 जनपदों में इस प्रकार बांटा जा सकता है—

भाषा	जनपद	केन्द्र
1 हिन्दकी	पच्छिमी पंजाब	रावलपिण्डी
2 मध्य पंजाबी	मध्य पंजाब	लाहौर
3 पूर्वी पंजाब	पूर्व पंजाब	लुधियाना
4 सिन्धी	सिन्ध	कराँची
5 मुल्तानी	मुल्तान	मुल्तान
6 काश्मीरी	काश्मीर	श्रीनगर
7 पच्छिमी पहाड़ी	त्रिगर्त	काँगड़ा
8 हरियानी	हरियाना	दिल्ली
9 मारवाड़ी	मारवाड़	जोधपुर
10 वैराटी	विराट	जयपुर
11 मेवाडी	मेवाड़	चित्तौड़
12 मालवी	मालवा	उज्जैन
13 बुन्देली	बुन्देलखण्ड	झांसी
14 ब्रज	सूरसेन (?)	आगरा
15 कौरवी	कुरु	मेरठ
16 पंचाली	रुहेलखण्ड	बरेली
17 गढ़वाली	गढ़वाल	श्रीनगर
18 कूर्मांचली	कूर्माञ्चल (कुमाऊँ)	अल्मोड़ा
19 कौशली	कोशल	अवध लखनऊ
20 वात्सी	वत्स	प्रयाग
21 चेदिका	चेदी	जबलपुर
22 बघेली	बघेलखण्ड	रीवा
23 छत्तीसी	छत्तीसगढ़	विलासपुर
24 काशिका	काशी	बनारस
25 मल्लिका (भोजपुरी)	मल्ल	छपरा
26 वज्जिका	वज्जी	मुजफ्फरपुर
27 मैथिली	विदेह (तिरहुत)	दरभंगा
28 अंगिका	अंग	भागलपुर
29 मागधी (मगही)	मगध	पटना
30 सन्थाली	सन्थाल परगना	जसीडीह

यह स्पष्ट है कि यह राहुल के लिए अन्तिम तालिका नहीं थी, क्योंकि श्रीनगर को दो जनपदों के केन्द्र पर भी शायद वह पुनर्विचार करते अगर वे इस पर और सोचते। यह भी कहा जा सकता है कि वे मुण्डा, उडांव, हो आदि के बारे में भी जरूर कुछ सोचते क्योंकि वे इस विषय पर उसी वर्ष लिख चुके थे। जो बात ध्यान देने योग्य है वह है राहुल की लोकतान्त्रिक सोच। वे जाति की प्राथमिक पहचान के रूप में भाषा को रखते हैं और सभी जनभाषाओं के साथ एक जनपद की बात रखते हैं।

वे हिन्दी को इन तीस जनपदों के बीच संवाद की भाषा के रूप में देखते हैं। हिन्दी को वे अनिवार्य द्वितीय भाषा (जो हफ़्ते में दो तीन-घण्टे पढ़ने हों) के रूप में रखने की वकालत करते हैं।

राहुल ने भाषा को कैसा होना चाहिए विषय पर अपना जो अभिमत रखा है उस पर विशेष रूप से ध्यान दिया जा सकता है। वे एल्बर्ट श्वाइट्ज़र के हवाले से फ्रेंच और जर्मन भाषा के अन्तर को उपवन और वन के अन्तर की तरह देखते हैं। जर्मन लोक भाषा से जुड़ी है और इसमें जंगल की भान्ति विचरने का विकल्प खुला है जो फ्रेंच की सुगढ़ और सुनिश्चित रास्ते से अलग है। भाषा के प्रवहमान् रूप की ही राहुल वकालत करते हैं। वे हिन्दी को जनभाषाओं की 'महाउर्वर 'भूमि की ओर मुड़ने की सलाह देते हैं। इसी से संस्कृत या अरबी फारसी से उधार लेकर चलने की प्रवृत्ति से छुटकारा मिल सकता है।

राहुल सांकृत्यायन को याद करते हुए भीष्म साहनी ने एक मार्मिक वाक्य लिखा है—राहुलजी की जिज्ञासा उन्हें बहुत दूर तक ले जा चुकी थी... तभी मैंने जाना कि ज्ञान की भूख भी मनुष्य में उन्माद की सी स्थिति पैदा कर सकती है।[52] इस उन्माद की-सी स्थिति ने राहुल को भारतीय बौद्धिक परम्पराओं को बचाने और उसको आज के लोगों के लिए उपलब्ध करने के लिए हमेशा प्रयत्नशील रखा। इस भूख ने एक जीवन में उन्हें इतना कुछ करने में सक्षम बनाया जो अन्य किसी के लिए असम्भव-सी बात लगती है। राहुल के विचार और लेखन का पाट बहुत फैला हुआ है। उनके लेखन पर विमर्श की सम्भावना बनी हुई है। उनकी ज्ञान यायावरी में अन्तर्निहित सूत्रों को समझने और उससे सीखने की जरूरत है। उनकी बातों से असहमत होते हुए भी बहुत-कुछ सीखा जा सकता है।

सन्दर्भ

1. राहुल सांकृत्यायन, मेरी जीवन यात्रा भाग 3, पृ. 28।
2. यह एक महत्त्वपूर्ण कथन है। विष्णुचन्द्र शर्मा ने 1939 में उनके भाषणों का उल्लेख करते हुए इस ओर संकेत किया है। एक अन्य राहुल प्रेमी (अन्ध भक्त नहीं) राघव शरण शर्मा ने उस दौर के कुछ साक्ष्यों के आधार पर आम लोगों के अन्ध विश्वास के प्रति

अनास्था को प्रदर्शित करने की राहुल की शैली पर माना है कि राहुलजी किसानों को दिखा-दिखाकर निरामिष भोजन करते थे। इस कारण किसान आन्दोलन के दौरान कुछ दिक्कतें भी किसान सभा के लोगों को हुईं । (इस सम्बन्ध में राघव शरण शर्मा के पास जो मौखिक स्रोतों की बहुत जानकारी है। राहुल के प्रति आदर रखनेवाले राघव जी के कथनों को आधार बनाकर यह अनुमान किया जा सकता है कि किसान सभा के दिनों के अनुभवों के बाद शायद राहुलजी को 1939 में यह लगने लगा हो कि साधारण और असाधारण दो किस्म के लोगों में बुद्धि और श्रद्धा के प्रभाव को ध्यान में रखने की जरूरत है। (देखें विष्णुचन्द्र शर्मा, समय साम्यवादी, वाणी प्रकाशन, नयी दिल्ली, 1997, पृ. 426)।

3. यह एक विवाद का विषय है कि राहुल ने पार्टी छोड़ी या उन्हें पार्टी से निकाल दिया गया। खुद राहुल ने अपने को आजन्म कम्युनिस्ट पार्टी का सदस्य माना। 1956 में लिखी आत्मकथा में उन्होंने माना है कि वे 1917 की रूसी क्रान्ति के होने के एक दो महीने बाद से ही, जब इसकी खबर राहुल ने अखबारों में पढ़ी, तभी से वे इसके प्रति आकर्षित हो गये। उनके शब्दों में—'साम्यवाद मेरा अपना वाद हो गया। संयोग नहीं मिला, इसलिए पार्टी के भीतर आने में मुझे बीस बरस लगे। 1939 में मुँगेर में वे बिहार कम्युनिस्ट पार्टी के संस्थापक सदस्य बने। 28 दिसम्बर 1947 को जब वे पार्टी दफ्तर में गये और उनको यह कहा गया है कि वे हिन्दी-उर्दू के प्रसंग में व्यक्त हिन्दी साहित्य सम्मेलन के अपने अध्यक्षीय भाषण के कुछ हिस्सों को निकाल दें। शालीन राहुल ने लिखा है कि अगर यह छपकर नहीं आया होता तो वे निकाल देते पर भाषण के छप जाने की स्थिति में वे ऐसा नहीं कर सकते। उनके इस कथन को बहुत तौल-तौलकर पढ़ने की जरूरत है—'उस समय मैं समझता था, पार्टीवाले राष्ट्रीयता के बारे में हलके दिल से सोचते हैं, और मतवाद की संकीर्णता को प्रश्रय देते, दूर भविष्य में होनेवाले प्रभावों को नहीं समझ पाते। (देखें राहुल सांकृत्यायन, मेरी जीवन यात्रा, भाग चार, राजकमल प्रकाशन, दिल्ली, प्रथम संस्करण, 1967, पृ. 54-56)
4. मार्क्सवादी चिन्तक लुई अल्थूसर ने मार्क्स के लेखन को दो भागों में बाँटकर देखने की कोशिश की है। उनके हिसाब से मार्क्स के पहले चरण के लेखन में हेगेलियन प्रभाव है और मार्क्स के चिन्तन का सबसे वैज्ञानिक और महत्त्वपूर्ण हिस्सा उनके 1848 के बाद का लेखन है जिसे अल्थूसर परिपक्व मार्क्स के रूप में देखते हैं। राहुल सांकृत्यायन के सन्दर्भ में 1940 के दशक में परिवर्तन के सूत्र मौजूद हैं लेकिन 1947 के बाद जो उनका लेखन है उसके साथ उनके पूर्ववर्ती लेखन का एक अन्तर दिखता है, ऐसा प्रस्तावित किया जा सकता है। यह परिवर्तन एकरेखीय नहीं है, पर अन्तर है, ऐसा इन पंक्तियों के लेखक को लगता है।
5. राहुल सांकृत्यायन, 'मैं कहानी लेखक कैसे बना?' राहुल निबन्धावली, पीपुल्स पब्लिशिंग हाउस, दिल्ली । 1997 (1970) पृ. 4-5

6. वही।
7. भगवतशरण उपाध्याय, 'भारतीय अनुसन्धाता राहुल' नया ज्ञानोदय, सितम्बर, 2017, पृ. 83 (पुनर्प्रकाशित)
8. लोक इतिहास के प्रसंग में उनके एक कथन कि 'हर गाँव के टीले का एक इतिहास होता है' ने शोधार्थियों को बहुत प्रेरित किया है।
9. राहुल के गंगा पुरातत्त्वांक के सम्पादक के रूप में किये गये काम से अगर विचार शुरू हो तो यह स्पष्ट हो जाता है कि वे तीस के दशक में इतिहास के बारे में कई स्तरों पर सोचते रहे हैं। यह अंक जनवरी 1933 में छपकर आया। इसे उन्होंने रामगोविन्द त्रिवेदी के साथ मिलकर सम्पादित किया था।
10. कमला सांकृत्यायन, ''मध्य एशिया का इतिहास', महमानव महापण्डित, राधाकृष्ण प्रकाशन, दिल्ली, 1997, पृ. 99-13।
11. 'Introduction', in Veena Das ed. Sociology and Social Anthropology Vol I, OUP, New Delhi, p. 13.
12. राहुल सांकृत्यायन, आज की राजनीति, आधुनिक पुस्तक भवन, कलकत्ता, 1949, भूमिका ।
13. इस सम्बन्ध में चर्चा के लिए देखें हितेन्द्र पटेल, 'राहुल सांकृत्यायन के आज़ाद भारत मे संघर्ष के कुछ सन्दर्भ ', नया ज्ञानोदय, नयी दिल्ली, सितम्बर 2017। राहुल के प्रशंसकों की एक बड़ी संख्या 1930 के दशक में थी जब वे तिब्बत से प्राचीन बौद्ध ग्रन्थों को लेकर लौटे थे । राजेन्द्र प्रसाद और नेहरू भी थे। राजेन्द्र प्रसाद से राहुल का सम्पर्क बहुत पुराना था। राजेन्द्र प्रसाद उस समय श्रीलंका भी गये थे जब राहुल वहाँ शुरूआती दौर में अध्यापन कर रहे थे। नेहरू के इलाहाबाद की सभा में राहुल जैसों की विश्वविद्यालयों में न होने की पीड़ा का ज़िक्र बहुत प्रसिद्ध है। ये दोनों आज़ाद भारत में राष्ट्रपति और प्रधानमन्त्री थे जब जीवन के अन्तिम वर्षों में उन्होंने चीन जाकर माओत्से तुंग से मिलने की इच्छा प्रकट की। इस आशय का एक पत्र राहुल ने राजेन्द्र प्रसाद को लिखा कि वे उन्हें अपनी ओर से एक पत्र देकर माओ से मिलने में मदद करें। राष्ट्रपति राजेन्द्र प्रसाद ने प्रधानमन्त्री नेहरू से पूछा कि क्या ऐसा करना ठीक होगा? नेहरू ने पत्र न देने के लिए कहा क्योंकि इसके पूर्व डॉ. रघुवीर इस तरह के पत्र का उपयोग अपने व्यवितगत उद्देश्य रो कर ले गगे शे । नेहरू का तर्क था कि इस तरह के पत्र को वहाँ की सरकार इस रूप में लेती है मानो पत्र-वाहक सरकार का प्रतिनिधि हो। राजेन्द्र प्रसाद ने अपनी ओर से कोई पत्र राहुलजी को देने से मना कर दिया । राहुल माओ से नहीं मिल सके। कुछ अन्य सन्दर्भों के लिए विशेष रूप से द्रष्टव्य गुणाकर मुले, स्वयम्भू महापण्डित, राजकमल प्रकाशन, नयी दिल्ली, 1993। गुणाकर मुले ने कुछ सन्दर्भों को संकेत रूप में ही रखा है लेकिन जो उन्होंने पत्र छापे हैं, जो इसी पुस्तक में संगृहीत हैं, उससे यह स्पष्ट है कि राहुल को बहुत दिक्कत हुई थी और वे अपने ही लोगों के

व्यवहार से बहुत दुखी हुए थे। कमला सांकृत्यायन और पुत्र जेता सांकृत्यायन ने यह उल्लेख किया है कि राहुलजी ने मध्य एशिया का इतिहास के लिए साहित्य अकादमी के द्वारा दिये गये पुरस्कार को नेहरू के हाथों लेने के लिए तैयार नहीं थे। पत्नी कमला सांकृत्यायन के विशेष अनुरोध पर वह राजी हुए लेकिन इस शर्त पर कि वे झुककर पुरस्कार नहीं लेंगे। नेहरू के सामने सीधे तने हुए राहुल की जो तस्वीर है वह इस कारण से ही है। सम्भवतः मामा वरेरकर (मराठी लेखक), प्रभाकर माचवे और कमलाजी के अनुरोध (पैरों पर गिरकर) के कारण ही 1958 में राहुल नेहरू के हाथों यह पुरस्कार लेने के लिए राजी हुए। (गुणाकर मुले, उपर्युक्त, पृ. 57। एक प्रसंग का उल्लेख कमला सांकृत्यायन ने किया है। राहुलजी की बहुत इच्छा थी कि उनके लोकप्रिय वोल्गा से गंगा का रूसी अनुवाद उनके जीते जी प्रकाशित हो जाये। उनकी साध पूरी न हुई और अन्य लेखकों की पुस्तकों के रूसी अनुवाद की अनुशंसाएँ होती रहीं। राहुलजी के साथ नेहरू के सम्पर्क का एक सिरा 1936-37 के दिनों से भी जुड़ा है जब विजयालक्ष्मी पण्डित ने राहुल का नाम देखकर भी उनसे मिलने से मना कर दिया था। आहत राहुल ने 1937 में आनन्द भवन में नेहरू के बुलावे पर वहाँ जाने से मना कर दिया था। अगले दिन यह कहने पर कि नेहरू स्वयं उनसे मिलने चलने आयेंगे, नेहरू के स्वास्थ्य (बीमारी से वे हाल ही में उठे थे) को ध्यान में रखकर राहुल उनसे मिलने गये थे। (मेरी जीवन यात्रा खण्ड 1, जिल्द 2, राजकमल प्रकाशन, दिल्ली, 1994, पृ. 264-265)

14. डॉ. विजयेन्द्र स्नातक, 'कडवे-मीठे दो लघु संस्मरण', उपर्युक्त, पृ. 183
15. भदन्त आनन्द कौशल्यायन, 'श्रीलंका में राहुलजी', उपर्युक्त, पृ. 167
16. कमला सांकृत्यायन, महामानव, 1997, पृ. 14
17. वही, पृ. 19
18. यशस्वी आलोचक रामविलास शर्मा से लेकर उनके मित्र और सहयोगी रहे महादेव साहा ने इसी तरह की बातें कई प्रसंगों में की हैं। लेकिन इतिहासकार राम शरण शर्मा ने राहुल सांकृत्यायन के बारे में बहुत सकारात्मक तरीके से सोचा है।
19. राहुल सांकृत्यायन पर बोलते हुए नामवर सिंह का यह कथन है।
20. 'पाकिस्तान या जतियों की समस्या?', पूर्वोक्त, पृ. 11
21. उपर्युक्त, पृ. 12-13
22. उपर्युक्त, पृ. 15
23. मेरी जीवन यात्रा भाग दो, किताब महल, इलाहाबाद,1950, पृ. 640
24. डॉ. जयनाथ 'नलिन', 'राहुलजी का सहज व्यक्तित्व', डॉ. ब्रह्मानन्द सम्पा. राहुल सांकृत्यायन : व्यक्तित्व एवं कृतित्व, हरियाणा प्रकाशन, दिल्ली, 1971, पृ. 20
25. कन्हैयालाल मिश्र 'प्रभाकर', 'मंगलमूर्ति श्री राहुलजी', डॉ. ब्रह्मानन्द सम्पा. पूर्वोक्त, पृ. 42

26. डॉ. विश्वम्भरनाथ उपाध्याय, 'बोधिसत्त्व राहुल सांकृत्यायन', डॉ. ब्रह्मानन्द सम्पा. पूर्वोक्त, पृ. 30
27. डॉ. कैलाशचन्द्र भाटिया, 'भाषा अध्ययन के क्षेत्र में राहुलजी की देन', पूर्वोक्त, पृ. 105
28. राहुल सांकृत्यायन, हिन्दी काव्य धारा, किताब महल, इलाहाबाद, 1945, पृ. 5 वे इस देशी भाषा को हिन्दी की ही आदि भाषा के रूप में स्वीकार नहीं करते बल्कि यह भी कहते हैं कि इस देशी भाषा पर मराठी, उड़िया, बँगला, आसामी, गोरखा, पंजाबी, गुजराती भाषा का भी उतना ही अधिकार है जितना हिन्दी का है। (पूर्वोक्त, पृ. 11-12) इसे वह 'सम्मिलित निधि' मानते हैं और कहते हैं कि बारहवीं-तेरहवीं शताब्दी तक द्राविड़ भाषाभाषी आन्ध्र, तमिल, केरल और कर्णाटक को छोडकर भारत के सभी प्रान्तों की एक सम्मिलित भाषा थी। वे अपभ्रंश के कवियों को भुला देने को बहुत गलत मानते हैं और साधिकार कहते हैं कि सरहपाद (760) से लेकर राजशेखर सूरि (1300) के बीच के समय के कवियों को महत्त्व देते हैं। वे लिखते हैं—"अपभ्रंश के कवियों को विस्मरण करना हमारे लिए हानि की वस्तु है। यही कवि हिन्दी-काव्य-धारा के प्रथम स्रष्टा थे। वे अश्वघोष, भास, कालिदास और बाण की सिर्फ जूठी पत्तलें नहीं चाटते रहे, बल्कि... हमारे काव्य-क्षेत्र में नया सृजन किया है; नये चमत्कार, नये भाव पैदा किये ।" (हिन्दी काव्य धारा, पृ. 12)
29. अपने मित्र आनन्द कौशल्यायन को 28 अक्टूबर 1946 को लेनिनग्राद से लिखे पत्र में जिन दो पुस्तकों के बारे में प्रतिक्रिया जानने में उनकी विशेष रुचि है वे हैं—काव्य-धारा और भागो नहीं दुनिया को बदलो (देखें गुणाकर मुले, 'राहुल के पत्र आनन्द के नाम', उपर्युक्त, पृ. 164
30. डॉ. ओमप्रकाश शर्मा शास्त्री, 'राष्ट्रभाषा हिन्दी और राहुल सांकृत्यायन', उपर्युक्त, पृ. 84
31. कमला सांकृत्यायन, महामानव महापण्डित, राधाकृष्ण प्रकाशन, दिल्ली, 1997 (1995 प्रथम संस्करण), पृ. 12-13
32. शिवपूजन सहाय,'वक्तव्य', दोहा—कोश बिहार राष्ट्रभाषा परिषद्, पटना, 1957, पृ. 1-2
33. इस सन्दर्भ में एक जोरदार टिप्पणी के लिए देखें नामवर सिंह, दूसरी परम्परा की खोज, राजकमल प्रकाशन, दिल्ली, 1982, पृ. 103।
34. अपने मित्र आनन्द कौशल्यायन को 28 अक्टूबर 1946 को लेनिनग्राद से लिखे पत्र में जिन दो पुस्तकों के बारे में प्रतिक्रिया जानने में उनकी विशेष रुचि है वे हैं—काव्य-धारा और भागो नहीं दुनिया को बदलो (देखें गुणाकर मुले, 'राहुल के पत्र आनन्द के नाम', उपर्युक्त, पृ. 164
35. कोलकाता विश्वविद्यालय की प्राध्यापिका रत्ना बनर्जी ने इस सम्बन्ध में जानकारी दी।

36. राहुल सांकृत्यायन, आज की समस्याएँ, किताब महल, इलाहाबाद, 1945, पृ. 1। यह पुस्तक तीन राहुलजी के तीन लेख और एक भाषण को लेकर पुस्तकाकार प्रकाशित हुई है। ये तीनों लेख प्रकाशित हुए थे और भाषण मध्य-भारतीय फासिस्ट-विरोधी लेखक के अध्यक्ष के हैसियत से (1944 में) दिया गया था। जाति के चिह्न के रूप में उन्होंने भाषा के अतिरिक्त वेश, भोजन, गाने की रुचि ('गाना और खाना') और भौगोलिक स्थिति का ज़िक्र किया है।
37. वही, पृ. 2।
38. वही, पृ. 3।
39. वही ।
40. यह उद्धरण डॉ. जयनाथ 'नलिन' के संस्मरण से लिया गया है। 'नलिन' जी ने राहुलजी से मसूरी में डेढ़ घण्टा बातचीत की थी जिसमें यह प्रसंग आया था। देखें—डॉ. जयनाथ 'नलिन', 'राहुलजी का सहज व्यक्तित्व', डॉ. ब्रह्मानन्द सम्पा. राहुल सांकृत्यायन : व्यक्तित्व एवं कृतित्व, हरियाणा प्रकाशन, दिल्ली, 1971, पृ. 19-20
41. मेरी जीवन यात्रा भाग 3
42. वही, पृ. 21
43. राहुल सांकृत्यायन, भागो नहीं दुनिया को बदलो, किताब महल, इलाहाबाद, 2016 (प्रथम संस्करण 1945), पृ. 242-243
44. 'पाकिस्तान या जातियों की समस्याएँ', आज की समस्याएँ, पृ. 4।
45. पूर्वोक्त, पृ. 21
46. उपर्युक्त, पृ. 5
47. इस प्रकार कुल मिलाकर 73 जतियों का उल्लेख राहुल ने किया है। देखें—पूर्वोक्त, पृ. 27-28
48. पूर्वोक्त, पृ. 29
49. पूर्वोक्त, पृ. 33
50. वही, पृ. 34
51. वही, पृ. 35
52. भीष्म साहनी, 'राहुलजी : कुछ यादें' नया ज्ञानोदय, सितम्बर, 2017, पृ. 90 । (पुनर्प्रकाशित) यह प्रसंग 1935 के आसपास का है।

इन्द्रधनुष का नीला रंग : सन्तराम बी.ए., जाति, विवाह और सेक्स

चारु गुप्ता

हिन्दुओं की सामाजिक अवस्था इतनी बिगड़ चुकी है कि अब उसका सुधार होना कठिन है। हिन्दू मनोभाव ही इतना दूषित है कि उसको बदलने की चेष्टा करना सर्वथा निष्फल है। सहस्त्रों वर्षों की एकत्र सामाजिक गन्दगी को अब सामाजिक क्रान्ति ही दूर कर सकती है।...हिन्दू जन्म-घुट्टी के साथ ही चमार, भंगी और साँसी आदि से घृणा का पाठ पढ़ता है।...हिन्दुओं के इस नीच मनोभाव को, उनके इस जाति-देश-नाशिनी स्वार्थबुद्धि को सुधारने का बहुतेरा यत्न किया गया परन्तु 'कुत्ते की पूँछ के सदृश वह वैसी की वैसी ही बनी रही'।[1]

स्त्री तब तक अपने को स्वतन्त्र नहीं कर सकती जब तक वह अपने शरीर की स्वामिनी नहीं। जब तक स्त्रियों के लिए आचार का आदर्श नियत करना पुरुष के अधीन है, तब तक संसार में पुरुष का ही राज्य रहेगा। सन्तान की संख्या को सीमाबद्ध करना—अपनी इच्छा के अनुसार एक, दो या अधिक बच्चे पैदा करना—पहला कदम है जो स्त्री अपनी स्वाधीनता के लिए उठा सकती है।[2]

पंजाब के सन्तराम बी.ए. (जन्म 1887—मृत्यु 1988, 101 साल का जीवन काल) एक विख्यात हिन्दी लेखक और परिवर्तनकामी जातीय समाज सुधारक थे। उन्होंने 100 से ज्यादा पुस्तक और पुस्तिकाएँ लिखीं और प्रकाशित कीं—अपने जीवन वृत्तान्त मेरे जीवन के अनुभव समेत।[3] वो काफी समय तक आर्यसमाज के सदस्य रहे और उन्होंने 1922 में जात-पाँत तोड़क मण्डल की स्थापना की। अपने इतने सारे प्रकाशनों के बावजूद वे अकादमिक शोध और विमर्श में हाशिये पर रहे हैं। सन्तराम की ख्याति का एक मुख्य कारण यह है कि उन्होंने अम्बेडकर को जात-पाँत

तोड़क मण्डल के वार्षिक सम्मलेन में मुख्य वक्ता के रूप में निमन्त्रित किया जिसे संगठन के अन्दर के विरोध के कारण अन्ततः स्थगित करना पड़ा। अम्बेडकर के कथित भाषण का मजनून बना उनकी प्रसिद्ध कृति अन्हाईलेषण ऑफ़ कास्ट (जाति का उन्मूलन)।[4]

सन्तराम के जीवन और लेखन के बारीक विश्लेषण की ज़रूरत है—कई कारणों से उन्हें अपने आधारों पर जाँचना-परखना चाहिए। शूद्र जाति के सन्तराम, जाति विरोधी अन्य मुखर नेताओं, जैसे अम्बेडकर और पेरियार से अलग, जाति की कटु आलोचना करते हुए भी हिन्दूवाद के विमर्श के दायरे में जाति सुधार की परिकल्पना करते थे, जिसकी सीमाएँ और सम्भावनाएँ, दोनों ही उजागर होती हैं। सन्तराम का जीवन विवरण केवल इसलिए महत्त्वपूर्ण नहीं है कि उनके जीवन के केन्द्र में जाति दंश था। बल्कि हमारे सामने उनके जीवन की कई तहें उजागर होती हैं, क्योंकि वो गाँधी और अम्बेडकर, बूर्जुआ और वंचित, आर्यसमाज और आदधर्म के बीच एक पुल बनाने की कोशिश करते हैं—हिन्दू धर्म के साथ राग-विराग, प्रेम-तिरस्कार का सम्बन्ध रखते हुए। इसके अलावा, सन्तराम ने अन्तर्जातीय विवाह पर गम्भीर विमर्श, और साथ ही सेक्स और जन्म नियन्त्रण पर प्रचुर मात्रा में लेखन भी किया। उन्होंने पहली बार बीसवीं शताब्दी में मेरी स्टॉप्स की किताबों का हिन्दी में अनुवाद किया। कुछ समकालीन प्रशंसकों और दलित विद्वानों द्वारा उनके जाति-विरोधी लेखन पर कुछ काम हुआ है।[5] लेकिन उनके अन्तर्जातीय विवाह पर विचारों और विशेष रूप से सेक्स के मामलों पर लेखन को पूरी तरह नज़र अन्दाज़ किया गया है।

सन्तराम के जीवन और लेखन के ज़रिये इस लेख में उत्तर भारत में बीसवीं सदी की शुरूआत में जाति और लिंग के सामाजिक इतिहास के अध्ययन और पुनरावलोकन की कोशिश की गयी है। सन्तराम के लेखन में रोटी-बेटी के इर्द-गिर्द जाति के रोजाना के टण्टों और गाँधीवादी और आर्यसमाजी राजनीति के संकुचन का पता चलता है। वे सनातनी हिन्दू दकियानूसी पर गम्भीर हमला करते हैं। सन्तराम किसी काले-सफ़ेद मूल्यांकन के चश्मे से नहीं देखे जा सकते; उनमें जाति के 'स्व', समाज सुधार, हिन्दू धर्म और राष्ट्र का विरोधाभासी मिश्रण है। और वे निजी और सार्वजनिक, व्यक्तिगत और राजनैतिक, स्व और राष्ट्र, व्यक्ति और समुदाय, आन्तरिक और सामाजिक के बीच आसानी से विचरण करते हैं। इस लेख में यह तर्क किया गया है कि सन्तराम के विचारों को महिमामण्डन या मूर्तिभंजन के दायरों में सीमित नहीं किया जा सकता है, बल्कि यह एक सटीक उदाहरण है कि किस प्रकार हमारे कुछ सुधारक औपनिवेशिक भारत के उथल-पुथल-भरे परिवर्तनों के बीच परस्पर विरोधाभासी धाराओं में फँसे थे। सन्तराम जाति के बारे में विविध आग्रह प्रस्तुत करते थे जिसमें एक ओर

वे अन्तर्जातीय विवाह और स्त्री स्वतन्त्रता के प्रबल समर्थक थे, तो दूसरी ओर उनमें जाति सुधार और सम्माननीयता की अनेकार्थी और अस्पष्ट भाषा भी थी। साथ-ही-साथ सन्तराम के लेखन में आधुनिकता और परम्परा का परस्पर-विरोधी समागम है जहाँ जाति पर हमले के लिए एक ओर तार्किकता, तो दूसरी ओर धार्मिकता का इस्तेमाल है। उनका जीवन जाति की एक नयी सामाजिकता का भी प्रस्ताव है जिसमें जाति प्रतिष्ठापित और रूपान्तरित, दोनों स्थितियाँ धारण करती है।

यह लेख जाति को अन्तरंग प्रेम सम्बन्ध के नज़रिये से भी विश्लेषित करता है—यहाँ सन्तराम के अन्तर्जातीय विवाह को प्रोत्साहित करने और सगोत्रीय विवाहों और इस प्रकार पारम्परिक स्वीकार्यता में सुराख लगाने की कोशिशों पर भी ध्यान दिया गया है। सगोत्रीय विवाह को चुनौती देकर सन्तराम ने जाति को अन्तरंगता, प्रेम और विवाह के इतिहास के साथ आबद्ध किया, और जाति और लिंग के बीच गहन और पेचीदा नाता जोड़ा। मेरा यह भी तर्क है कि सन्तराम के जाति के खिलाफ और अन्तर्जातीय विवाह के समर्थन में लेखन को उनके सेक्स और कामुकता पर समान रूप से प्रचुर लेखन से अलग नहीं किया जा सकता है, क्योंकि दोनों अलग-अलग तरीकों से सत्ता की प्रमुख मान्यताओं पर सवाल उठाने और पितृसत्ताओं को कमजोर करने का प्रयास कर रहे थे।

जीवन इतिहास और जाति : स्व और सामूहिक पहचान

आत्मकथाएँ या जीवन विवरण वंचितों, शोषितों और दलितों के ऐतिहासिक औज़ार रहे हैं,[6] जिनमें अपने व्यक्तिगत और सामूहिक अधिकारों की भाषा में पीड़ा, दुःख और जातीय हिंसा की अभिव्यक्ति होती रही है।[7] हाल में लौरा ब्रुएक ने यह तर्क दिया है कि हिन्दी दलित साहित्यिक हलका एक 'प्रति जनागार' (काउण्टर पब्लिक स्फीयर) है, एक अलग राजनैतिक और सौन्दर्यिक आन्दोलन,[8] और तोरल गजरावाला ने उल्लेख किया है कि दलित साहित्य ऐसी जगह है जहाँ अब यथार्थवाद बसता है।[9] कई अन्य दलित जीवन विवरणों के सामान ही सन्तराम की आत्मकथा में जाति एक सर्वव्यापक फलक बनाता है, क्योंकि वे अपने वंचित अस्तित्व को याद करते हैं, उसे परिकल्पित और निर्मित करते हैं। उनके द्वारा लिखित सबसे महत्त्वपूर्ण पुस्तक हमारा समाज[10] के साथ उनकी आत्मकथा को पढ़ते हुए हमें उनके जीवन में जाति की केन्द्रीयता, साथ ही उस समय की संशयात्मकता का भी अन्दाज़ मिलता है।

ये दोनों ही पुस्तकें कई संस्करणों में प्रकाशित हुईं और आज तक प्रकाशित हो रही हैं, पर इनका प्रकाशन आर्यसमाज द्वारा नहीं बल्कि दलित प्रकाशन समूहों से हो रहा है। जाति पर सन्तराम की कई अन्य पुस्तकों और पुस्तिकाओं को भी दलित

प्रकाशनों ने काफी प्रकाशित किया है। यह उल्लेखनीय है कि एक अग्रणी हिन्दी दलित लेखक सतनाम सिंह और प्रमुख दलित प्रकाशन संस्थान सम्यक् प्रकाशन ने 2008 में मेरे जीवन के अनुभव के अंश प्रकाशित/वर्णित किये, और किताब के मुखपृष्ठ पर यह दावा किया: 'दलित साहित्य की पहली स्व-जीवनी'।[11] सतनाम सिंह कहते हैं :

दलित साहित्य के आलोचक प्रायः आज तक यह तय नहीं कर पाये हैं कि हिन्दी में दलित साहित्य की पहली स्व-जीवनी किसे माना जाये। जबकि स्वजीवनियों से ही दलित साहित्य चर्चा में आया।...सन्तराम बी.ए. प्रेमचन्द द्वारा सम्पादित हंस पत्रिका के जनवरी-फरवरी 1932 के आत्मकथा विशेषांक में स्वकथन लिख चुके थे। यह निश्चित तौर पर कहा जा सकता है कि (आधुनिक काल) यह किसी भी दलित लेखक द्वारा लिखा गया प्रकाशित पहला 'स्वकथन' है।...जुलाई 1955 के आज कल मासिक में सन्तराम बी.ए. ने एक और स्वकथन लिखा। यही नहीं बाद में उनके अन्य स्वकथन अप्रैल 1959, दिसम्बर 1959 और सितम्बर 1960 ई. के अंकों में भी छपे। इन्हीं स्वकथनों को विस्तार देते हुए सन्तराम बी.ए. ने 1963 में मेरे जीवन के अनुभव नाम से अपनी स्व-जीवनी छपवायी। इस प्रकार यह हिन्दी में दलित साहित्य की पहली स्व-जीवनी है।...दलित साहित्य शास्त्र के अन्तर्गत आनेवाली प्रवृत्तियों के आधार पर भी हमें उन्हें हिन्दी का पहला स्व-जीवनीकार मानने में कोई गुरेज़ नहीं होना चाहिए।...क्योंकि इनमें जाति से अपमानित होने के भी अनुभव हैं तथा जाति के आधार पर उत्पीड़न से लड़ने के भी।[12]

सतनाम सिंह यह भी दावा करते हैं कि सन्तराम हिन्दी के पहले दलित पत्रकार थे।[13] यद्यपि सतनाम सिंह के दावे की काट की जा सकती है, पर इससे ज़रूर ही सन्तराम की आत्मकथा का महत्त्व उजागर होता है जो कई सामान्य और अलग, विशिष्ट स्तरों पर दलित जीवन की रहबयानी करती है। विभिन्न दलित संग्रहों और ज्ञानकोशों में सन्तराम का उल्लेख है।[14] सम्यक् प्रकाशन नियमित रूप से सन्तराम का जन्मदिन भी मनाता है। सन्तराम कृत हमारा समाज को पुनः प्रकाशित करते हुए सम्यक् प्रकाशन के करता-धरता शान्ति स्वरूप बौद्ध ने अपने प्रकाशकीय में लिखा :

एक कुम्हार जाति में जन्म लेकर भी बड़े-से-बड़े ब्राह्मण विद्वान् से टकरा जानेवाले तथा देखते-ही-देखते अपनी मेधा शक्ति के बल पर उन्हें परास्त कर देनेवाले माननीय सन्तराम बी.ए. जी वास्तव में ही हमारे समाज के गौरव रत्न हैं।[15]

सन्तराम की स्वीकृति दलित राजनीति की विविधता का सूचक है। दलितों के बीच एक विरोधी प्रवृत्ति भी रही है जिसके तहत उन्होंने दलित लेखन का एक लम्बा साहित्यिक इतिहास कायम किया है—यहाँ दलितों की दावेदारी का एक व्यापक

कैनवास है, साथ ही दलित-विमर्श की हदों का विस्तार भी। अपने बहुचर्चित अध्ययन में कंचा इलाही दलित बहुजन शब्द का प्रयोग करते हैं जिसके अनुसार कई तरह के अन्तर्विरोधों के बावजूद कई सांस्कृतिक और आर्थिक समानताएँ, साथ-ही-साथ उत्पादक ज्ञान की समानताएँ हैं जो पिछड़ी जातियाँ और दलितों को एक कपड़े के धागों की तरह साथ-साथ बाँधती हैं।[16] इसी प्रकार दलित पैन्थर्स अपनी अवधारणा का दायरा विस्तृत करते हैं और दलित शब्द को व्यापक, सामान्य और समावेशी रूप में इस्तेमाल करते हैं।[17] इन कई वजहों से शायद सन्तराम को दलित संकलनों में स्वीकृति मिली है।

पारिवारिक और सामाजिक जड़ें : जाति भेदभाव और आर्यसमाज

सन्तराम पंजाब के होशियारपुर जिले के एक छोटे गाँव पुरानी बसी में 14 फरवरी 1887 को जन्मे। उनके पिता रामदास गोहिल मध्य एशिया के व्यापारी थे जिनके वाणिज्यिक हित यारकन्द और लद्दाख में थे।[18] यद्यपि परिवार ने आर्थिक रूप से बेहतरी की, पर उनकी सामाजिक जड़ें दीन-हीन थीं। वे शिल्पकार कुम्हार जाति के थे, जो जाति वर्गीकरण में काफी नीचे थी और पंजाब में शूद्र की हैसियत रखती थी। कुम्हार की शूद्र औकात बतानेवाली कई अपमानजनक जातिगत उक्तियाँ मिलती हैं। एक देखिये :

कुम्हार कहे तै गधे पै ना चढ़े

अर्थात् दुष्ट व्यक्ति कहना नहीं मानता। यहाँ कुम्हार को दुष्ट कहकर सम्बोधित किया गया है।

एक अन्य उक्ति इस प्रकार है :

कुम्हार की गधी, घर-घर लदी

अर्थात् कुम्हार का गधा पूरा गाँव प्रयोग करता है। यह कहावत बेगार की ओर भी इशारा करती है।

उत गाँव में कुम्हार ही महती

अर्थात् निकृष्ट गाँव में कुम्हार ही प्रधान होता है। इससे यह भाव निकलता है कि जिस गाँव का प्रधान कोई कुम्हार बन जाये, वह गाँव नीच हो जाता है।

एक अन्य कहावत में कुम्हारों की गरीबी बतायी गयी है :

ढील धोती बनिया, उल्टा मोछ सुबीर
बेंडा पैर कुम्हार के टीनू के पहचान

अर्थात् बनिया ढीली धोती पहनता है, वीरं मूंछ उलटकर रखता है और कुम्हार नंगे पैर रहता है।[19]

एस.डब्लू. फैलन भी अपने 1887 में संकलित कहावत कोष में कुम्हार से सम्बन्धित कहावत दर्ज़ करते हैं :

कुम्हार के घर बासन का काल

कुम्हार के घर चुक्के का दुःख

अर्थात् कुम्हार, जो बर्तन गढ़ता है, उसके स्वयं के घर में भुखमरी के कारण बर्तनों का आकाल रहता है।[20]

इस पृष्ठभूमि में सन्तराम को बहुत जल्दी ही शिक्षा के महत्त्व का एहसास हो गया। औपनिवेशिक भारत में, जहाँ अस्पृश्यता और जाति वर्गीकरण को शैक्षणिक संस्थानों के माध्यम से पुनः उत्पन्न किया गया, वहीं दलित बुद्धिजीवियों की पहली पीढ़ी ने शिक्षा, ज्ञान, भाषा और प्रिण्ट को अपनी मुखरता और अग्रगति के एक केन्द्रीय तत्त्व के रूप में समझा।[21] सन्तराम ने जाति की प्रभावशाली आलोचना में अपनी शिक्षा, कलम और लेखन के ज़रिये एक प्रकार से स्वयं को निर्मित किया। सन्तराम ने बजवाड़ा, अम्बाला, जालन्धर और लाहौर में छात्रवृत्तियों द्वारा शिक्षा हासिल की, 1909 में बी.ए. डिग्री प्राप्त की और 1912 से सक्रिय लेखन शुरू किया।[22] तब से उन्होंने अपने तमाम लेखन में अपना जातिसूचक परिचय त्याग दिया और अपने नाम—सन्तराम बी.ए.—के साथ अपने शैक्षणिक योग्यता और डिग्री को अपना परिचय बना लिया।[23] नामकरण, और उसमें परिवर्तन, दलितों द्वारा कलंकित अतीत को चुनौती देने में एक केन्द्रीय राजनैतिक तत्त्व रहा है।[24] सन्तराम ने इसे शिक्षा के साथ करीब से जोड़कर उसे एक व्यापक अर्थ दिया, जैसा की उस समय के कई अन्य लेखकों ने भी किया था।

दलित आत्मकथाएँ अपमान के अनुभवों को निरन्तर बयान करती हैं और इस प्रकार 'समाज में एक-दूसरे के साथ व्यवहार को संचालित करनेवाले मानकों पर सार्वजनिक दावेदारी' करती हैं।[25] सन्तराम की आत्मकथा भी जाति के पूर्वाग्रहों और इसके बरक्स एक सम्मानजनक ज़िन्दगी जीने के प्रयासों से रंजित है। उनके स्कूल और कॉलेज जीवन में शूद्र पहचान के कारण अपमान के कड़वे-कसैले अनुभव बेहद कटु, तीखे और प्रत्यक्ष थे जो मेरे जीवन के अनुभव के स्व-विवरणों में प्रमुखता से मिलते हैं। सन्तराम कहते हैं :

जब चौथी कक्षा में मैं अम्बाला स्कूल में भरती हुआ, तो रजिस्टर में मेरी जाति भी लिखी गयी।...मेरे सहपाठी मुझे 'कुम्हार' कहकर छेड़ने लगे। छेड़ते भी क्यों न, जब तुलसीदास जैसे महात्मा और महाकवि कह गये हैं :

जे बर्नाधम तेली कुम्हारा।

स्वपच किरात कोल कलवारा।

मैं उनके व्यंग्य चुपचाप सहन करता रहा।[26]

आगे सन्तराम अपना कॉलेज अनुभव बयान करते हैं जब वे लाहौर के गवर्नमेण्ट कॉलेज की बी.ए. की कक्षा में पढ़ते थे :

मैं होस्टल के जिस किचन में खाना खाता था वह बड़ा कट्टरपन्थी भोजनालय था।...लड़कों ने एक चिट लिखकर मेरी सीट पर और माली जाति के मेरे एक-दूसरे मित्र।...की सीट पर चोरी से रख दी। चिट पर लिखा था कि आप क्योंकि नीची जाति के हैं, इसलिए आप चौके से बाहर खाना खाया करें, नहीं तो प्रिन्सिपल के पास शिकायत जायेगी।...तब मैंने कहा कि प्रिन्सिपल छोड़ तुम गवर्नर के पास शिकायत ले जाओ, मैं चौके के भीतर ही बैठकर खाना खाऊँगा।[27]

सन्तराम के विवरणों में रोजाना के जाति दंश, खान-पान और चमड़ी के रंग सम्बन्धी मिथ, हिन्दू धर्मग्रन्थों और जाति बुद्धिजीवियों की समालोचना रहती है। विवादों से भरे माहौल में सन्तराम के लिए दयानन्द सरस्वती का शिक्षण और पंजाब में आर्यसमाज का विस्तार—आर्यसमाज ने सिद्धान्त और कथन के स्तर पर अपने को जाति से अलग कर लिया था—काफी आकर्षक था।[28] कई दलित और निम्न जातीय लोग आर्यसमाज के समर्थक बन गये थे, जिसने पंजाब में दलित बुद्धिजीवियों की पहली पीढ़ी निर्मित करने में अहम भूमिका निभायी थी।[29] आदधर्म के कई कार्यकर्त्ता भी पहले आर्यसमाज से जुड़े हुए थे।[30] 1901 में आर्यसमाज की सदस्यता ज़्यादातर हिन्दू उच्च जातीय थी, पर 1911 तक पंजाब में संगठन की सदस्यता में भारी वृद्धि हुई। जनगणना का अनुमान था कि इस क्षेत्र के कोई दो-तिहाई आर्यसमाजी निम्न जाति के थे।[31] आर्यसमाज के समतावादी सिद्धान्तों और अपेक्षाकृत प्रगतिशील विचारधारा के प्रति आकर्षण सन्तराम के शैक्षणिक, शहरी और सामाजिक सन्दर्भों में समझा जा सकता है। अन्य निम्न जातियों की तरह,[32] सन्तराम ने आर्यसमाज के शिक्षण और विचारधारात्मक पहलुओं को चुन-चुनकर स्वीकारा या ख़ारिज किया, जो समानता के उनके मकसदों की पूर्ति में सहायक हो सकती थीं। वे शाकाहार, शुद्धि और ब्रह्मचर्य के समर्थक थे, लेकिन ब्रह्मचर्य को उन्होंने जल्द ही पूरी तरह नकार दिया। जाति को लेकर आर्यसमाज का ज़मीनी विरोधाभास एक हद तक सन्तराम का अपना विरोधाभास भी था। लेकिन साथ ही उनका आर्यसमाज के उच्च जातीय समर्थकों के साथ नियमित टकराव भी था। सन्तराम लगातार इस बात की उलाहनाएँ देते थे कि आर्यसमाजियों ने उनके रास्ते में कितनी रुकावटें पैदा कीं और कैसे जात-पाँत तोड़क मण्डल और उनका मुख्य विरोध आर्यसमाज द्वारा ही शुरू हुआ।[33]

सन्तराम अंग्रेजी, फ़ारसी, उर्दू और हिन्दी में निपुण थे और अपनी दूसरी पत्नी सुन्दरबाई से उन्होंने मराठी और गुजराती सीखी थी।[34] उन्होंने कई प्रकार के विषयों

पर हिन्दी में लेखन किया और कई लेखकों की रचनाओं का हिन्दी में अनुवाद किया जिसमें अलबेरूनी, इत्सिंग, ओ हष्णु हारा और सर्वाधिक महत्त्वपूर्ण मेरी स्टोप्स शामिल हैं।[35] सन्तराम ने हिन्दी की दुनिया के प्रिण्ट-जनागार क्षेत्र में अपना नाम स्थापित किया। खासकर, जाति के विरोध में उनकी किताबें, पर्चे, पत्रिकाएँ और हज़ारों लेख काफी प्रभावशाली साबित हुए।[36] उन्होंने दो मासिक पत्रिकाओं का सम्पादन किया—उर्दू में जात-पाँत तोड़क, जिसका नाम बाद में क्रान्ति रखा गया, और हिन्दी में युगान्तर, जिनके द्वारा जात-पाँत तोड़क मण्डल का सन्देश प्रचारित किया गया।[37] सन्तराम के लेख कई प्रसिद्ध हिन्दी पत्रिकाओं जैसे सरस्वती, चाँद, सुधा, माधुरी, आजकल, आज, हिन्दुस्तान, जागृति आदि में निरन्तर छपते रहते थे। आजादी के बाद वे होशियारपुर से प्रकाशित होनेवाली विश्वज्योति के साथ जुड़ गये थे।[38]

हिन्दी की दुनिया में आकण्ठ डूबे सन्तराम के लिए प्रिण्ट जाति के विरोध और रूपान्तरण के लिए एक महत्त्वपूर्ण मंच बन गया। व्यक्तिगत स्तर पर कई दुर्घटनाओं ने—जून 1924 में उनकी पहली पत्नी गंगा देवी और मई 1928 में उनके पुत्र वेदव्रत के निधन—सन्तराम के शुरूआती वयस्क जीवन को गहरे प्रभावित किया जिसका दुःखपूर्ण वर्णन उन्होंने अपनी आत्मकथा में किया है। कुछ सालों बाद जात-पाँत तोड़क मण्डल में उनके दोस्त भूमानन्द ने उन्हें अन्तर्जातीय विवाह के लिए तैयार किया और फिर सन्तराम के जीवन का एक नया अध्याय शुरू हुआ।[39]

लेख के बाकी हिस्से में मैं यह बताने की कोशिश करूँगी कि किस प्रकार और क्यों सन्तराम ने एक मिश्रित उदारवादी फलक बनाने की कोशिश की जो गाँधी-अम्बेडकर और आर्यसमाज-आदधर्म के बीच मध्यवर्ती ज़मीन पर खड़ा होता है। वे जाति की समालोचना में आधुनिकता का विरोधाभासी इस्तेमाल करते हैं और अन्तरंगता एवं अन्तर्जातीय विवाह की सम्भावनाएँ बढ़ाते हैं। सन्तराम हिन्दूवाद की सीमाओं के अन्दर तैर रहे थे, लेकिन साथ ही प्रायः उसकी मुख्यधारा की लहरों के खिलाफ भी जाते थे।

स्व और जात-पाँत तोड़क मण्डल का सामाजिक इतिहास

नवम्बर 1922 में लाहौर में परमानन्द के जोशीले भाषणों से प्रभावित होकर सन्तराम और उनके मित्र समूह ने जात-पाँत तोड़क मण्डल की स्थापना की। यह नामकरण सन्तराम ने किया।[40] कई अन्य रेडिकल क्षेत्रीय जाति आन्दोलनों से अलग, जात-पाँत तोड़क मण्डल मुख्यतः शिक्षितों के बीच का शहरी आधारित आन्दोलन था। जात-पाँत तोड़क मण्डल का पहला नियम था—जन्म आधारित जाति व्यवस्था को तोड़ना और अन्तर्जातीय विवाह प्रोत्साहित करना जिसपर मैं बाद में चर्चा करूँगी। अपनी आत्मकथा में सन्तराम अपने जीवन विवरण का एक हिस्सा 1931 में जात-

पाँत तोड़क मण्डल के उस आन्दोलन से जोड़ते हैं जिसमें जनगणना और कॉलेजों और विश्वविद्यालयों में जाति का कॉलम हटाने की माँग बुलन्द की गयी थी। इससे संगठन को एक व्यापक परिदृश्य मिला और देश के कई बड़े शहरों के लोग संगठन से जुड़ने और सक्रिय होने लगे।[41] जात-पाँत तोड़क मण्डल और सन्तराम आर्यसमाज की विचारधारा के करीब होते हुए भी उससे गहरे तनाव में थे। उन्होंने आर्यसमाज के शिक्षण की आँख मूँदकर नक़ल नहीं की, बल्कि उस पर सवालिया निशान लगाते हुए उसकी रैडिकल व्याख्या की। सन्तराम के लिए शुद्धि आक्रामक हिन्दू राष्ट्रवाद की अभिव्यक्ति नहीं थी, बल्कि यह निम्न जाति के लोगों के लिए रैडिकल जाति सुधार की एक मुखर अभिव्यक्ति थी।[42]

रोमांस, प्यार और शादी के कारण इस्लाम में धर्म परिवर्तन को लेकर अपनी उद्विग्नता ज़ाहिर करते हुए भी उन्होंने ऐसी शादियों को स्वीकार करने के लिए मुस्लिमों के बृहत्तर मानस-पटल की सराहना की और इस सन्दर्भ में हिन्दुओं के संकीर्ण रवैए की निन्दा की।[43] मिशनरियों और ईसाइयों के प्रति भी उनका रवैया नरम था। वास्तव में, उन्होंने इस्लाम और इसाई धर्म के चुनिन्दा उदाहरण देकर अपने तर्क गढ़े। उन्होंने उद्वेलित होकर लिखा :

यदि मैं अछूत होता तो मैं भी इस दासता से छुटकारा पाने के लिए मुसलमान हो जाता।...अछूत इस समय हिन्दुस्तान में कौन सुख भोग रहे हैं जो पकिस्तान में उनका जीवन दुःखमय हो जायेगा।...यदि मैं मुसलमान होता तो मैं जिन्ना से भी अधिक...हिन्दू शासन का विरोध करता। मैं जोशीला हिन्दू होते हुए भी ईमानदारी से अनुभव करता हूँ कि यदि जात-पाँत का अन्त नहीं होगा तो मेरे लिए हिन्दुस्तान की अपेक्षा पाकिस्तान में रहना अच्छा है।...ब्राह्मण की स्वाधीनता शूद्र और मुसलमान की पराधीनता है।....भारतीय मुसलामानों और अछूतों के हिन्दू-विरोध का मूल कारण भी मैं हिन्दुओं की दूषित मनोवृत्ति को ही समझता था।[44]

सन्तराम की आलोचना करते हुए एक समाचार-पत्र हिन्दू ने कहा : 'श्री सन्तराम जी के आजकल के लेखों पर यदि उनका नाम लिखा न हो तो ऐसा मालूम देने लगता है कि ये किसी हिन्दू-प्रेमी के लिखे हुए नहीं, वरन् मिस मेयो के किसी भाई के हैं'।[45] इस प्रकार सन्तराम एक मिली-जुली, समन्वित संस्कृति का प्रतिनिधित्व कर रहे थे— जाति के खिलाफ तर्क जुटाने के लिए विविध धार्मिक धाराओं से सृजित करना, लेकिन साथ ही उनका परिप्रेक्ष्य हिन्दू प्रकृति का रहा। इसलिए एक स्थान पर उन्होंने लिखा : 'जाति-भेद सामाजिक रूप से हिन्दुओं के लिए बहुत हानिकारक सिद्ध हुआ है।...हिन्दुओं की संख्या-वृद्धि सन्तोषजनक नहीं।...जाति-भेद के कारण ही हमारा 'शुद्धि' आन्दोलन सफल नहीं हुआ'।[46]

हिन्दूवाद के दायरे के अन्दर सक्रियता के बावजूद सन्तराम की शूद्र पृष्ठभूमि, वर्णव्यवस्था के खिलाफ और अन्तर्जातीय विवाहों पर उनके रैडिकल विचारों के कारण उन्हें हिन्दू संकीर्णतावादियों और आर्यसमाज, दोनों का कट्टर विरोध झेलना पड़ा। एक बार सन्तराम ने अपने दो दलित मित्रों को घर पर खाने के लिए बुलाया। उन्हें अपने रसोईघर में खाना खिलाया और अपने कुएँ से पानी पिलाया। पूरे गाँव ने सन्तराम का विरोध किया। पंचों ने उनका 'हुक्का पानी' बन्द कर दिया। सन्तराम ने कहा : 'हुक्का मैं पीता नहीं, पानी मेरे घर में है'।[47] प्रतिष्ठित हिन्दी लेखक निराला ने अपने ब्राह्मणवादी रुझान दिखाते हुए एक लम्बे लेख ''वर्णाश्रम धर्म की वर्तमान स्थिति' में सन्तराम द्वारा जात-पाँत तोड़क मण्डल की स्थापना पर गहरा दुःख व्यक्त किया, सन्तराम पर कटु प्रहार किया, अन्तर्जातीय विवाह तथा अन्तर खान-पान की तीखी आलोचना की और जाति विभाजन और वर्णाश्रम धर्म का पुरज़ोर समर्थन किया। निराला के लेख के कुछ अंश इस प्रकार हैं :

दोषों में संस्पर्श-दोष भी एक माना गया है।...म्लेच्छों के राज्य में रहने से उनके संस्पर्श से द्विजातीयत्व भी नष्ट होता है, दुराचरण फैलते हैं, समाज में अधोगति होती है, वर्णाश्रम-धर्म नहीं रह जाता।...शूद्रों के प्रति केवल सहानुभूति प्रदर्शन कर देने से ब्राह्मण-धर्म की कर्त्तव्यपरता समाप्त नहीं हो जाती, न जाति-पाँति तोड़क मण्डल के मन्त्री सन्तरामजी के करार देने से इधर दो हजार वर्ष के अन्दर का संसार का सर्वश्रेष्ठ विद्वान् महामेधावी त्यागीश्वर शंकर शूद्रों के यथार्थ शत्रु सिद्ध हो सकते हैं। जाति-पाँति तोड़क मण्डल को मैं किसी हद तक सार्थक समझता, यदि वह 'जाति-पाँति-योजक मण्डल' होता।...अछूतों के साथ रोटी-बेटी का सम्बन्ध स्थापित कर उन्हें समाज में मिला लिया जाय या इसके न होने के कारण ही एक विशाल संख्या हिन्दू-राष्ट्रीयता से अलग है, यह एक कल्पना के सिवा और कुछ नहीं। दो मनों की जो साम्य-स्थिति विवाह की बुनियाद है और प्रेम का कारण, इस तरह के विवाह में उसका सर्वथा अभाव ही रहेगा। और, जिस यूरोप की वैवाहिक प्रथा की अनुकूलता सन्तरामजी ने की है, वहाँ भी यहाँ की तरह वैषम्य का साम्राज्य है। किसी लॉर्ड-घराने की लड़की के साथ किसी निर्धन और निर्गुण मज़दूर का विवाह नहीं हुआ।...बी.ए. पास करके झींगुर लोध अगर ब्राह्मणों को शिक्षा देने के लिए अग्रसर होंगे, तो सन्तरामजी की ही तरह उन्हें हास्यास्पद होना पड़ेगा।[48]

सन्तराम के आर्यसमाज के साथ अन्तर्विरोध और भी ज्यादा उजागर हैं, क्योंकि उनके कुछ विचार आर्यसमाज के अग्रणी विचारकों से सीधे टकराव में थे, और वे आर्यसमाज में सत्ता के स्थापित ढाँचे में हाशिये पर थे। सन्तराम अपने जीवन की एक घटना का हवाला देकर इसे बखूबी बयान करते हैं। 1914 में लाहौर जिले में पट्टी

के पास सन्तराम ने एक कृषि आश्रम में खेती करते हुए बिखरी पड़ी मृत पशुओं की हड्डियाँ इकट्ठा करके उनकी खाद डालने का सोचा। सन्तराम के मित्र और आर्य गजट के सम्पादक सुदर्शन ने हड्डियों का ढेर खेत में देख लिया और बिगड़कर कहा कि सन्तराम पाप कर रहे हैं। सन्तराम के इस तर्क को कि यह बहुमूल्य खाद है, सुदर्शन ने अनसुना कर दिया और सन्तराम के खिलाफ टिप्पणी लिखी। गाँव भर में और विस्तृत परिवार में सन्तराम का घोर विरोध हुआ लेकिन वे अपनी बात पर डटे रहे।[49] 1924 तक आते-आते उनके कई आर्यसमाजियों से गम्भीर मनमुटाव हो गये। अपने एक लेख में सन्तराम ने लिखा : 'आर्यसमाजी गुण-कर्म-स्वभाव की वर्ण व्यवस्था की टूटी डफली पीटकर अज्ञानतः जन्म-मूलक वर्ण भेद को ही दृढ़ कर रहे हैं। वे जाति-पाँति का नाम वैदिक वर्ण-व्यवस्था रखकर उसकी रक्षा कर रहे हैं'।[50] निरन्तर समझौता और तनाव अन्ततः आखिरी टूटन बिन्दु पर पहुँच गया जहाँ सन्तराम ने अपने को आर्यसमाज से अलग कर लिया,[51] और वे सम्भवतः बौद्ध परम्परा के प्रति आकर्षित हुए।[52] मंगूराम और सन्तराम दोनों ने ही आंशिक रूप से आर्यसमाज से प्रेरणा ली, पर दोनों ने ही उसके विचारों की सीमाबन्दी को महसूस किया और अपने अलग-अलग तरीकों से उसके खिलाफ विद्रोह किया—सन्तराम ने उसके तहत और मंगूराम ने उसके बगैर। सन्तराम अपनी आत्मकथा में जो चुनाव और झुकाव दिखाते हैं वे उनके मध्य-मूल्य व्यक्तित्व को रेखांकित करता है।

दलित संगठनों और नेताओं के साथ भी उनका कोई ख़ास सम्बन्ध नहीं था, और वे अपने समय के दलित आन्दोलन के साथ सहज संगत नहीं थे। जाति की बेलाग आलोचना करने और अन्तर्जातीय विवाह का प्रबल समर्थन करने के बावजूद वे मंगूराम की तरह दलित मुद्दों के नायक नहीं बन पाये। लेकिन यह उल्लेखनीय है कि उस समय की प्रसिद्ध पत्रिका सरस्वती में सन्तराम ने एक लम्बा लेख 'क्रान्ति की लहर' शीर्षक से 1927 में लिखा, जिसमें उन्होंने आदि-हिन्दू आन्दोलन और अछूतानन्द का समर्थन किया :

अब दलित भाइयों के अन्दर एक नवीन भाव की जाग्रति हुई है। यह भाव आत्म-सम्मान और स्वावलम्बन का है।...वे कहते हैं 'हम भारत के आदिम निवासी हैं। हम आदि-धर्मी हैं। हम हिन्दू नहीं हैं।...हिन्दुओं का सारा इतिहास शूद्रों पर अकथनीय अत्याचार का इतिहास है'।...दलित भाइयों के विचारों में जो क्रान्ति उत्पन्न हुई है उसे हिन्दू लोग दबाने की चेष्टा करेंगे।...क्या उनकी माँग में सच्चाई नहीं, क्या हिन्दू उन पर चिरकाल से अत्याचार नहीं करते आ रहे हैं?...हिन्दुओं, तुम अपने रोब से, अपने अखबारों के शोर से, अपने व्याख्यानों से और अपने अत्याचार से दलितों में पैदा होनेवाली इस नवीन लहर को—इस क्रान्ति को—नहीं दबा सकते।...यदि लहू की

पवित्रता का कीड़ा तुम्हें चैन नहीं लेने देता।...तो फिर अछूतों को अलग होकर अधिकार लेने से क्यों रोकते हो।[53]

इस लेख की प्रतिक्रिया में मंगलदेव शर्मा ने 'भ्रान्ति की लहर' शीर्षक से एक लम्बा लेख हिन्दी पत्रिका माधुरी के अक्टूबर 1927 अंक में प्रकाशित किया, जिसमें उन्होंने सन्तराम पर तीखा कटाक्ष करते हुए लिखा :

सितम्बर मास की सरस्वती में अपनी 'क्रान्ति की लहर' में उन्होंने जिन शब्दों में अपने मनोभावों का परिचय दिया है, वे कभी भी आदरणीय नहीं हो सकते।...उन्होंने जिस विद्रोही का जामा पहना है, वह हमारी समझ में वह है, जो क्रान्ति की विभीषिका उत्पन्न करने के स्थान में उसके उद्देश्य को ही ले डूबेगा।...प्रतीत होता है, हिन्दू संगठन और देशोद्धार से उनके आन्दोलन को कुछ सरोकार नहीं। उनके जाते हिन्दू भाड़ में पड़े और देश रसातल में जाये, वे अपनी लहर का दरिया अवश्य बहायेंगे।[54]

साथ-ही-साथ सन्तराम ने गाँधी और अम्बेडकर के बीच एक मध्यम मार्ग अख्तियार किया—गाँधी की परेशान करनेवाली कमियों, खासकर सनातनी हिन्दूवाद के प्रति उनके झुकाव का विरोध करते हुए भी हिन्दू धर्म का समर्थन किया और अम्बेडकर के गुणों, खासकर धर्मान्तरण को लेकर उनके रवैये के प्रति संकोच जताते हुए भी उनके विचारों का गुणगान किया। सन्तराम के विचार न केवल जाति पर गाँधी-अम्बेडकर विवाद में ख़ासा योगदान करते हैं, बल्कि उन दोनों की गुत्थमगुत्था के बीच में एक तीसरे पक्ष का भी द्योतक है। सन्तराम दोनों के साथ, दोनों के लिए मुश्किल नज़र आते हैं, यद्यपि वे अम्बेडकर के ज्यादा करीब लगते हैं। सन्तराम का गाँधी के साथ कुछ तीखा आदान-प्रदान हुआ। वे अपनी जीवनी में एक दिलचस्प घटना का बयान करते हैं :

सन 1933 या 34 की बात है। महात्मा गाँधी लाहौर आये। हमारे जात-पाँत तोड़क मण्डल का एक डेपूटेशन उनसे मिलने गया।...उन दिनों महात्मा गाँधी जात-पाँत में विश्वास रखते थे।...मेरे प्रश्न करने पर वे बोले कि जात-पाँत में एक बड़ा लाभ यह है कि व्यवसायों में प्रतियोगिता बहुत कम हो जाती है।...मैंने आपत्ति करते हुए कहा—'यह ठीक है कि इस व्यवस्था में ब्राह्मण के लड़के को, अयोग्य होने पर भी, पठन-पाठन या मन्दिर में पूजा का काम मिल जायेगा। क्षत्रिय का लड़का, कायर होने पर भी, सेना में सिपाही या मेजर बन जायेगा।...परन्तु एक भंगी, जिसके दादा-परदादा आठ आना मासिक पर टट्टी उठाते रहे हैं, विद्वान् बनने की योग्यता रहते भी, स्वयं टट्टी उठा रहा है, और उसके पोते-परपोते भी टट्टी उठाते रहेंगे। यह कहाँ का न्याय है?... महात्माजी, आप जाति से बनिया हैं। बनिये का काम नमक-तेल बेचना है। फिर आप हमें उपदेश क्यों देते हैं? जाइये, कहीं जाकर दाल-आटे की दूकान खोल लीजिये!'[55]

सन्तराम पेरियार और अम्बेडकर, दोनों के साथ संवाद में थे और दोनों से करीबी रखते थे। उन्होंने जून 1953 में एक प्रमुख तमिल समाचार-पत्र विदुथलाई में पेरियार के समर्थन में एक लेख प्रकाशित किया।[56] अम्बेडकर के प्रति उन्होंने प्रायः अपनी उत्कट प्रशंसा व्यक्त की और कभी उनकी खुली आलोचना नहीं की। कभी-कभार वे अम्बेडकर से थोड़े परेशान भी रहते थे। लेकिन साथ ही वे लगातार आम्बेडकर की पीड़ा को महसूस करते हैं। सन्तराम एक जगह लिखते हैं :

मेरे एक युवक मित्र बी.ए. एल. एल. बी. हैं। उनके भाई-बन्धु चमार कहलाते हैं। मैं उन्हें लेकर एक आर्यसमाज के बड़े नेता के पास गया ताकि वे उस युवक को कहीं नौकरी दिलाने में सहायता करें।...नेता महाशय पीछे से मुझसे कहने लगे : 'देखो जी, ये लोग भी अब नौकरियाँ माँगने लगे हैं। हमारे हिन्दुओं के लड़कों को ही नौकरी नहीं मिलती तो इनको कहाँ से दें। इसीलिए मैं अछूतों को उच्च शिक्षा देने के विरुद्ध हूँ'। [57]

सन्तराम यह सुनकर बहुत दुखी हुए। उन्होंने लिखा : 'डॉ. अम्बेडकर का द्विज हिन्दुओं पर से जो विश्वास उठ गया है, उसका एक बड़ा कारण अधिकांश द्विजों की यही दूषित और संकीर्ण मनोवृत्ति है'।[58] सन्तराम-अम्बेडकर के बीच लगातार पत्र व्यवहार रहा।[59] सन्तराम अम्बेडकर के अभिभाषण के प्रशंसक भी थे और यह बात उन्होंने गाँधी को लिखे एक पत्र में कही भी, जो हरिजन में 15 अगस्त 1936 को प्रकाशित हुआ।[60] सन्तराम ने हिन्दी में पहली बार अन्हाईलेषण ऑफ़ कास्ट का अनुवाद जातिभेद का उच्छेद नाम से किया और उसे जात-पाँत तोड़क मण्डल की ओर से प्रकाशित किया।[61] अपने प्राक्कथन में सन्तराम लिखते हैं :

डॉक्टर महोदय ने जो अभिभाषण तैयार किया वह इतना सारगर्भित, इतना मार्मिक और इतना विद्वत्तापूर्ण था कि यदि हिन्दू-समाज उस पर शान्त भाव से विचार करे तो, कटु औषध के समान, वह उसके महा व्याधि को अवश्य दूर कर सकता है।...जाति-भेद की बुराइयों को दिखलानेवाला इससे उत्तम प्रबन्ध दूसरा मिलना कठिन है।[62]

उन्होंने अपनी पत्रिका क्रान्ति में इसे उर्दू में भी प्रकाशित किया।[63] सन्तराम की समस्या थी हिन्दू रूपकों पर उनकी सतत निर्भरता और अन्तर्जातीय विवाह के क्षेत्र में भी सवर्णों का सहारा। फिर भी, आज सन्तराम का लेखन उदारवादी आर्यसमाजियों की तुलना में दलितों के बीच कहीं ज्यादा स्वीकार्य है। सन्तराम कोई मंगूराम या अम्बेडकर नहीं थे, फिर भी अपने जीवन और समय के बारे में उनका कथन हमें जाति के आधुनिक इतिहास के बारे में काफी कुछ बताता है। वे एक उदारवादी प्रत्यय, एक मध्य मार्ग के प्रतीक थे—कभी अपने समय से संचालित, तो कभी अपने समय से आगे देखनेवाले। दलित लेखक धर्मवीर लिखते हैं कि सन्तराम 'के विचार एकदम ठीक

थे लेकिन वे हमेशा गैरों के बीच रहे।...उनका पूरा हिन्दू वातावरण उनके विचारों के लिए असहज था।...उनके दुःख सच्चे हैं लेकिन उनके समाधान कच्चे हैं।[64]...धर्मवीर का लेख समृद्ध होते हुए भी अन्तर्जातीय विवाह पर सन्तराम के विचारों को लेकर चुप है, जो सन्तराम के चिन्तन का केन्द्र था। मेरा मानना है कि अन्तर्जातीय विवाह के बारे में सन्तराम की समझ शायद जाति-विरोधी राजनीति की सबसे प्रमुख विरासत है।

अतिक्रमण करती अन्तरंगता : अन्तर्जातीय विवाह और सन्तराम

अन्तर्जातीय विवाह का समर्थन करते हुए सन्तराम ने लिखा :

प्रेम न देखे जात-कुजात।
भूख न देखे जूठा भात।
नींद न देखे टूटी खाट।[65]

एक अन्य स्थान पर अन्तर्जातीय प्रेम को कायम करते हुए वे कहते हैं :

प्यार किसी को किया नहीं जाता,
प्यार किसी पर हो जाता है।
नयनों की खिड़की से सुन्दर,
कोई ज्योंही मुस्कराता है।[66]

रोटी-बेटी की वर्जनाएँ और सगोत्रीय विवाह जाति का एक मूल आधार है जो स्त्री के शरीर पर जाति का घनघोर दबदबा दिखाता है। स्त्री-पुरुष विवाह के पारम्परिक दायरों में बँधे रहने के बावजूद अन्तर्जातीय विवाहों के कारण रोजाना का पुलिसिया पहरा और हिंसा उजागर हुई, जिसे 'लैंगिकता का गठजोड़ मॉडल'[67] कहा जा सकता है—शादियों की ऐसी व्यवस्था जिसमें धर्म एवं जाति की सीमाओं का पहरा लगा होता है। दलित धर्मान्तरणों को लेकर बढती चिन्ता के कारण आर्यसमाज और हिन्दू महासभा बाहरी तौर पर अन्तर्जातीय विवाह का समर्थन करने के लिए मजबूर हुए।[68] पर इसको लेकर ज़मीन पर गहरा विवाद और बेचैनी व्याप्त थी, क्योंकि ज़्यादातर सुधारक यौनिकता और विवाह के सवाल पर संकीर्ण नज़रिया ही रखते थे।[69] अम्बेडकर अन्तर्जातीय विवाह को जाति के विनाश का एक महत्त्वपूर्ण समाधान मानते थे, क्योंकि इससे जाति की 'पवित्रता' बरकरार रखने और स्त्री की यौनिकता नियन्त्रित करने की व्यवस्था को चुनौती मिलती थी।[70]

सन्तराम ने अन्तर्जातीय विवाहों पर अपने विमर्श में जाति, लिंग, यौनिकता, प्रेम और कामना को एक साथ जोड़कर इसे जाति-विरोधी अभिव्यक्तियों के लिए एक महत्त्वपूर्ण वाहक बनाया। अम्बेडकर की शब्दावली अपनाते हुए उन्होंने यह तर्क दिया :

जिस अस्पृश्यता को मानवता का कलंक कहा जाता है वह जात-पाँत का अनिवार्य परिणाम है। कारण यह है कि जात-पाँत एक क्रमबद्ध अछूतपन है।...और अन्तर्जातीय विवाह से ही जातिभेद की समाप्ति हो सकती है।[71]

उन्होंने एक अन्य स्थान पर कहा :

जात-पाँत में बेटी-बन्दी ही नहीं, व्यवसाय-बन्दी भी है। अर्थात् एक चमार यही नहीं कि एक गैर-चमार से ब्याह-शादी ही नहीं कर सकता, वरन् जूता बनाने के सिवा दूसरा कोई व्यवसाय करने का भी उसके लिए शास्त्रीय निषेध है।[72]

जात-पाँत तोड़क मण्डल का पहला और प्रमुख नियम था जन्म आधारित जाति व्यवस्था तोडना और अन्तर्जातीय विवाह प्रोत्साहित करना। संगठन का नियम था कि केवल वही हिन्दू मण्डल के सदस्य बन सकते हैं जो अपनी जाति में विवाह नहीं करने की प्रतिज्ञा लें, साथ ही अपने विवाह के बाद अपने बच्चों के लिए भी यही प्रतिज्ञा दुहरायें। मण्डल के कार्यालय में लड़के-लड़कियों के लिए विवाह फॉर्म मौजूद रहते थे। मण्डल के प्रयत्न से कई सौ जात-पाँत तोड़क विवाह हुए।[73] 1939 में मण्डल की गतिविधियों की एक समीक्षा में कहा गया कि ऐसे विवाहों को जोड़ा जाये, तो यह ज़रूर ही 500 है।[74] संगठन की सदस्यता और प्रभाव ज़्यादातर शहर आधारित था, पर इसकी गतिविधियों का केन्द्रीय तत्त्व था अन्तर्जातीय विवाह। जात-पाँत तोड़क मण्डल के प्रभाव से इसी प्रकार की संस्थाएँ कई दूसरे स्थानों पर भी स्थापित हुईं, जैसे आन्ध्र में 'जातिभेद निर्मूलक मण्डल', पुणे में 'जाति-निर्मूलन संस्था' और कानपुर में 'अन्तर्जातीय विवाह समिति'।[75]

अपने कई लेखनों में सन्तराम अपने या संगठन के प्रयासों से सम्पन्न कई अन्तर्जातीय विवाहों का उदाहरण देते हैं। पर ऐसा लगता है कि इनमें से ज़्यादातर शिखर के तीन वर्णों, कथित 'द्विजन्मी' जातियों से थे। यदा-कदा ही सन्तराम ऐसे उदाहरण देते हैं जहाँ दलित पुरुषों और स्त्रियों का मण्डल ने जात-पाँत तोड़कर विवाह कराया।[76] उस समय की प्रमुख हिन्दी पत्रिकाओं में भी जात-पाँत तोड़क मण्डल ने इस प्रकार के अन्तर्जातीय विवाहों का तस्वीरों द्वारा प्रचार किया। सन्तराम को प्रायः ऐसे विवाह आयोजित कराने के लिए धमकियाँ भी मिलती थीं।[77] उनके अन्तर्जातीय विवाह के समर्थन पर तीखा आक्रमण करते हुए एक ने लिखा :

श्री सन्तराम तो एकदम खड्गहस्त द्रोही बनकर हिन्दुओं से कह रहे हैं कि या तो आज ही अछूतों के साथ रोटी-बेटी का व्यवहार खोल दो अन्यथा मुसलमानों की पलटन और सरकार की तोपें लेकर हम तुम्हारा विध्वंस कर डालेंगे।...चाहे कुछ हो जाये, क्षत्रिय-ब्राह्मणों की लड़कियाँ तो चमारों के यहाँ ब्याही जाने से रहीं।...क्या अब भी किसी को सन्देह रह जाता है कि...लाहौर की जात-पाँत तोड़क संस्था एक 'जाति-

देश-नाशक' संस्था है?...अछूतों को हम गले लगायेंगे यह एक बात है, और सन्तरामजी की धौस में आकर खड्गहस्त जयचन्दी पलटन के सामने तिनका मुँह में दबाकर बेटी देने की शर्त पर सन्धि कर लेंगे, यह 'त्रिकाल' में असम्भव है।[78]

ऐसे हमलों के बावजूद, सन्तराम के प्रयासों के कारण ही अन्तर्जातीय विवाह प्रगतिशील शहरी आधुनिकता का एक प्रतीक बन गया जो एक छोटे समूह में जात-पाँत तोड़क मण्डल द्वारा संचालित था। यह निश्चित ही जाति तोड़ने का एक सत-प्रयास था, पर इसमें प्रायः 'ऊपर' से नजरिया और नेतृत्व मिलता था—यही सन्तराम की सम्भावना और सीमा, दोनों ज़ाहिर करता है। फिर भी, यहाँ उल्लेखनीय है कि अपनी पहली पत्नी के निधन के बाद सन्तराम ने स्वयं एक महाराष्ट्री ब्राह्मण विधवा सुन्दर बाई प्रधान से 1929 में विवाह किया। सन्तराम के मित्र भूमानन्द ने कहा कि इस पुनर्विवाह से 'जात-पाँत भी टूटती है, विधवा विवाह भी होता है, और प्रान्त-भेद भी दूर होता है'।[79] अम्बेडकर के दूसरे विवाह की तरह यह एक अन्तर्जातीय प्रतिलोम विवाह भी था—एक शूद्र पुरुष और एक ब्राह्मण विधवा के बीच, जिसकी कट्टरपन्थियों ने काफी आलोचना की। अन्तर्जातीय विवाह पर केन्द्रित फोकस से सन्तराम यह दर्शा पाये कि किस प्रकार जाति हमारे अन्तरंग स्थलों में बसी है और इन स्थलों में ही उसे सबसे ज्यादा चुनौती देने की ज़रूरत है।

जाति को एक रोग बताते हुए सन्तराम ने कहा कि यह चार वर्जनाओं—स्पर्श-बन्दी, व्यवसाय-बन्दी, रोटी-बन्दी और बेटी-बन्दी पर टिकी है।[80] मनु पर निरन्तर सवाल उठाते हुए और अम्बेडकर का समर्थन करते हुए उन्होंने संजीदगी से जाति उन्मूलन के केन्द्र में अन्तर्जातीय, अन्तर्क्षेत्रीय और अन्तर्धार्मिक विवाह को स्थान दिया। एक बार वैद्य हेमराज के साथ सन्तराम की मनु पर बहस हो रही थी। सन्तराम अपने साक्षात्कार में लिखते हैं :

'किसी बात को इसलिए ही सत्य नहीं मान लेना चाहिए कि वह किसी ग्रन्थ में लिखी है या उसका प्रचार कोई सन्त महात्मा करता रहा है। बात अपनी बुद्धि से सोच-कर देखनी चाहिए। यदि वह सत्य प्रमाणित हो तो माननी चाहिए। नहीं तो नहीं। मनु कोई निभ्रान्ति व्यक्ति नहीं था'। इस पर वैद्यजी बोले, 'क्या आप मनु से अधिक ज्ञानवान् हैं?' मैंने कहा, 'हाँ। मनु को क्या पता था कि 'टेलीपैथी' क्या होती है, 'टेलिस्कोप' क्या होता है और रेल कैसे चलती है जबकि मुझे इन सब बातों का ज्ञान है। मनु कुछ था तो अपने ज़माने में होगा। इस वक्त हमारा ज्ञान बहुत बढ़ चुका है'।[81]

सन्तराम ने सगोत्रीय विवाह को ख़तम करने के लिए बहुपक्षीय तर्क दिये—एक तरफ धार्मिक, भक्तिपरक, शास्त्रीय, तो दूसरी तरफ सामाजिक, सेक्युलर, आधुनिक, वैज्ञानिक और तार्किक विचार। प्राचीन धर्मग्रन्थों से अंशतः उद्धृत करते हुए उन्होंने कई

अवसरों पर अतीत में वर्ण-संकर—अनुलोम और प्रतिलोम—विवाह के उदाहरण दिये। जैसे भीम ने हिदम्बा से विवाह किया और घटोत्कच को जन्म दिया। प्रमता ब्राह्मणी का विवाह एक नाई के साथ हुआ। इनके पुत्र मत्तंग महामुनि थे। कर्दम ऋषि की कन्या अरुन्धती और वेश्या के पुत्र वशिष्ट मुनि का विवाह हुआ। उनके पुत्र का नाम शक्ति था जिसका विवाह चाण्डाल कन्या अद्रिश्यन्ति से हुआ। शक्ति के पुत्र पराशर एक महान् ऋषि थे जिन्होंने एक मछुआरे की बेटी सत्यवती से शादी की—वे व्यास, महाभारत के लेखक, के पिता थे।[82] इस विचार को आगे बढ़ाते हुए वे सहज रूप से आधुनिक, वैज्ञानिक और सेक्युलर धारा में शामिल होते थे जिसमें समानता और न्याय का भी आग्रह था। उन्होंने गाँधी के वर्ण व्यवस्था सम्बन्धी विचारों से अपनी स्पष्ट असहमति व्यक्त करते हुए कहा : 'अस्पृश्यता और जातिभेद को दूर करने के लिए शास्त्रों की सहायता ढूँढना कीचड़ को कीचड़ से धोने के सामान है'।[83] हिन्दुओं की कटु आलोचना करते हुए उन्होंने लिखा :

मैं आज भी देखता हूँ, कोई हिन्दू सोशलिस्ट बन जाये, कम्युनिस्ट बन जाये, कांग्रेसी बन जाये और चाहे सर्वोदय का प्रचारक हो जाये, वह बेटी-व्यवहार में जात-पाँत का ही पाबन्द रहता है। वह केवल आर्थिक और राजनैतिक समता पर ही बल देता है, सामाजिक समता पर आँखें मींच लेता है।[84]

सन्तराम ने एक ख़ास भारतीय अन्दाज़ में पश्चिमी उदारवादी मॉडल अपनाया। सन्तराम प्रायः अपने विचारों के समर्थन में जर्मन-अमरीकी मानव विज्ञानी फ्रांज़ बोआ जैसे विद्वानों को उद्धृत करते थे जो वैज्ञानिक नस्लवाद की विचारधारा के प्रमुख आलोचक थे। उन्होंने अन्य विचारकों जैसे हेवलॉक एलिस, विलियम केसल, गालटन, डेवन पोर्ट आदि का लगातार सहारा लिया।[85] इसके अलावे, कई अन्य दलित विवरणों के सामान सन्तराम ब्रिटिश राज की चुनिन्दा प्रशंसा भी करते थे। एक स्थान पर उन्होंने लिखा :

अछूतों और शूद्रों के लिए अंग्रेजी राज्य सचमुच एक अपूर्व ईश्वरीय वरदान है।...अंग्रेजी राज्य में शूद्रों को उन्नति के जितने सुयोग और सुविधाएँ उपलब्ध हैं उतनी न हिन्दुओं के राज्य में कभी थीं और न हो सकती हैं।...वे (अछूत) बड़े ही मूर्ख होंगे यदि वे अंग्रेजी राज के बजाय हिन्दू बहुसंख्या का राज्य पसन्द करेंगे।[86]

'विभिन्नता' और 'समरूपता' के विभिन्न विमर्शों और अर्थों की सीमाओं से सचेत सन्तराम ने एकरूपता, एकता, स्व-सामर्थ्यता, स्व-ज्ञान, एकल पहचान और विभाजित दृष्टि की अवधारणाओं का मूल्यांकन किया। उन्होंने 'वर्ण संकरता' के गुणों पर जोर दिया जो उनके अनुसार एक मज़बूत और ज्यादा सृजनात्मक तीसरे पक्ष को जन्म देता है। उनका कहना था :

विज्ञान का एक सर्वमान्य सिद्धान्त है कि जितने एक-दूसरे से अधिक भिन्न दो पदार्थों का आपस में संयोग होगा उनके मिलाप से उतना ही अधिक अच्छा नया पदार्थ बनेगा। ऑक्सीजन और हाइड्रोजन नाम के दो बिलकुल विभिन्न गुणोंवाली गैसों के संयोग से जल का उत्तम पदार्थ बनता है।...घोड़ा और गधा दो विभिन्न जातियों के जीव हैं। इसलिए उनके संयोग से जो खच्चर उत्पन्न होता है यह उन दोनों से अधिक मज़बूत और बलवान् होता है।[87]

उनका तर्क था कि सगोत्रीय विवाह एक कमतर प्रकार का विवाह है। सन्तराम के विचारों में ही उनकी सीमाएँ, घरेलुता और बाधाएँ निहित हैं क्योंकि वे कई बार विभिन्न वर्णों के बारे में बने-बनाये साँचे और निधार्रित समझ को ही पुष्ट करते हैं। उन्होंने लिखा :

अपनी-अपनी संकुचित जाति-बिरादरी के भीतर ही विवाह करते रहने से कुफल यह हुआ है कि मनुष्य को पूर्ण मनुष्य बनानेवाले सद्गुण अलग-अलग जातियों में पुंजीभूत हो गये हैं। ब्राह्मण बुद्धिमान् तो है पर साथ ही वृथाभिमानी भी है। क्षत्रिय वीर तो है पर साथ ही अदूरदर्शी भी। वैश्य व्यापार-कुशल तो है पर साथ ही कायरता की सजीव प्रतिमा भी। शूद्र परिश्रमी तो है, पर साथ ही उसकी आत्मा इतनी कुचली हुई है, उसकी उमंग इतनी दबी हुई है कि उसमें वह मानवी प्रतिष्ठा ही नहीं रह गयी जिसके बिना यह जीवन दूभर मालूम होने लगता है।[88]

उन्होंने राष्ट्रीय संवृद्धि, विकास, उन्नति, पौरुषता और खासकर सुजननता के विचारों को स्वीकार कर अन्तर्जातीय विवाहों की वकालत की जिसके अनेकार्थ और सन्दिग्ध परिणाम थे। पुरुषत्व की कमी, कमजोरी, बुद्धिमत्ता का निम्न स्तर, अतीत के युद्धों में हिन्दुओं की लगातार पराजय, अस्वस्थ वंश, कमज़ोर राष्ट्र—इन सबको सगोत्रीय विवाह के दुष्परिणाम बताया गया। इसके विपरीत, सन्तराम के अनुसार, अन्तर्जातीय विवाहों से मज़बूत, स्वस्थ और तेजस्वी सन्तानें होती हैं, रोज़गार में विविधता आती है, पौरुष बल में इज़ाफा होता है और यह हिन्दू उन्नति के केन्द्र में था।[89] स्वजनता, समानता, उन्नति, आजादी, आधुनिकता और विवेक सन्तराम के विवरणों में हिन्दू धार्मिकता, परम्परागतता और हिन्दू केन्द्रित सोच के साथ मिले-जुले हैं—ये सभी पक्ष भौतिकता और आध्यात्मिकता के बीच एक पेण्डुलम की तरह गतिमान रहते हैं।

सन्तराम अपने तर्कों में जाति सत्ता का खण्डन करते हैं, साथ ही कभी अनायास बने-बनाये साँचों और पित्रसत्ता का भी समर्थन करते हैं। एक स्थान पर वे कहते हैं : 'वैज्ञानिकों का मत है कि जात-पाँत तोड़क विवाहों से प्रायः लड़कियों की अपेक्षा लड़के ही अधिक उत्पन्न होंगे'।[90] उनकी दोहरी और विरोधाभासपूर्ण भाषा और

शब्दावली कई बार प्रकारान्तर में उल्टा असर डालती थी। प्रसिद्ध पत्रिका सुधा में प्रकाशित अपने एक लम्बे लेख में सन्तराम अन्तर्जातीय विवाह के खिलाफ तमाम आपत्तियों का जवाब देते हैं। वे कहते हैं कि एक अमृतलाल राय का कहना है कि अन्तर्जातीय विवाह से गुप्त यौनिक सम्बन्ध, रोमांस और घरेलू नौकरानी या निम्न जातीय पुरुष के साथ पलायन बढ़ेगा। सन्तराम एक संरक्षक की तरह जवाब देते हैं कि एक दासी भी 'रूपवती, गुणवती और सदाचारिणी' हो सकती है और कई चमार स्त्रियाँ आकर्षक और गोरी होती हैं। वे इस तर्क की तिरस्कार करते हैं कि ऐसे मेल-जोल से स्त्री की पवित्रता और सम्मान का महती आदर्श नीचा होगा।[91] लेकिन साथ-ही-साथ, अन्तर्जातीय विवाहों पर अपने विचारों के ज़रिये उन्होंने न केवल जाति वर्गीकरण बल्कि पितृसत्तात्मक वर्चस्व को चुनौती भी दी। उन्होंने जोर देकर कहा :

जात-पाँत से स्त्री जाति को घोर हानि हुई है। कई बिरादरियों में लड़के कम और लड़कियाँ अधिक हैं।...वहाँ लड़कीवालों को भारी दहेज़ देने पड़ते हैं।...जिन बिरादरियों में लड़के अधिक और लड़कियाँ कम हैं वहाँ लड़कियाँ मोल बिकती और व्यभिचार फैलता है। बुड्ढों के साथ अल्पवयस्क कन्याएँ ब्याही जाती हैं।...जात-पाँत ने लड़की की स्वतन्त्र सत्ता न रहने देकर उसे एक माल बना दिया है।[92]

सन्तराम ने स्त्री की इच्छाओं पर पहरेदारी की आलोचना की जहाँ स्त्रियों को ठठाकर हँसने या रात में बाहर जाने पर सन्देह की निगाह से देखा जाता है। उन्होंने स्त्री की शुचिता के बारे में मिथ्या समझ के प्रचार-प्रसार के लिए रामायण को दोषी करार किया।[93] एक अन्य स्थान पर सन्तराम ने सतीत्व की सुरक्षा के नाम पर जौहर प्रथा का विरोध करते हुए कहा कि यह प्रथा पहले दर्जे की मूर्खता दर्शाती थी।[94] सगोत्रीय विवाह को किसी भी प्रकार से सकारात्मक, स्थायी या अच्छा समझने की सोच पर सवाल उठाते हुए सन्तराम ने अन्तर्जातीय विवाह को ज्यादा सार्थक, अर्थवान् और सुदृढ़ करार किया।

सन्तराम इस प्रकार एक विरोधाभासी सामाजिक स्थल पर खड़े होते हैं—कुछ मामलों में हिन्दू धर्म को एक विशेषाधिकार के रूप में अंगीकार करना, और अन्य में उसका तिरस्कार करना। उन्होंने साथ-ही-साथ दो तर्कधाराओं से अन्तर्जातीय विवाह का समर्थन किया—पहले में धर्मग्रन्थिय और वेदान्ती शब्दावली है, तो दूसरे में आधुनिकता, सुजनता, राष्ट्र, समानता और समाधिकार के तर्क हैं। संकर तरीकों के ऐसे कुशल उपयोग से, जिसमें उन्होंने विविध अभिव्यक्तियों के ज़रिये अन्तर्जातीय विवाह के विभिन्न प्रकार और सम्भावनाएँ व्यक्त की, अस्पष्ट और सन्दिग्ध प्रभाव थे। एक तरफ तो उन्होंने विभिन्न वर्णों और स्त्रियों के निश्चित, निर्धारित विशेषताओं के बारे में व्याप्त समझ की आलोचना की तो दूसरी तरफ स्वस्थ वंश, विभिन्नता और

शक्तिशाली राष्ट्र के बारे में उनकी समझ में हिन्दुत्व और पितृसत्ता मज़बूत होने की भी सम्भावना थी। पर इसके साथ-साथ उनका यह विश्वास भी गुँथा हुआ था कि अन्तर्जातीय विवाह की सन्तान न केवल माता-पिता, दोनों के गुणों की वाहक होती है और जाति के स्थापित ढाँचे में नहीं पटी होती, बल्कि एक तीसरी, अलग पहचान स्थापित करती है।

सेक्स लेखन, स्त्री-पुरुष सम्बन्ध और सन्तराम

जाति के विरुद्ध और अन्तर्जातीय विवाह के समर्थन में सन्तराम के अग्रणी कार्य को उनके सेक्स सम्बन्धी विपुल लेखन से अलग नहीं किया जा सकता है। सन्तराम ने हिन्दी में सेक्स और जन्म नियन्त्रण पर कई लेख और पुस्तक प्रकाशित किये। उन्होंने पहली बार 1920-30 के दशक में प्रसिद्ध डॉ. मेरी स्टोप्स की किताबों और संस्कृत के सेक्स सम्बन्धी उत्कृष्ट साहित्य का हिन्दी अनुवाद भी किया। स्टोप्स से गहरे प्रभावित सन्तराम ने उनकी कई प्रसिद्ध और लोकप्रिय किताबों का पहली बार हिन्दी में अनुवाद किया। जैसे स्टोप्स की सबसे प्रसिद्ध किताब मैरिड लव : ए न्यू कॉण्ट्रिब्यूशन टू द सौल्यूशन ऑफ़ सेक्सुअल डिफीकल्टीस' को सन्तराम ने विवाहित प्रेम के नाम से प्रकाशित किया,[95] जिसका बाद में एक अन्य संस्करण प्रेम विवाह के नाम से प्रकाशित हुआ। स्टोप्स की एण्ड्रयूरिंग पैशन को रति विलास नाम से अनुवादित किया गया।[96] किताब कॉण्ट्रासेप्शन को सन्तराम ने दिलचस्प नाम सन्तान संख्या का सीमा बन्धन अर्थात् दम्पति मित्र के नाम से प्रकाशित किया, जिसमें उन्होंने स्टोप्स के अलावा मार्गरेट सेंगर, न. ल. मुकर्जी और आर. डी. कर्वे की किताबों से भी मदद ली।[97] इसके अलावे उन्होंने काम आनन्द पर अपनी पुस्तकें भी प्रकाशित कीं जो संस्कृत के उत्कृष्ट सेक्स साहित्य जैसे वात्स्यायन के कामसूत्र, कोकोक के रति रहस्य,[98] पदमश्री के नागर सर्वस्वं,[99] फ्रायड और स्टोप्स के अंश और इस विषय पर उनके अपने विचारों का संकलन था। कई किताबें हैं जैसे रति विज्ञान, जो न केवल निर्देशात्मक है बल्कि उत्तेजक भी;[100] काम-कुञ्ज—स्त्री और पुरुषों के लिए एक सेक्स निर्देशिका—जिसे लखनऊ के प्रतिष्ठित नवल किशोर प्रेस ने प्रकाशित किया;[101] आदर्श पत्नी, एक किताब जो स्त्रियों को प्यार और सेक्स समेत कई मुद्दों पर सलाह देती है;[102] और आदर्श पति जो इसी प्रकार पुरुषों को सलाह देती है।[103] सन्तराम ने तत्कालीन स्त्रियों की अग्रणी पत्रिकाओं जैसे सुधा और माधुरी में सेक्स विज्ञान के प्रकाशन के समर्थन में कई लम्बे लेख भी लिखे।[104]

इन प्रकाशनों ने सन्तराम को उस दौर में सेक्स आनन्द की कल्पना करने का अवसर दिया जब इसे तुच्छ और हीन माना जाता था। खासकर, समाज सुधारकों,

राष्ट्रवादियों, हिन्दू साहित्यकारों और ब्रिटिश अधिकारियों का एक बड़ा तबका इस विषय को निम्नतर नज़रों से देखता था; साथ-साथ ऐसी किताबों पर अश्लीलता के आरोप व्यापक थे।[105] अश्लीलता के आरोपों का खण्डन करते हुए सन्तराम ने लिखा :

अनेक लोग काम-शास्त्र का नाम सुनते ही, अपनी झूठी धार्मिकता और पवित्रता का आडम्बर करने के लिए, नाक-भों चढ़ाते हुए छी-छी करने लगते हैं। इस प्रकार पवित्रता का प्रमाणपत्र मिलना है भी बहुत सुगम। परन्तु यदि तनिक विचार से काम लिया जाये तो मालूम होगा कि काम-शास्त्र सम्बन्धी किसी पुस्तक को अश्लील ठहराने में केवल उनका भाव काम करता है, इसमें बुद्धि का कुछ भी प्रवेश नहीं होता।...जिस चीज़ की आवश्यकता को बुद्धि या प्रयोजन स्वीकार करता है वह अश्लील नहीं हो सकती। देशाचार उसे चाहे अस्थायी रूप से अश्लील ठहरा दे, परन्तु विज्ञान के सामने देशाचार की मृत्यु हो जाती है, और जिस चीज़ की आवश्यकता का अनुभव बुद्धि और प्रयोजन करता है वह जघन्य नहीं ठहरायी जा सकती।[106]

सन्तराम का विश्वास था की सेक्स और वैवाहिक ज़िन्दगी में कामुकता की गूढताओं पर खुलकर बातचीत करनी चाहिए क्योंकि सेक्सजनित आनन्द आधुनिक वैवाहिक जीवन का एक महत्त्वपूर्ण पहलू है। उन्होंने तर्क दिया :

कामशास्त्र आजकल बहुत बदनाम हो चुका है। इस बात को जानते हुए भी मैं एक ऐसी पत्रिका में इस विषय पर अपने विचार प्रकट करने का साहस करने लगा हूँ जिसे स्त्रियाँ भी पढ़ती हैं। इसका कारण यही है कि मैं इस शास्त्र को अश्लील नहीं समझता।...प्रत्येक हृदय अपने लिये जोड़ीदार चाहता है।...काम-शास्त्र का उद्देश्य विवाह के आनन्द को बढ़ाना और शोकों को दूर करने की विधि बताना है।...एक बात बड़े मज़े की है। जो कार्य स्वयं अश्लील या बुरा नहीं समझा जाता, उसके शास्त्रीय वर्णन को अश्लील ठहराया जाता है। आलिंगन, चुम्बन और आसन मैथुन के लिए आवश्यक हैं। जो लोग विवाहित हैं, वे सब ये क्रियाएँ करते हैं, क्योंकि भगवान् ने मनुष्य की उत्पत्ति के लिए इसी 'अश्लील' विधि का विधान किया है। फिर क्यों नहीं विधाता पर भारतीय दण्ड विधान की धारा 292 तथा 293 के अनुसार अभियोग चला दिया जाता?[107]

एक साक्षात्कार में उन्होंने खुलेआम स्वीकार किया कि वे सेक्स सम्बन्धी किताबों के उत्साही और नियमित पाठक हैं : 'मुझे भी उन दिनों यौन सम्बन्धी पुस्तकें पढ़ने का शौक था। मुझे लाजपतराय की लाइब्रेरी में यौन सम्बन्धी बहुत अच्छी–अच्छी पुस्तकें पढ़ने को मिलीं'।[108] उन्होंने काव्यात्मक रूप से घोषणा की : 'काम वह वास्तु है जिसके बिना मनुष्य का जीवन नीरस है।...इसके बिना कवियों के काव्य फीके,

लेखकों के लेख नीरस और संसार के व्यवहार शुष्क हैं'।[109] सेक्स विज्ञान पर उनकी पुस्तकें प्रायः सेक्स विज्ञान, कामोत्तेजक कला और अश्लीलता के बीच की विभाजन रेखा मिटाती हैं। एक ओर वे कामशास्त्र के शास्त्रीय साहित्य से प्रेरणा लेते हुए उसे सेक्स विज्ञान के लिए उपयोगी कहते हैं, तो दूसरी ओर वे पश्चिमी सेक्स विशेषज्ञों और सुजनन सम्बन्धी तर्कों की मदद लेते हुए आनन्द और इच्छा को आधुनिक सेक्स जीवन का महत्त्वपूर्ण हिस्सा बताते हैं। इस प्रकार वे एक संकरित सेक्सशास्त्र प्रस्तावित करते हैं जो पश्चिमी सुजनन अवधारणाओं और आधुनिक बुद्धिवादी सेक्स विज्ञान के साथ भारतीय शास्त्रीय सेक्स विचारों का संगम है। उनके अनुवाद केवल भाषान्तर नहीं थे, बल्कि उनमें सेक्स के बारे में वर्चस्वशाली और नियामक अवधारणाओं पर अप्रत्यक्ष रूप से सवाल उठाये गये थे। अपने लेखों के ज़रिये सन्तराम ने सेक्स सम्बन्धों की सराहना करने के लिए एक अन्तरंग-स्थानिक जगह बनायी—उन्होंने स्पर्श, लैंगिक सम्बन्ध, प्यार, आन्तरिकता, रूपान्तरकारी सेक्स मापदण्ड के नये रास्तों और गलियों का निर्माण किया।

सेक्स और लिंग के सवालों पर सन्तराम प्रायः अपने समय से आगे थे। वे स्त्री और पुरुष, दोनों के सेक्स आनन्द के पक्के समर्थक थे, ब्रह्मचर्य के घोर विरोधी और जन्म नियन्त्रण के हिमायती। पुरुष की सेक्स दुश्चिन्ताओं और स्त्री इच्छाओं, दोनों को सम्बोधित करते हुए उन्होंने सेक्स मुद्दों के बारे में पुरुषों की अनभिज्ञता की आलोचना की, साथ ही स्त्रियों को एक सक्रिय सेक्स भागीदार मानने पर जोर दिया।[110] पुरुषों को सम्बोधित करते हुए अपनी पुस्तक आदर्श पति में सन्तराम ने विभिन्न स्थानों पर लिखा :

जो पुरुष स्त्री को कठोरता से वश में करना चाहता है वह मुर्ख है।...प्रत्येक बात में अपनी ऐंठ न दिखलाओ। घर में केवल तुम्हीं बुद्धिमान् नहीं।...जहाँ तुम्हारा और तुम्हारी पत्नी का मतभेद हो वहाँ उसकी बात को मान लेना अपना अपमान मत समझो।...पत्नी को...परदे में बन्द रखने का यत्न मत करो।...पत्नी को फ़िल्में और नाटक दिखाओ।[111]

स्टोप्स को अनुवाद करते हुए वे एक पादटीका में कहते हैं :

चतुर पुरुष को चाहिए कि सुहाग-रात में प्रेमालाप, आलिंगन, और चुम्बन आदि बाह्य रति के द्वारा स्त्री में काम का उद्दीपन करे। जब उसके अन्दर कामेच्छा पूर्ण रूप से उत्तेजित हो जाये तब ही रमण करे। जो पुरुष काम के वशीभूत होकर स्त्री पर एकदम टूट पड़ता है वह मूर्ख है।[112]

अपने विचारों को मजबूती देने के लिए उन्होंने मेरी वोलस्टोनक्राफ्ट, स्त्री अधिकारों की प्रबल समर्थक, को उद्यत क्या।[113] उन्होंने घोषणा की : 'विकासवाद

की दृष्टि से संसार में सबसे अधिक विकसित देह धारी स्त्री है। इन्द्रियाँ जितनी नारी के शरीर में विशेषत्व को प्राप्त हैं, उतनी नर शरीर में नहीं'।[114] उन्होंने बेहद लगाव से ब्रह्मचर्य पर हमला किया जिसने सन्तराम के अनुसार उन्हें व्यक्तिगत रूप से काफी नुकसान पहुँचाया था। उनका कथन था :

आर्यसमाज के प्रभाव में मैं ब्रह्मचर्य पालन को बहुत महत्त्व देता था।...इससे मेरी स्त्री भी दुखी रहती थी।...परन्तु इस कथित ब्रह्मचर्य से लाभ की अपेक्षा मुझे हानि अधिक हुई। ब्रह्मचर्य की मेरी कल्पना अशुद्ध थी। बाद में मेरी स्टोप्स की पुस्तक एण्डयूरिंग पैशन पढ़ने से मुझे बहुत लाभ हुआ।[115]

एक अन्य लेख में सन्तराम ने लिखा :

आज मैं कामशास्त्र के विषय में दो-एक बातें लिखकर यह दिखलाना चाहता हूँ कि नवीन खोज और साइन्स पर आँखें बन्द किये किसी पुरानी भावना को झोली भरकर बैठे रहने से अनेक बार भारी हानि हो जाती है।...हमारे धर्म पण्डित ब्रह्मचर्य की महिमा का वर्णन करते हुए वीर्य नाश और नपुंसकता का ऐसा भयंकर चित्र नवयुवकों के सामने खींचते हैं कि उससे लाभ के स्थान में उनकी हानि हो जाती है।...मैथुन से मनुष्य दुर्बल हो जाता है, यह भी एक पुराना और प्रचलित विचार है। परन्तु सच्चाई यह है कि मनुष्य समागम से उतना दुर्बल नहीं होता, जितना कि इस विचार से कि मैथुन से प्रत्येक मनुष्य दुर्बल हो जाता है।...देखिये साँड़ रोज़ ही समागम करते हैं, परन्तु हल में जोते जानेवाले ब्रह्मचारी बैलों से कहीं अधिक बलवान् होते हैं।... ब्रह्मचर्य के गुण गाते हुए, नवयुवकों को भयभीत करना अत्यन्त हानिकारक है।[116]

उन्होंने स्टोप्स के साथ व्यक्तिगत पत्रों का आदान प्रदान किया—अपने जीवन की अन्तरंग बातें बताते हुए और उनकी सलाह माँगते हुए।[117] सन्तराम जन्म नियन्त्रण के भी पुरजोर समर्थक थे—एक ओर स्टोप्स से जुड़ते हुए तो दूसरी ओर पेरियार से प्रभावित। सन्तराम ने 1926 में मेरी स्टोप्स की कॉण्ट्रासेप्शन का अनुवाद करते हुए उसे 'विवाहित दम्पतियों का मित्र' कहा। यह फोटो समेत 300 पृष्ठों की किताब थी। यह सम्भवतः भारत में हिन्दी में परिवार नियन्त्रण पर पहली पुस्तक थी। जन्म नियन्त्रण के विभिन्न तरीकों का खुला सुझाव देते हुए पुस्तक में अवांछित गर्भधारण रोकने के कई उपाय बताये गये हैं। वे सुजनन के तर्कों से प्रभावित थे, पर उन्होंने मुख्यतः स्त्रियों को जन्म नियन्त्रण की एजेन्सी और अधिकार दिया। इस पुस्तक को लेकर गम्भीर विवाद शुरू हुआ और आर्यसमाज के सदस्यों समेत कई लोगों ने इसे 'अनैतिक' और 'अश्लील' करार किया और सन्तराम को मुक़दमे की धमकी दी। पर कइयों ने उन्हें इस पुस्तक के प्रकाशन के लिए धन्यवाद किया।[118] सन्तराम का कहना था :

मैंने अंग्रेजी पुस्तक 'कॉण्ट्रासेप्शन' का भी अनुवाद 1923 में दम्पति मित्र नाम

से किया। इसमें गर्भ-निरोध की विधियाँ बतायी गयी थीं। कुछ लोगों ने इसकी बहुत निन्दा की और इसे अश्लील बताकर अभियोग चलाने की धमकी दी।...पुस्तक के प्रकाशक मेरे मित्र श्री राजपाल ने मुझे बताया कि जो घोर आर्यसमाजी इस पुस्तक के कारण आपकी निन्दा करते और न्यायालय में घसीटने की धमकी देते हैं, उनकी पत्नियों ने गुप्त रूप से इसे खरीदकर पढ़ा है।[119]

मैं अन्त में सन्तराम के एक 'अद्भुत', समय से आगे, लेख का सन्दर्भ देना चाहती हूँ। सुधा पत्रिका के दो भागों में प्रकाशित यह लेख, 'विवाह का भविष्य', लैंगिक सम्बन्धों के असीम आसमान का यूटोपिया निर्मित करता है जिसमें लेखक विविध दाम्पत्य सम्बन्ध, तलाक, स्त्री मुक्ति, आनन्दमय सेक्स और विवाह से पहले सेक्स का सहर्ष समर्थन करता है। सन्तराम लिखते हैं :

संसार में सुखी दम्पतियों की संख्या बहुत थोड़ी है।...इस अशान्ति को दूर करने के लिए स्त्री-पुरुष सम्बन्ध में परिस्थिति और समाज के अनुसार परिवर्तन होते रहने की आवश्यकता है।...काम-वासना एक स्वाभाविक बात है।...भविष्य में...विवाह से पूर्व का समागम उपयोगी होगा।...सम्भवतः पाण्डवों की माता कुन्ती के समान अविवाहित माता या उसकी सन्तान को कोई बुरा नहीं कहेगा।...विवाह से पूर्व होनेवाले समागमों का सामाजिक कलंक धीरे-धीरे कम होकर अन्ततः बिलकुल लोप हो जायेगा।...स्त्री और पुरुष में समता के बढ़ने से सम्भव है कि पुम्मैथुन भी बढ़ जाये।...स्त्रियों में भी अनेक पुरुषगामिनी होने की प्रवृत्ति...बढ़ेगी। तलाक के लिए सुविधा बढ़ेगी।[120]

सेक्स विज्ञान और स्त्री-पुरुष सम्बन्धों पर सन्तराम के विविध लेखन को यदि अन्तर्जातीय विवाह पर उनके विचारों के साथ जोड़कर देखा जाये, तो इससे हमें सेक्स अनुराग, हठी प्यार और अन्तरंगता की शब्दावली मिलती है—यह लिंग सम्बन्धों की भी पुनर्रचना करती है। सगोत्रीय विवाह के तोड़-मोड़ से जाति विभेद को महत्त्वपूर्ण चुनौती मिली, और अन्तरंग प्रेम और इच्छाओं को भी एक भंजनकारी स्थल मिला। यहाँ पुरुष और स्त्री के बीच के सम्बन्धों को पुनर्गठित करने का भी एक उत्कट आग्रह था। जाति और सेक्स पर उनके लेखन को साझा किया जाये, तो वे लिंग सम्बन्धों और सेक्स आनन्द को पुनर्भाषित करता है, प्रायः लिंग, जाति और धार्मिक सीमाओं के अन्दर-बाहर होता है और एक परिवर्तित लैंगिक जीवन जीने की सम्भावनाएँ प्रस्तुत करता है।

निष्कर्ष

सन्तराम का लेखन और चिन्तन केवल साहित्य के गहने नहीं हैं, बल्कि हिन्दी में समाजविज्ञान और बौद्धिक सोच का एक देशज स्रोत है। सन्तराम की मेरे जीवन

के अनुभव केवल एक व्यक्तित्व तक सीमित नहीं है बल्कि इसके तहत निहित है एक युग की जाति के बारे में विविध, बेचैन, पीड़ाजनक प्रवृत्तियाँ। उनका जीवन और लेखन एक विशेष सन्दर्भ में जाति-विरोधी विचारों का अभिलेखागार है। यह सन्तराम के निजी जीवन और सार्वजनिक प्रतिबद्धताओं की एक समृद्ध बानगी पेश करता है, जबकि उनके जाति-विरोधी संकल्प एक संकरित, उदारवादी ज़मीन तैयार करने की कोशिश है—गाँधी और अम्बेडकर, आर्यसमाज और आदधर्म के बीच गुत्थम-गुत्था करते हुए। उनके जीवन विवरण में व्यक्तिगत-निजी जीवन और सामूहिक-सार्वजनिक इतिहास साथ-साथ बसते हैं, क्योंकि वो दोनों ही जाति चिह्नित हैं। सन्तराम के लेखन को किसी सीधे साँचे में नहीं डाला जा सकता है क्योंकि इसमें कई अनिश्चितताएँ हैं जो जाति से मुक्त होने की गहरी इच्छा रखती हैं, पर हिन्दूवाद से भी दामन जोड़े रखती हैं। वे सेक्युलर-पावन, भक्ति-आधुनिकता विमर्श के बीच डोलते रहते हैं लेकिन उनका मुख्य उद्देश्य था जाति के वर्चस्वशाली अभिलेखों का अतिक्रमण करना।

सन्तराम का लेखन जाति पर एक वैकल्पिक अभिलेखागार निर्मित करने में योगदान करता है क्योंकि वे चुनिन्दा तौर पर आर्यसमाज, अम्बेडकर और अन्तर्जातीय विवाह की भाषा अख्तियार करते हैं। सन्तराम के विवरणों में जाति और सेक्स के बेबाक इतिहास की झलक पायी जा सकती है। उनकी भाषायी अभिव्यक्तियाँ एक संकरित-उदारवादी विमर्श के ज़रिये जातिवाद के विरोध का इतिहास प्रस्तुत करती हैं। शायद यही कारण है कि सन्तराम को दलित लेखकों और बुद्धिजीवियों ने कहीं ज्यादा स्वीकार किया है, और आर्यसमाज ने उन्हें हाशिये पर रखा है। एक ही समय में शूद्र और दलित, आर्यसमाज के अन्दर और बाहर के रूप में उनकी दुहरी पहचान सन्तराम के जीवन को एक रैडिकल धार देती है। फुले, पेरियार और अम्बेडकर के समान ही सगोत्रीय विवाह पर उनकी कड़ी आलोचना जाति-विरोधी विचार और लिंग के बीच एक मिलन बिन्दु बनाती हैं। अन्तर्जातीय विवाह के बारे में सन्तराम के विचारों से जाति-लिंग की भौतिक, दैहिक जंजीरों को तोड़ने और अन्तरंगता के नये रास्ते खोलने में मदद मिलती है। सेक्स विज्ञान के साथ अन्तर्जातीय गठबन्धनों को जोड़कर सन्तराम ने न केवल जाति को और तरल बनाया बल्कि अन्तरंग रिश्तों को एक नया स्थल दिया। सन्तराम का विविध लेखन उत्तरार्द्ध के औपनिवेशिक भारत में जारी उथल-पुथल के बिम्ब, तत्कालीन सामाजिक स्थितियों और जाति एवं लिंग के बदलते सम्बन्धों के मापक के रूप में देखा जा सकता है। यह बेहद महत्त्वपूर्ण है कि हम इस आधे-अधूरे भुलाये समाज सुधारक की सीमान्त ज़िन्दगी को पुनर्जीवित करें, जो रैडिकल सम्भावनाओं से सम्पन्न है।

सन्दर्भ

1. सन्तराम बी.ए., 'क्रान्ति की लहर', सरस्वती, सितम्बर 1927 : 1032।
2. सन्तराम बी.ए., सन्तान संख्या का सीमा बन्धन अर्थात् दम्पति मित्र, लाहौर : राजपाल, सरस्वती आश्रम, 1926 : 4।
3. सन्तराम बी.ए., मेरे जीवन के अनुभव, वाराणसी : हिन्दी प्रचारक पुस्तकालय, 1963। पुनः प्रकाशन 1974। मेरे सभी सन्दर्भ 1963 में प्रकाशित सं. से हैं।
4. अम्बेडकर, अन्हाईलेषण ऑफ़ कास्ट (लाहौर के जात-पाँत तोड़क मण्डल के वार्षिक सम्मेलन के लिए डॉ. बी. आर. अम्बेडकर द्वारा तैयार भाषण, जो रिसेप्शन कमेटी द्वारा सम्मेलन को रद्द करने के कारण वितरित नहीं किया गया, क्योंकि कमेटी का मानना था कि भाषण में व्यक्त विचार सम्मलेन में असहनीय होंगे), 15 मई, 1936 : प्रस्तावना : I-VIII.
5. उदाहरण के लिए देखें : कंवल भारती, 'सन्तराम बी.ए. : एक प्रतिबद्ध जाति तोड़क', फॉरवर्ड प्रेस, 26 जुलाई, 2017। [https://www~ forwardpress. in/ 2017/07/santram-b-a-a-committed-anti-caste-warrior-hindi/]; धर्मवीर, 'सन्तराम बी.ए. : गैरों के बीच', दलित चिन्तन का विकास : अभिशप्त चिन्तन से इतिहास चिन्तन की ओर, दिल्ली : वाणी प्रकाशन : 2008 : 170-89।
6. ज्ञानेंद्र पाण्डे, अ हिस्ट्री ऑफ़ प्रेज्यूडिस : रेस, कास्ट, एण्ड डिफरेन्स इन इण्डिया एण्ड द यूनाइटेड स्टेट्स, कैम्ब्रिज : कैम्ब्रिज यूनिवर्सिटी प्रेस, 2013 : 131-2।
7. विस्तार के लिए देखें : देबजानी गांगुली, 'पेन, पर्सनहुड एण्ड द कलेक्टिव : दलित लाइफ नैरेटिव्स', एशिया स्टडीज रिव्यु, 33(4), दिसम्बर 2009 : 429-42; सरह बेथ हण्ट, हिन्दी लिट्रेचर एण्ड द पॉलिटिक्स ऑफ़ रिप्रजेण्टेशन, दिल्ली : रॉउटलेज, 2014 : 176-208; राज कुमार, दलित पर्सनल नैरेटिवज़ : रीडिंग कास्ट, नेशन एण्ड आइडेण्टिटी, हैदराबाद : ओरिएण्ट ब्लैकस्वान, 2010 : 157-256; शर्मीला रेगे, राइटिंग कास्ट/राइटिंग जेण्डर : रीडिंग दलित विमेन्स टेस्टीमोनियोज़, नयी दिल्ली, ज़ुबान, 2006; मोहनदास नैमिशराय, हिन्दी दलित साहित्य, नयी दिल्ली : साहित्य अकादमी, 2011।
8. लौरा ब्रु एक, राइटिंग रेजिस्टेंस : द रहेटोरिकल इमेजिनेशन ऑफ़ हिन्दी लिटरेचर, न्यूयॉर्क : कोलम्बिया यूनिवर्सिटी प्रेस, 2014।
9. तोरल जतिन गजरावाला, अनटचेबल फ़िकशंस : लिटरेरी रियलिज्म एण्ड द क्राइसिस ऑफ़ कास्ट, न्यूयॉर्क : फोर्डहम यूनिवर्सिटी प्रेस, 2013 : 3।
10. सन्तराम बी.ए., हमारा समाज, बम्बई : नालन्दा प्रकाशन, 1949। इसका एक अन्य सं. होशियारपुर : विश्वेश्वरन् वैदिक शोध संस्थान से 1987 में प्रकाशित हुआ। इसके बहुत-से सं. बाद में दलित प्रकाशनों ने छापे। मेरे सभी सन्दर्भ 1949 सं. से हैं।
11. सतनाम सिंह, सन्तराम बी.ए. कृत मेरे जीवन के अनुभव : दलित साहित्य की पहली स्व-जीवनी, दिल्ली : सम्यक् प्रकाशन, 2008, मुखपृष्ठ।
12. सिंह, सन्तराम बी.ए. : 6-12।

13. सिंह, सन्तराम बी.ए. : 107-12। 9 फरवरी 2016 को दिल्ली में सतनाम सिंह के साथ साक्षात्कार में उन्होंने यह बात पुनः दुहरायी।
14. उदाहरण के लिए : संजय पासवान और परमांशी जयदेव, इनसाइक्लोपीडिया ऑफ़ दलित्स इन इण्डिया (11 खण्ड) लीडर्स (खण्ड 4), दिल्ली : कल्पाज़ पब्लिकेशन्स, 2004 : 189-90; आर. के. क्षीरसागर, दलित मूवमेण्ट इन इण्डिया एण्ड इट्स लीडर्स (1857-1956), नयी दिल्ली : एम. डी. पब्लिकेशन्स, 1994 : 323-4।
15. सन्तराम बी.ए., हमारा समाज, दिल्ली : सम्यक् प्रकाशन : 2007, तृतीय सं. : शान्ति स्वरूप बौद्ध द्वारा प्रकाशकीय : 3।
16. कंचा इलाही, व्हाई आयी एम नॉट अ हिन्दू : अ शूद्र क्रिटीक ऑफ़ हिन्दुत्व फिलोसोफी, कल्चर एण्ड पोलिटिकल इकॉनमी, कलकत्ता : साम्या, 2002 : ix
17. लता मुरुगकर, दलित पैंन्थर मूवमेण्ट इन महाराष्ट्र : अ सोशियोलॉजिकल अप्रैजल, बॉम्बे : पॉपुलर प्रकाशन, 1991 : 237; एस. शंकर, फ्लेश एण्ड फिश ब्लड : पोस्टकोलोनिअलिस्म, ट्रान्सलेशन एण्ड द वर्नाकुलर, हैदराबाद : ओरिएण्ट ब्लैकस्वान, 2012 : 67-74।
18. सन्तराम, मेरे जीवन के अनुभव : 5-6; सन्तराम बी.ए., 'टोनटिड एण्ड स्कोफ्फ़ड बाय ओर्थोडोक्सी : एण्टी-कास्ट मूवमेण्ट इन द पंजाब : एक्ष्पीरिएन्सेस ऑफ़ अ सोशल रिफॉर्मर', द सण्डे आब्जर्वर, 13 जुलाई, 1952 : 2, 7।
19. ये सभी कहावतें सिंह, सन्तराम बी.ए. : 13-4 से ली गयी हैं।
20. एस.डब्लू. फैलन, हिन्दुस्तानी-इंग्लिश डिक्शनरी ऑफ़ इडियम्स एण्ड प्रोवर्ब्स, दिल्ली : स्टार पब्लिकेशन्स, 1991 ड1886.: 144।
21. फिलिप कोन्स्टेबल, 'सिटिंग ऑन द विरेनडाह : द आइडियोलॉजी एण्ड प्रैक्टिस ऑफ़ 'अनटचेबल' एजुकेशनल प्रोटेस्ट इन लेट नाइनटीनथ सेंचुरी वेस्टर्न इण्डिया', द इण्डियन इकनोमिक एण्ड सोशल हिस्ट्री रिव्यु, 37(4), 2000 : 383-422; औक्सिलिअरी कमिटी ऑफ़ द इण्डियन स्टेच्युटरी कमीशन, रिव्यु ऑफ़ ग्रोथ ऑफ़ एजुकेशन इन ब्रिटिश इण्डिया, दिल्ली : गवर्नमेण्ट ऑफ़ इण्डिया प्रेस, 1930 : 217-28; मनुएला किओटी, ''इन द पास्ट वी वर अ बिट ऑफ़ 'चमार'' : एजुकेशन एज़ अ सेल्फ एण्ड कम्युनिटी इंजीनियरिंग प्रोसेस इन नार्थ इण्डिया', जर्नल ऑफ़ द रॉयल एन्थ्रोपोलोजिकल इंस्टीट्यूट, 12, 2006 : 899-916।
22. सन्तराम, मेरे जीवन के अनुभव : 9; सिंह, सन्ताराम बी.ए. : 13।
23. मदन गोपाल, 'अ हण्ड्रेड इयर्स ऑफ़ राइटिंग', टाइम्स ऑफ़ इण्डिया, 16 फरवरी 1987।
24. शैलजा पायक, 'महार-दलित-बुद्धिस्ट : द हिस्ट्री एण्ड पॉलिटिक्स ऑफ़ नेमिंग इन महाराष्ट्र', कॉनट्रीब्यूशनज़ टू इण्डियन सोशियोलॉजी, 45 (2), 2011 : 217-41; पाण्डे, अ हिस्ट्री ऑफ़ प्रेज्यूडिस : 207-10; अनुपमा राओ, द कास्ट क्वेश्चन : दलित्स एण्ड द पॉलिटिक्स ऑफ़ मॉडर्न इण्डिया, रानीखेत : परमानेण्ट ब्लैक, 2009 : 205-13; कुमार, राइटिंग द फर्स्ट पर्सन : 6।

25. कुमार, राइटिंग द फर्स्ट पर्सन : 17।

26. सन्तराम, मेरे जीवन के अनुभव : 16। यहाँ वे तुलसीदास पर स्पष्ट कटाक्ष करते हैं।

27. सन्तराम, मेरे जीवन के अनुभव : 17-18।

28. केनेथ जोन्स, आर्य धर्म : हिन्दू कांशसनेस इन नाइनटीन्थ सेंचुरी पंजाब, दिल्ली : मनोहर, 2006 (1976)

29. मार्क जुएर्गेनस्मेयर, रिलीजियस रेबेल्स इन द पंजाब : द आदधर्म चैलेंज टू कास्ट, दिल्ली : नवयाना, 2009 (1982) जोन्स, आर्य धर्म; सी. एस. ऐडकोक, द लिमिट्स ऑफ़ टॉलरेन्स : इण्डियन सेकुलरिज्म एण्ड द पॉलिटिक्स ऑफ़ रिलीजियस फ्रीडम, न्यूयॉर्क : ऑक्सफ़ोर्ड यूनिवर्सिटी प्रेस, 2014 : 128।

30. जुएर्गेनस्मेयर, रिलीजियस रेबेल्स : 27, 35-7; रोन्की राम, 'अनटचेबलिटी, दलित कांशसनेस, एण्ड द अद धर्म मूवमेण्ट इन पंजाब', कॉनट्रीब्यूशनज़ टू इण्डियन सोशियोलॉजी, 38 (3), 2004 : 323-49।

31. सेन्सस ऑफ़ इण्डिया, 1911, 1 (1), कलकत्ता : सुपरिण्टेण्डेण्ट ऑफ़ गवर्नमेण्ट प्रिण्टिग, 1912 : 123-4। 1921 में यह प्रवृत्ति जारी रही : सेन्सस ऑफ़ इण्डिया, 1921, खण्ड 15, पंजाब और दिल्ली, भाग I, कलकत्ता : सुपरिण्टेण्डेण्ट ऑफ़ गवर्नमेण्ट प्रिण्टिंग, 1922 : 181।

32. रामनारायण रावत, रिकंसिडरिंग अनटचेबलिटी : चमार्स एण्ड दलित हिस्ट्री इन नार्थ इण्डिया, रानीखेत : परमानेण्ट ब्लैक, 2012; ऐडकोक, द लिमिट्स ऑफ़ टॉलरेन्स ।

33. सन्तराम, मेरे जीवन के अनुभव : 199।

34. सन्तराम, मेरे जीवन के अनुभव : 109।

35. सन्तराम द्वारा अनुवाद की गयी किताबों की एक लम्बी सूची है। 1917-20 के बीच, उन्होंने अलबेरूनीज़ इण्डिया मूल रूप से अरबी में का हिन्दी अनुवाद किया, और इसे तीन हिस्सों में प्रकाशित किया : अलबेरूनी का भारत, इलाहाबाद : इण्डियन प्रेस लिमिटेड, जिसे 1994 में दो हिस्सों में दोबारा प्रकाशित किया गया : सन्तराम बी.ए. (अनु.), अलबेरुनी वर्णित भारत, 2 खण्ड, जयपुर : पब्लिकेशन स्कीम। उन्होंने इत्सिंग की भारत यात्रा, इलाहाबाद : इण्डियन प्रेस लिमिटेड, 1925 का भी अनुवाद किया और दोनों के लिए पंजाब सरकार से पुरस्कार प्राप्त किये : सन्तराम, मेरे जीवन के अनुभव : 142। सन्तराम द्वारा हिन्दी में अनुवाद की गयी कुछ अन्य महत्त्वपूर्ण किताबें थीं : ओ। हष्णु हारा की कन्सण्ट्रेशन एण्ड द अकुयारमेंट ऑफ़ पर्सनल मग्नेटीस्म, सन्तराम बी.ए. (अनु.), एकाग्रता और दिव्य शक्ति, बम्बई : उदयलाल काशीलीवाल, 1917; ओ। हष्णु हारा की प्रैक्टिकल योगा, सन्तराम बी.ए. (अनु.), कर्मयोग, लखनऊ : गंगा पुस्तकमाला क्रियालय, 1925; रॉबर्ट डोडस्ले की द इकॉनोमी ऑफ ह्यूमन लाइफ, सन्तराम बी.ए. (अनु.), मानव जीवन का विधान, प्रयाग : इण्डियन प्रेस, 1923; लुई जैकोलिट्स की बाइबिल इन इण्डिया, सन्तराम बी.ए. (अनु.), भारत में बाइबल, लखनऊ :

दुलारेलाल भार्गव, 1928। उनकी सबसे प्रसिद्ध हुई, जिसके कई संस्करण भी निकले, डेल कार्नेगी की हाउ टू विन फ्रेंड्स एण्ड इन्फ्लुएन्स पीपल, सन्तराम बी.ए. (अनु.), लोक व्याहार, अर्थात् मित्र बनाने और जनता को प्रभात करने की विधियाँ, बम्बई : डी। बी। तारापोरवाला, 1959, चौथा सं. मेरी स्टोप्स की किताबों के अनुवादों की मैं आगे चर्चा करूंगी। सन्तराम ने कुछ पतली उर्दू पुस्तिकाएँ भी लिखीं। उदाहरण के लिए, हिन्दू और स्वराज्य (1941); हमारा छुपा दुश्मन (1952); युग धर्म (1953); हिन्दुओं सम्भहालो (1954); हमारी ये जात-पाँत (1956); असली बीमारी क्या है (1957); कौन जाति (1957); भारत का भविष्य (1958); जात-पाँत पर सवाल जवाब (1960); हिन्दुत्व जो हिन्दुत्व को ही ले डूबा (1962); जातपाँत तोड़कर ही ब्याह क्यों (1962)। इनकी प्रतियाँ क्रमशः फाइल 3, 8-10, 12-18, 'व्यक्तिगत संग्रह : सन्तराम बी.ए. के कागजों का संकलन', सूची 430,11: उनके द्वारा भाषण और लेख', नेहरू स्मारक संग्रहालय एवं पुस्तकालय, में उपलब्ध हैं। सन्तराम ने गुजराती में दो पुस्तिकाएँ लिखीं : राष्ट्र रक्षनो उपाय (1966) और कलंक (1970)।

36. इनमें शामिल हैं : हमारा समाज, मेरे जीवन के अनुभव, और कई पुस्तिकाएँ। उदाहरण के लिए, जात-पाँत के सम्बन्ध में कुछ कड़वे-कसैले अनुभव, होशियारपुर : जात-पाँत तोड़क मण्डल, 1958; अगर कश्ती डूबी तो डूबोगे सारे, होशियारपुर : जात-पाँत तोड़क मण्डल, 1974; राष्ट्र का सबसे बड़ा शत्रु, होशियारपुर : जात-पाँत तोड़क मण्डल, 1968; हिन्दू और जात-पाँत, होशियारपुर : जात-पाँत तोड़क मण्डल, 1967, दूसरा सं. ; पाकिस्तान की स्थापना में हिन्दुओं का हाथ, होशियारपुर : जात-पाँत तोड़क मण्डल, 1969; राष्ट्र-रक्षा के उपाय, होशियारपुर : जात-पाँत तोड़क मण्डल, 1965; अन्तर्जातीय विवाह ही क्यों, होशियारपुर : जात-पाँत तोड़क मण्डल, 1959; राष्ट्रीय एकता और जतिभेद, होशियारपुर : जात-पाँत तोड़क मण्डल, 1963; हिन्दुत्व जो हिन्दुओं को ही ले डूबा, होशियारपुर : जात-पाँत तोड़क मण्डल, 1962; विनाश का मार्ग छोड़िये, होशियारपुर : जात-पाँत तोड़क मण्डल, 1971। इनमें से कई को सम्यक् प्रकाशन, दिल्ली ने पुनः प्रकाशित किया है। इनके अलावा, सन्तराम ने सरस्वती, हंस, सुधा, प्रभा, माधुरी, और साप्ताहिक आज जैसे कई हिन्दी समाचार-पत्रों और पत्रिकाओं में नियमित रूप से लिखा। देखें : सन्तराम, मेरे जीवन के अनुभव : 70. हिन्दी पत्रकारिता में उनका योगदान व्यापक रूप से पहचाना गया है, और इसके लिए उन्हें हिन्दी साहित्य अकादमी से पुरस्कार भी मिला।

37. सन्तराम, मेरे जीवन के अनुभव : 186-7.

38. सन्तराम, मेरे जीवन के अनुभव : 136.

39. सन्तराम, मेरे जीवन के अनुभव : 73, 93-8; गार्गी की पुत्री और सन्तराम की पोती मधु चड्ढा से साक्षात्कार, 25 जनवरी, 2016, दिल्ली।

39. सन्तराम, 'लाहौर का जात-पाँत-तोड़क मण्डल', सरस्वती, फरवरी 1929 : 188-93; सन्तराम, मेरे जीवन के अनुभव : 184-5; द जात-पाँत तोड़क मण्डल, लाहौर : जेनेरल रिव्यु, 1939 : 1।

40. सन्तराम, मेरे जीवन के अनुभव : 187-8; जात-पाँत तोड़क मण्डल, लाहौर : जेनेरल रिव्यु : 4-5; सन्तराम, कास्ट मस्ट गो : 2; 'एण्टी-कास्ट सेन्सस कैम्पेन', इण्डियन सोशल रिफॉर्मर, 61(3), सितम्बर 20, 1930 : 44; 'कास्ट एण्ड द सेन्सस', इण्डियन सोशल रिफॉर्मर, 61(25), फरवरी 21, 1931 : 395-6।

41. ऐडकोक, लिमिट्स ऑफ़ टॉलरेन्स।

42. सन्तराम, मेरे जीवन के अनुभव : 48-53।

43. सन्तराम, मेरे जीवन के अनुभव : 206-13.

34. हिन्दू, 6 अक्टूबर 1943।

45. सन्तराम, हमारा समाज : 189-90।

46. गार्गी चड्ढा, 'उनकी यादें और छोटी-छोटी बातें', विश्वज्योति (श्री सन्तराम बी.ए. स्मृति-अंक), सितम्बर 1988 : 30 (28-34)

47. सूर्यकान्त त्रिपाठी 'निराला', 'वर्णाश्रम-धर्म की वर्तमान स्थिति', माधुरी, वर्ष 8, खण्ड 1, संख्या 5, 1929 : 836-42 (836-43)

48. सन्तराम, मेरे जीवन के अनुभव : 38-41।

49. सन्तराम, चातुर्वर्ण वेद-मूलक नहीं', सुधा, अगस्त 1938 : 103-4।

50. जुएर्गेनस्मेयर, रिलीजियस रेबेल्स : 38-9।

51. सिंह, सन्तराम बी.ए. : 3 (भूमिका)

52. सन्तराम बी.ए., 'क्रान्ति की लहर', सरस्वती, सितम्बर 1927 : 1033-35। सन्तराम ने 1938 में जालन्धर में सफाई कर्मचारियों की हड़ताल का नेतृत्व भी किया : क्षीरसागर, दलित मूवमेण्ट इन इण्डिया एण्ड इट्स लीडर्स : 323।

48. मंगलदेव शर्मा, 'क्रान्ति की लहर', माधुरी, अक्टूबर 1927 : 415-6। इस लेख में विशेष तौर पर

49. अन्तर्जातीय विवाह पर आक्रमण किया गया, जिसकी मैं आगे चर्चा करूँगी।

50. सन्तराम, मेरे जीवन के अनुभव : 234-5। यह भी देखें : सन्तराम का श्यामलाल मनचन्दा से साक्षात्कार, 15 जुलाई 1971, मौखिक इतिहास प्रतिलेख, संख्या 238, नेहरू स्मारक संग्रहालय एवं पुस्तकालय, दिल्ली : 18-9।

51. फाइल 2, 'व्यक्तिगत संग्रह : सन्तराम बी.ए. के कागज़ों का संकलन', सूची 430, नेहरू स्मारक संग्रहालय एवं पुस्तकालय, दिल्ली।

52. सन्तराम, 'हिन्दू मनोवृत्ति के कुछ नमूने', चाँद, नवम्बर 1936 : 48 (47-51)

53. सन्तराम, मेरे जीवन के अनुभव : 223-4।

54. 'रिलीजियस नोशनज़ ऑन विच कास्ट सिस्टम इज बेस्ड शुड बी डेस्ट्रोय' : बी. आर. अम्बेडकर की जात-पाँत तोड़क मण्डल को चिट्ठी, ट्रिब्यून, 11 दिसम्बर 1935।

55. सन्तराम, मेरे जीवन के अनुभव : 221।

56. सन्तराम बी.ए. (अनु.), जातिभेद का उच्छेद, लाहौर : जात-पाँत तोड़क मण्डल, 1937।
57. सन्तराम (अनु.), जातिभेद का उच्छेद : प्राक्कथन।
58. क्षीरसागर, दलित मूवमेण्ट इन इण्डिया एण्ड इट्स लीडर्स : 323।
59. धर्मवीर, 'सन्तराम बी.ए. : गैरों के बीच' : 178-80।
60. सन्तराम बी.ए., अन्तर्जातीय विवाह ही क्यों?, होशियारपुर : जात-पाँत तोड़क मण्डल, 1959 : 31।
61. सन्तराम, अन्तर्जातीय विवाह ही क्यों? : 32।
62. मिशेल फूको, द हिस्ट्री ऑफ़ सेक्सुअलिटी : 1, अनु. रोबर्ट हर्ली, न्यूयॉर्क : विण्टेज, 1978 : 106-11।
63. हिन्दू महासभा के कागज़, एम 3, नेहरू स्मारक संग्रहालय एवं पुस्तकालय, दिल्ली।
64. चारु गुप्ता, द जेंडर ऑफ़ कास्ट : रिप्रेजेण्टिंग दलित्स इन प्रिण्ट, रानीखेत : परमानेण्ट ब्लैक, 2016 : 77-83।
65. शर्मीला रेगे, अगेंस्ट द मैडनेस ऑफ़ मनु : बी. आर. अम्बेडकर'स राइटिंग्स ऑन ब्रह्मानिकल पेटरिआरकी, दिल्ली : नवयाना, 2013 : 59-64।
66. सन्तराम, अन्तर्जातीय विवाह ही क्यों? : 23।
67. सन्तराम, अन्तर्जातीय विवाह ही क्यों? : 4।
68. सन्तराम, 'लाहौर का जात-पाँत-तोड़क मण्डल', सरस्वती, फरवरी 1929 : 188-93; सन्तराम, मेरे जीवन के अनुभव : 188।
69. जात-पाँत तोड़क मण्डल, लाहौर : जेनेरल रिव्यु : 4; सन्तराम, कास्ट मस्ट गो : 2।
70. सन्तराम, मेरे जीवन के अनुभव : 194।
71. सन्तराम का श्याम लाल मनचन्दा से साक्षात्कार : 23।
72. सन्तराम, मेरे जीवन के अनुभव : 56-9।
73. मंगलदेव शर्मा, 'भ्रान्ति की लहर', माधुरी, अक्टूबर 1927 : 417-19।
74. सन्तराम, मेरे जीवन के अनुभव : 104।
75. सन्तराम, हमारा समाज : 3।
76. सन्तराम का श्यामलाल मनचन्दा से साक्षात्कार : 7-8।
77. सन्तराम, 'जाति-पाँति के दुष्परिणाम', सुधा, सितम्बर 1927 : 222 (219-22) सन्तराम, हमारा समाज : 11-5; सन्तराम, अन्तर्जातीय विवाह ही क्यों? : 13-4।
78. सन्तराम बी.ए., हरिजन, 15 अगस्त 1936।
79. सन्तराम, मेरे जीवन के अनुभव : 225।
80. सन्तराम, हमारा समाज : 133-47।
81. सन्तराम, मेरे जीवन के अनुभव : 208।
82. सन्तराम, अन्तर्जातीय विवाह ही क्यों? : 1-2।
83. सन्तराम, हमारा समाज : 193-4

84. सन्तराम, अन्तर्जातीय विवाह ही क्यों? : 3, 6।

85. सन्तराम, अन्तर्जातीय विवाह ही क्यों? : 11।

86. सन्तराम बी.ए., 'अन्तर्जातीय विवाह', सुधा, वर्ष 2, खण्ड 2, संख्या 6, जुलाई 1929 : 596-608।

87. सन्तराम, अन्तर्जातीय विवाह ही क्यों? : 17-9।

88. सन्तराम, हमारा समाज : 97-100।

89. सन्तराम, मेरे जीवन के अनुभव : 200।

90. सन्तराम बी.ए. (अनु.), विवाहित प्रेम, लाहौर : राजपाल, सरस्वती आश्रम, 1925। ये भी देखें : नये वर्ष का सूचीपत्र, लाहौर : राजपाल एण्ड संस, कोई तारिख नहीं : 44।

91. सन्तराम बी.ए. (अनु.), रति विलास, लाहौर : राजपाल, सरस्वती आश्रम, 1931।

92. सन्तराम, सन्तान संख्या का सीमा बन्धन : निवेदन। यह भी देखें : राजेन्द्र जिज्ञासु, धर्म की बलिवेदी पर : महाशय राजपाल जी की बलिदान गाथा, दिल्ली : राजपाल एण्ड संस, 1998 : 53; नये वर्ष का सूचीपत्र : 43; सन्तराम, मेरे जीवन के अनुभव : 132, 161।

93. एक मध्ययुगीन भारतीय यौन सम्बन्धी ग्रन्थ।

94. एक बौद्ध विद्वान् पद्मश्री द्वारा लगभग 1000 ईस्वी में लिखा गया एक कामुक ग्रन्थ।

95. सन्तराम बी.ए., रति-विज्ञान, बम्बई : भारतवर्ष प्रकाशन, द्वित्य सं. 1950; यह भी देखें : रामनारायण टण्डन (सं.), हिन्दी सेवी संसार, भाग 1, लखनऊ, 1951, तीसरा सं. : 307।

96. सन्तराम बी.ए., काम-कुञ्ज, लखनऊ : नवल किशोर प्रेस, 1929। प्रेस के बारे में अधिक जानकारी के लिए देखें : उलरिक स्टार्क, एन एम्पायर ऑफ़ बुक्स : द नवल किशोर प्रेस एण्ड द डिफयूशन ऑफ़ द प्रिण्टेड वर्ड इन कोलोनियल इण्डिया, दिल्ली : परमानेण्ट ब्लैक, 2007।

97. सन्तराम बी.ए., आदर्श पत्नी, लाहौर : राजपाल, सरस्वती आश्रम, 1924। इस किताब के 19 से अधिक संस्करण निकले : सन्तराम, मेरे जीवन के अनुभव : 111।

98. सन्तराम बी.ए., आदर्श पति, लाहौर : राजपाल एण्ड संस, 1932, द्वित्य सं.

99. सन्तराम, 'संस्कृत साहित्य में काम-शास्त्र का स्थान', वर्ष 2, खण्ड 2, संख्या 6, जुलाई 1924, माधुरी, 789-95; सन्तराम, 'रति-रहस्य', माधुरी, वर्ष 3, खण्ड 1, संख्या 5, दिसम्बर 1924 : 601-5; सन्तराम, 'विवाह का भविष्य', दो भाग, अक्टूबर 1931 : 302-10 और नवम्बर 1931 : 469-74; सन्तराम, 'कामशास्त्र और धार्मिक पक्षपात', सुधा, फरवरी 1932 : 76-80।

100. चारू गुप्ता, स्त्रीत्व से हिन्दुत्व तक : औपनिवेशिक भारत में यौनिकता और साम्प्रदायिकता, दिल्ली : राजकमल प्रकाशन, 2012 : 37-62।

101. सन्तराम, रति विज्ञान : 28, 31।

102. सन्तराम, काम-कुञ्ज : 160-7।

103. सन्तराम का श्यामलाल मनचन्दा से साक्षात्कार : 29।

104. सन्तराम, रति विज्ञान : 3।

105. सन्तराम, काम-कुञ्ज : 1, 160-1; विवाहित प्रेम : क।

106. सन्तराम, आदर्श पति : 5-6, 21, 47, 69।

107. सन्तराम (अनु.), विवाहित प्रेम : 33, पादटीका।

108. सन्तराम, काम-कुञ्ज : 171।

109. सन्तराम, काम कुञ्ज : 152।

110. सन्तराम, मेरे जीवन के अनुभव : 85।

111. सन्तराम, 'कामशास्त्र और धार्मिक पक्षपात', सुधा, फरवरी 1932 : 77।

112. सन्तराम द्वारा मेरी स्टॉप्स को लिखा एक ख़त, तारीख 16 मार्च 1930, एम. एस.एस. संख्या 58578, स्टॉप्स कागज़, पाण्डुलिपि विभाग, ब्रिटिश पुस्तकालय, लन्दन, में उपलब्ध है।

113. जिज्ञासु, धर्म की बलिवेदी पर : 53।

114. सन्तराम, मेरे जीवन के अनुभव : 161-2।

115. सन्तराम, 'विवाह का भविष्य', सुधा, अक्टूबर 1931 : 302-10।

देश और लोग : वासुदेवशरण अग्रवाल का कला एवं समाज चिन्तन

रमाशंकर सिंह

डॉक्टर वासुदेवशरण अग्रवाल तब तक मथुरा आ चुके थे। वह साक्षात् बोधिवृक्ष थे। उनके सत्संग में मैंने भारत विद्या का दुर्लभ पाठ पढ़ा।... यह मथुरा में बना हुआ पुराना कागज है, वह ताम्रपत्र है, और यह भोजपत्र है तथा यह सब चीजें कितनी पुरानी हैं, इसका ज्ञान मुझे वासुदेवजी से ही हुआ। वह मुझे पाणिनि की अष्टाध्यायी पढ़ाना चाहते थे, सूरसागर पढ़ाना चाहते थे, लेकिन मैं उनकी दोनों इच्छाएँ पूरी न कर सका।[1] यह बातें वासुदेवशरण अग्रवाल के समवयस्क गोपाल प्रसाद व्यास ने लिखी हैं। व्यास जी मथुरा के रहनेवाले थे और ब्रज-मण्डल के साहित्यिक वृत्त के निर्माताओं में से एक थे। एक रूढ़ अर्थ में वासुदेवशरण अग्रवाल प्राचीन भारत के इतिहास, एवं कला पुरातत्त्व के जानकार थे लेकिन उनका व्यक्तित्व और कृतित्व ऐसे किसी विभागीय विभाजन की अनुमति नहीं देता है। स्वयं मैंने उन्हें पहली बार हिन्दी भाषा के निबन्धोंवाली किताब में तब पढ़ा था, जब मैं इण्टरमीडिएट का छात्र था। स्नातक की पढाई के दौरान मैंने उनका नाम इतिहास के प्राध्यापकों से सुना और साथ-ही-साथ हिन्दी साहित्य के प्राध्यापक भी उनको भक्ति काल के सन्दर्भ में बार-बार उद्धृत कर रहे थे। उसी दौरान मैंने जाना वासुदेवशरण अग्रवाल इतिहास और साहित्य में समान रूप से अधिकार रखनेवाले विद्वान् हैं, इसके बाद अपने शोधकार्य के दौरान मैंने पाया कि उनके पास फील्डवर्क पर जाने के अचूक नुस्खे हैं जिनमें एक 'मेथड' भी है। अब मेरे सामने एक मानवविज्ञानी वासुदेवशरण अग्रवाल थे। उनको पढ़ते हुए मैंने उन्हें हमेशा अपना ही अतिक्रमण करते हुए पाया। रूप है

वास्तव में लोग दो तरह से शिक्षित होते हैं। एक तो विश्वविद्यालय द्वारा शिक्षित-प्रशिक्षित, जिसमें कोई एक व्यक्ति उनका गुरु हो सकता है। वह किसी के चेले भी

हो सकते हैं। अनुयायी हो सकते हैं। दूसरी हालात में समाज ही गुरु बन सकता है। अपनी बहुत ही उम्दा और सधी हुई शिक्षा के बावजूद वासुदेवशरण अग्रवाल ने लोक को अपना गुरु बना लिया। उन्होंने प्रसिद्ध इतिहासकार राधा कुमुद मुखर्जी के निर्देशन में पाणिनि पर पी-एच.डी. की थी। देश के शीर्षस्थ विश्वविद्यालयों में पढ़ाया, व्याख्यान दिये। संग्रहालयों की वीथिकाएँ सँवारीं लेकिन इस सबसे बढ़कर उन्होंने जो कुछ पढ़ा था, उसकी पुष्टि के लिए वे लोक के पास गये। हल चलाता किसान बर्तन बनाते हुए शिल्पकार और मेले में घूमते लोहारों से उन्होंने पूछा कि वे जो जानते हैं, उसका अर्थ क्या है? उनका अपना ज्ञान किसान, शिल्पकार और लोहार के समक्ष कितना वैध है। उन्होंने ऋग्वेद से लेकर रवीन्द्रनाथ ठाकुर की कविता के सन्दर्भ भारतीय समाज में खोजे और उसे पुष्ट किया। इसके लिए उन्होंने पर्याप्त अकादमिक तैयारी की थी। इसके लिए उनके समय की स्थितियाँ जिम्मेदार थीं। 1904 में जन्मे वासुदेवशरण अग्रवाल ने उस दौर में शिक्षा ग्रहण की थी जिसमें महर्षि अरविन्द, जवाहरलाल नेहरू और रवीन्द्रनाथ ठाकुर जीवित थे। इन चारों ने भारत की खोज अपने तरीके से की थी। इन चारों के लिए भारत एक विशेष अर्थ रखता था।

मैं इस लेख में वासुदेवशरण अग्रवाल के भारत एवं उसके बारे में उनकी दृष्टि के बारे में बात करना चाहता हूँ। उनकी यह दृष्टि उनके जीवन और रचना कर्म में व्याप्त रही है। और इस 'भारत-दृष्टि' का एक इतिहासकार के लिए, एक समाजविज्ञानी के लिए क्या महत्त्व हो सकता है, मैं इस पर भी बात करना चाहूँगा। अमूमन यह देखा गया है कि प्रथम श्रेणी के राजनेता और विद्वान् उम्र, अनुभव और ज्ञान बढ़ने के साथ सरल हो जाते है। ऐसा ही वासुदेवशरण अग्रवाल के साथ हुआ। पाणिनि के ग्रन्थ अष्टाध्यायी पर उनकी शोधपूर्ण किताब 'पाणिनिकालीन भारतवर्ष' यद्यपि काफी सुगठित है लेकिन अपने जीवन के उत्तरार्द्ध में उन्होंने जो निबन्ध लिखे थे, वे विद्वानों और आम पाठकों को ध्यान में रखकर लिखे गये। यह निबन्ध गूढ़ विषयों को साहित्यिक सरलता के साथ पाठक के समक्ष रखते हैं। वास्तव में 1940 के दशक और उसके बाद जो इतिहास ग्रन्थ लिखे गये, वह उच्च कोटि के साहित्य ग्रन्थ भी हैं। भारत में जवाहरलाल नेहरू, मौलाना अब्दुल कलाम आजाद और सी. राजगोपालाचारी इसके उदाहरण हैं। इतिहास विषय के सिद्धान्तकार ई. एच. कार कहा करते थे कि एक इतिहासकार अपने जीवन में दो किताबें नहीं लिख सकता है। वह कोई-न-कोई केन्द्रीय विषयवस्तु को दोहराता रहता है। यह बात यूरोपीय यूनिवर्सिटी सिस्टम में दीक्षित किसी इतिहासकार के लिए सही हो सकती है, लेकिन वासुदेवशरण अग्रवाल के लिए ऐसा नहीं है। उन्होंने अलग-अलग विषयों पर अधिकारपूर्वक लिखा और अपने आपको दोहराया भी नहीं।

हाँ, एक बात कही जा सकती है कि उनके लेखन के केन्द्र में पृथिवी उस पर स्थित मनुष्य और उसकी संस्कृति रही है। क्योंकि जिस दौर में वह पैदा हुए, लिख और पढ़ रहे थे, वह आधुनिक भारत के निर्माण का भी दौर था। उनकी चिन्ता का केन्द्र भारत और उसमें रहनेवाले लोग हैं जिनके बारे में महात्मा गाँधी और जवाहरलाल नेहरू सोच रहे थे। यूरोप में देश बने थे तो वहाँ एक भाषा एक नृजाति का आधार खोजा गया था। कुछ देशो धर्म और समान आदतों के अनुसार बने थे लेकिन बाद में यूरोपीय राष्ट्र-राज्य के अगुआ कई देशा ने अपने नागरिकों को समरूप होने के लिए बाध्य किया। जो इस धारणा में अँट नहीं पाते थे, उनका नरसंहार कर दिया गया। वहाँ संस्कृति मृत्यु का कारण बन गयी। भारत ऐसा था ही नहीं। यह जिम्मेदारी इतिहासकारों ने उठायी। इस बात को वासुदेवशरण अग्रवाल ने अर्थव्यवस्था, धर्म, संस्कृति और भाषा के आधार पर सिद्ध किया कि भारत बहुवचन में है। उन्होंने कहा कि जैसे केले के पेड़ में एक के ऊपर एक चढ़े हुए परतों के भीतर उसका गाभा रहता है, वैसा ही कुछ भारतीय संस्कृति का रूप है।[2] भारत की बहुवचनीयता और उसके सामाजिक-भाषिकी को महत्त्व देते हुए उन्होंने लिखा हैः सबर, मुण्डा, कोल, भिल्ल, सन्थाल आदि निषाद जातियों की मातृभूमि होने के कारण भारतीय भाषाओं को उनसे प्राप्त होनेवाले अनेक शब्दों का लाभ हुआ। फल, फूल, वनस्पति, ओषधि, वृक्ष, नदी, पर्वतों के नामों की व्युत्पत्ति की जब पूरी छानबीन होगी, तब भौतिक जीवन से सम्बन्ध रखनेवाले कितने ही शब्द निषाद भाषाओं से अपनाये हुए मिलेंगे।[3]

इन शब्दों के अर्थ वे लोक में खोजने के हिमायती थे। सर्वार्थानां व्याकरणाद् वैयाकरण उच्यते, प्रत्यक्षदर्शी लोकानां सर्वदर्शी भवेन्नरा। महाभारत के उद्योग पर्व (43, 36) में कही गयी इस बात से वासुदेवशरण अग्रवाल अपनी पुस्तक पाणिनिकालीन भारतवर्ष में पाणिनि के बारे में अपनी श्रद्धा व्यक्त करते हैं। इसका अर्थ है सब अर्थों का व्याकरण, विवेचन, निर्वचन, प्रकृति और प्रत्यय का पृथक् स्पष्टीकरण करना ही वैयाकरण का कार्य है। सर्वार्थ का अर्थ ही है कि शब्द में कितना अर्थ भरा जायेगा, यह वैयाकरण की सफलता है। प्रकारान्तर से यह बात उनके लिए भी उतनी ही सच है। उन्होंने भारतीय लोक को श्रद्धा और विश्वास से देखा, उसके बारे में विस्तार से लिखा और फिर उसमें अर्थ भरकर लोक को वापस कर दिया। उन्होंने शास्त्रबद्ध और लोक प्रचलित शब्दों को बहुत ध्यान देखा और गुना। उसके सभी सम्भव अर्थों की खोज की, एवं उसे भारत के साहित्य, पुरातत्त्व, धर्म एवं आर्थिकी, पर्यावरण एवं संस्कृति, साज-शृंगार एवं आमोद-प्रमोद के सन्दर्भ में सरल भाषा में लिख दिया।

इस लिखावट के लिए उन्होंने एक ऐसी आँख विकसित की थी जो भारतीय जन एवं जनपदों को उसकी सम्पूर्ण सांस्कृतिक पृष्ठभूमि, धार्मिक अभिप्रेरणाओं, आर्थिक

संरचनाओं और मनोविनोद के परिप्रेक्ष्य में देखती रही है। उन्होंने भारत की जनता के साहित्य, पुरातत्त्व और सांस्कृतिक जीवन के बीच ऐसे सेतु निर्मित किये जिनसे गुजरकर भारतीय समाज को बेहतर तरीके से समझा जा सकता है। अपने लेखन के द्वारा उन्होंने बताया कि एक देश के रूप में भारत की बहुभाषी- बहुधार्मिक जनता अपने को किस रूप में और किस प्रकार से प्रस्तुत करती रही है।

वासुदेवशरण अग्रवाल की समस्त रचनाओं को यदि आप पढ़ें तो पायेंगे कि उसमें शुरू से लेकर अन्त तक एक भारत बसता है जो जितना शास्त्र में है, उतना ही लोक में। एक की कीमत पर उन्होंने दूसरे को ओझल न होने दिया है। भारतीय कला और स्टडीज इन इण्डियन आर्ट रूप में भारत के दो प्रसिद्ध संग्रहालय लखनऊ और दिल्ली में रहे थे कलाकृतियों को छूकर देखा था सम्भवतः वे छेनी की हर चोट हर बालाघाट को वे जानते थे। वे जानते थे कि पूरे भारत के लोगों के नाक कान आँख और शरीर किस प्रकार हैं। उसे वे शास्त्र से मिलाकर भी देख रहे थे और जब यह नाकाफी साबित हुआ तो वे लोगों के बीच गये उन्हें गौर से देखा वास्तव में आधुनिक समय में विशेषकर पश्चिम में नवजागरण की बौद्धिक निर्मिति और औद्योगिक क्रान्ति के बाद की उत्पन्न हुई संरचनाओं ने जोर दिया कि उद्योग शहर तथा कृषि आधारित गाँव ही दो जीवन-दृष्टियाँ है। बाकी जीवन-दृष्टियाँ खत्म कर दी गयीं। दार्शनिक नवजोत सिंह ने कुछ आधुनिक इतिहासकारों ने इस पर सवाल उठाये हैं नवजोत सिंह ने कहा है कि भारत में कभी भी मुख्य कार्य यही रहा है। आज का हिन्दुस्तान का कारीगर सड़कों पर आ गया है। इससे ही डी.आर. नागराज टेक्नोसाइड कहते थे। यदि वासुदेवशरण अग्रवाल की स्टडीज इन इण्डियन आर्ट या पद्मावत की टीका पढ़ें तो पायेंगे कि वह शिल्पी और उसके काम के प्रति सम्मान से भरे हुए हैं। यदि भारत का सचमुच का कोई आर्थिक इतिहास या सांस्कृतिक इतिहास लिखा जाना है तो वासुदेवशरण अग्रवाल जैसे चिन्तक हमारे काफी काम के हो सकते हैं। वे जितने अधिकार के साथ पाणिनि की अष्टाध्यायी, महाभारत, मार्कण्डेय पुराण, मनुस्मृति, हर्षचरित और पद्मावत पर लिख सकते थे, जितनी अन्तर्दृष्टि से मथुरा में माट के देवकुल पर लिख सकते थे उतनी ही 'शास्त्रीय लोकाभिमुखता' के साथ स्त्रियों की केश-सज्जा पर भी लिख सकते थे। ऐसा लिखते समय वे मनुष्यों की सांस्कृतिक चेतना पर निगाह गड़ाये रहते थे। राजघाट के खिलौनों पर लिखते समय उन्होंने भारत की स्त्रियों की केश रचना पर एक अद्‌भुत लेख लिखा है जिसमें कालिदास के ग्रन्थों के जगह-जगह सन्दर्भ दिये गये हैं। कालिदास का सन्दर्भ देना कोई नयी बात नहीं है। भारत के आरम्भिक इतिहास में कोई भी प्रशिक्षित इतिहासकार यही करेगा। उनकी विशेषता यह है कि वे खिलौनों में साहित्य और जीवन को इस तरह देखने लगते हैं कि वह पाठक की दृष्टि बदल देते हैं।

वास्तव में वासुदेवशरण अग्रवाल ने अपने लेखन में कहीं भी भारत-बोध को धूमिल न होने दिया है। विस्तृत टीकाओं, निबन्धों, भूमिकाओं और इतिहास ग्रन्थों के द्वारा उन्होंने संस्कृति और समाज की निर्मितियों पर अपने विचार व्यक्त किये। उनकी विद्वत्ता की व्याप्ति देश और उसके निवासियों को एक आंगिक इकाई के रूप में देखती है। अष्टाध्यायी, महाभारत एवं मार्कण्डेय पुराण से सम्बन्धित लेखन में उन्होंने दिखाया कि पूर्व-औपनिवेशिक भारत में भूमि, जन और संस्कृति के बीच जो रिश्ता विकसित हुआ वह आगे चलकर, विशेषकर महात्मा गाँधी के समय में किस प्रकार देश-प्रेम में तब्दील हुआ। अपने एक प्रसिद्ध निबन्ध 'जनपदीय अध्ययन की आँख' में उन्होंने भारतीय ग्राम्य समाज को समझने और देखने की वह आधारभूमि प्रस्तावित की जिसके द्वारा भारतीय समाजविज्ञान बहुत-कुछ सीख सकता है। वे लिखते हैं कि जनपदीय अध्ययन का विद्यार्थी तीर्थ-यात्री की तरह देहात में चला जाता, उसके लिए चारों ओर शब्द और अर्थ के भण्डार खुलते हैं। यहाँ पर समझ में आता है कि वे पाणिनि की प्रशंसा क्यों कर रहे थे। वास्तव में वे शब्द के सामाजिक-सांस्कृतिक अर्थ-गौरव से परिचित थे। वे लिखते हैं कि जनपदीय जीवन का एक पक्का नियम यह है कि वहाँ हर एक वस्तु के लिए शब्द है। उस क्षेत्र में जो भी वास्तु है, उसका नाम अवश्य है। ठीक नाम को प्राप्त कर लेना उसकी अपनी योग्यता की कसौटी है।[4] इस प्रकार जनपदीय अध्ययन का विद्यार्थी एक ही साथ भाषा और व्याकरण का जानकार तो बनता ही है, वह एक बेहतर एन्थोग्राफर भी बनता है। भारत में काम करनेवाले बेहतरीन मानवविज्ञानी भी इस बात को मानते रहे हैं। समाजविज्ञान में पोज़िटीविज्म का जोर ख़त्म होने पर समाजविज्ञानी स्थानीय सूचनाओं, अवधारणाओं और विश्वदृष्टियों पर जोर दे रहे हैं। इस बात को वासुदेवशरण अग्रवाल रेखांकित कर रहे थे। अपने इसी निबन्ध में वे लिख रहे थे कि जनपदीय कार्यकर्त्ता को उचित है कि अपनी जानकारी को पीछे रखे और अपने संवाददाता की जानकारी का उचित समादर करे और आस्था के साथ उसके विषय में प्रश्न पूछे।[5] अब अधिकांश समाजविज्ञानी अपने शोधछात्रों को और सम्पादक अपने पत्रकारों को यही पाठ पढ़ा रहे हैं क्योंकि वे भारत की वास्तविक तस्वीर जानना चाहते हैं। जनपदीय अध्ययन का यह पाठ यहाँ आकर जरूरी हो जाता है एवं वासुदेवशरण अग्रवाल मानवविज्ञान और साहित्य के बीच पुल बनाते हैं जबकि उनका इतिहासकार मन सजग रहता है।

वास्तव में किसी भी देशकाल में न तो सब-कुछ वरेण्य होता है, और न ही सब-कुछ त्याज्य। इसे हजारीप्रसाद द्विवेदी, राहुल सांकृत्यायन और कुबेरनाथ राय की सांस्कृतिक दृष्टि और उनकी सामाजिक कल्पना में देखा जा सकता है। वासुदेवशरण अग्रवाल इस विद्वत्-परिषद् की चौथी भुजा बनाते हैं जो साहित्य, पुरातत्त्व, इतिहास

और लोक-स्मृति के सहारे भारतीय समाज की बनवत और उसकी भविष्य की दिशा समझना चाहते हैं। इन विद्वानों को उद्धृत करते समय एक सवाल यह उठाया जाता है कि क्या इनके पास कोई मेथड या प्रावधि है जिस पर चलते समाजविज्ञान की ओर बढ़ा जा सकता है? इसका उत्तर है : हाँ। वासुदेवशरण अग्रवाल हमारे समक्ष एक कार्यक्रम की रूपरेखा प्रस्तुत करते हैं। वे जनपदीय अध्ययन को विकसित करने के लिए तीन रास्ते सुझाते हैं जो एक-दूसरे से जुड़े हैं। ये हैं : भारत और भूमि से सम्बन्धित वस्तुओं का अध्ययन; भूमि पर बसनेवाले जन का अध्ययन; जन की संस्कृति या जन का अध्ययन। उपर्युक्त एक निबन्ध पर ही एक स्वतन्त्र चर्चा हो सकती है, लेकिन इसे यहीं छोड़ते हुए इतना ही कहा जा सकता है कि भाषा और समाज की नाभिनाल-बद्धता पर विचार किये बिना कोई रचनात्मक और जन-समाजविज्ञान की रचना नहीं हो सकती है। जन समाजविज्ञान या पीपुल्स सोशल साइन्स से यहाँ मेरा आशय उस समाजविज्ञान से है जिसकी चिन्ता के केन्द्र में न केवल वह जन होगा जिसकी बात वासुदेवशरण अग्रवाल बार-बार अपने लेखन में करते हैं बल्कि उसकी भाषा भी सरल होगी। एक उधार ली हुई शब्दावली में कोई समाजविज्ञान यदि विकसित होता है तो वह भारत के जनता की चिन्ताओं को सम्बोधित नहीं कर पायेगा। वे लिखते भी हैं : हिन्दी भाषा में जनपदों के भण्डारा से लगभग पचास हजार नये शब्द आ जायेंगे जो भारत के जीवन को उचित तरीके से व्यक्त कर सकेंगे। यह दुर्भाग्य रहा है कि हिन्दी भाषा में लिखा जा रहा समाजविज्ञान अनुवाद का समाजविज्ञान है। इसकी शब्दावली प्रायः इतनी अजानी और अपरिचित है कि उससे जनता तो क्या विद्यार्थी भी नहीं जुड़ पाते।

एक कला चिन्तक के रूप में वासुदेवशरण अग्रवाल के बारे में अभी बहुत कम बात की गयी है। भारतीय कला और सौन्दर्यबोध के बारे में चर्चा करने के लिए विद्वज्जन आनन्द कुमारस्वामी को प्रस्थान-बिन्दु के रूप में प्रयोग करते हैं और फिर घुमा-फिराकर अपनी हल्की बातें कहकर आगे चल देते हैं। यह प्रवृत्ति ठीक नहीं है। वासुदेवशरण अग्रवाल के रचना-संसार से गुजरते हुए मुझे हमेशा लगता रहा है कि उन्होंने आनन्द कुमारस्वामी के चिन्तन को न केवल आगे बढ़ाया बल्कि नितान्त भारतीय सन्दर्भ और सामाजिकी में अपनी बात रखी। यह कोई संयोग नहीं है कि आनन्द कुमारस्वामी भूतत्त्ववेत्ता थे और उन्होंने सीलोन (ओजकल के श्रीलंका) के खनिजों और रत्नों पर एक बहुत ही खूबसूरत, सुपरिभाषित शब्दावलीवाली रिपोर्ट छापी। वासुदेवशरण अग्रवाल कुमारस्वामी के इस गुण के प्रशंसक थे। आगे चलकर उन्होंने जब कुमारस्वामी ने भारतीय कला पर लिखा, तो उनके विचारों की स्पष्टता को स्पष्टता को कोई भी लक्षित कर सकता है। वासुदेवशरण अग्रवाल लिखते हैं कि 1909 में कुमारस्वामी

भारत आये और पहली बार उन्होंने देशव्यापी यात्रा करके यहाँ के विशाल मन्दिरों तथा कला-सामग्री को स्वयं अपनी आँखों से देखा।...वेद, ब्राह्मण, उपनिषद्, भगवद्गीता, महाभारत, रामायण, भागवत, गीतगोविन्द, कबीर, विद्यापति, बौद्ध निकाय, धम्मपद, मिलिन्दपन्ह, सद्धर्म पुण्डरीक आदि भारतीय साहित्य में अपनी अन्तः दृष्टि से वे गये थे। यह जो कुछ वे कुमारस्वामी के बारे में लिख रहे थे, वह उनके बारे में भी सच है। वासुदेवशरण अग्रवाल मुख्यतः भारत के प्राचीन इतिहास को समझने के लिए प्रशिक्षित किये गये थे। उनके गुरु राधा कुमुद मुखर्जी थे जिन्होंने उनको पाणिनि पर शोध कराया था। उन्होंने मथुरा और लखनऊ के राजकीय संग्रहालयों के कैटलाग बनाये, दिल्ली के राष्ट्रीय संग्रहालय में अधीक्षक रहे और बनारस की खुदाई करायी। वे अवधी भाषा की भंगिमा से उतने ही परिचित थे जितने कि किसी शालभंजिका की मूर्ति के कटावों से। इसलिए वे भारतीय कला की बारीकियों से परिचित हुए जिसे 'स्टडीज इन इण्डियन आर्ट', 'भारतीय कला' आदि पुस्तकों में देखा जा सकता है।

जिन विद्वानों ने संग्रहालयों के विकास और उनकी स्थापना पर काम किया है, वे इसे अच्छी तरह से बता सकते हैं कि औपनिवेशिक सत्ता संरचना तन्त्र ने तीसरी दुनिया के गुलाम देशों में अपनी सुविधा के हिसाब से संग्रहालयों की स्थापना की। इसके द्वारा उन्होंने इन देशों की सांस्कृतिक कल्पना को अपना पालतू बनाया। गुलाम वही सोच सके जो मालिक चाहता है। एक प्रशिक्षित संग्रहालय विज्ञानी वासुदेवशरण अग्रवाल ने इसे अपने लेखन से उलट दिया। उन्होंने प्राचीन मूर्तियों और कलाशिल्प के गहन अध्ययन के बाद प्रमाणित किया कि भारतीय कला की मूल सर्जना समाज के आधारभूत स्तर पर सम्भव हुई है जिसमें उसकी जनता का सबसे ज्यादा योगदान था। उन्होंने भारतीय कला में उन लोकतत्त्वों की पहचान की जिसने भारतीय कला रूपों को राजाओं के आश्रय से निकालकर उसे जन-निधि बनाने की शुरूआत की। उनका यह कला चिन्तन उस पश्चिमी राज्याश्रित चिन्तन से अलग दिखता है जहाँ कोई कला-रूप किसी संग्रहालय की शोभा वस्तु बन जाता है और उस पर राज्य का कब्ज़ा हो जाता है। यहाँ राज्य कला को परिभाषित करता है और नियन्त्रित भी करता है। वासुदेवशरण अग्रवाल ने दिखाया कि भारत की जनता अपने कला-रूपों को किस प्रकार सुरक्षित करती आयी है, उसका उत्स कहाँ है।

टीका परम्परा को एक लम्बे समय तक सम्मान की नजर से नहीं देखा गया और मान गया कि 'मौलिक' लेखन ही सम्मान का पात्र है। इधर हाल के वर्षों में, दक्षिण एशियायी विद्वत्ता में इस मिथक का जोरदार खण्डन किया गया है और कहा गया है कि टीका कोई कमतर रचना नहीं हैं बल्कि वह स्वतन्त्र रचना है जिसमें टीकाकार का स्वतन्त्र रचनात्मक व्यक्तित्व तो शामिल है ही, वह किसी देशकाल-वातावरण को

समझने की एक खिड़की भी उपलब्ध कराती है। वासुदेवशरण अग्रवाल के द्वारा लिखी गयी पद्मावत की टीका वास्तव में मध्यकालीन उत्तर भारत का सामाजिक-सांस्कृतिक इतिहास है। मलिक मुहम्मद जायसी की कविता को व्याख्यायित करते हुए वे तत्कालीन भारतीय समाज की विभिन्न सामाजिक-सांस्कृतिक और धार्मिक अन्तर्धाराओं की पहचान करते हुए चलते हैं और साथ-ही-साथ यह भी बताते हैं कि वर्तमान भारत में इसका क्या बचा है और क्या विनष्ट हुआ है। अवधी समाज की पृष्ठभूमि को जानने के लिए यह टीका एक सांस्कृतिक गजेटियर का काम करती है। भारतीय कृषि और उसके तौर-तरीकों पर ग्रियर्सन और जे. एस. रन्धावा ने जो कुछ लिखा है, उसको एक सर्वथा भिन्न सन्दर्भ में लेकिन गहन लोकधर्मी चेतना के साथ आप वासुदेवशरण अग्रवाल की उन टिप्पणियों में देख सकते हैं जो उन्होंने जायसी की कविता का अर्थ बताते हुए की हैं। मध्यकलीन भारत के सामाजिक आर्थिक इतिहास के लिए अबुल फज़ल की आईने अकबरी के साथ पद्मावत को भी पढ़ा जा सकता है, यह वासुदेवशरण अग्रवाल द्वारा की गयी पद्मावत की टीका पढ़कर समझ में आता है।

कोई भी सत्ता एकवचन में रहना चाहती है। वह चाहती है कि लोग एक जैसी भाषा बोलें, एक जैसा सोचें और एक जैसे कपड़े-लत्ते पहनें। सम्राट् भले ही ऐसा चाहे लेकिन ऐसा जनता तो नहीं चाहेगी। किसी भी युग में। इस विविधता में उसकी पहचान और ताकत छिपी रहती है। वासुदेवशरण अग्रवाल का लेखन इसका गवाही देता है। भाषा, वस्त्र विन्यास, केश-सज्जा, चन्दन, भाव-भंगिमा—इस सभी के स्तर पर भारत एक विविधवर्णी देश है। वासुदेवशरण अग्रवाल अपने लेखन में इस पर बार-बार जोर देते रहे।

सन्दर्भ

1. गोपाल प्रसाद व्यास, कहो व्यास कैसी कटी?
2. कपिला वात्स्याथन (2012), वासुदेव शरण अग्रवाल रचना-संचयन, साहित्य अकादेमी, नई दिल्ली, पृष्ठ 528
3. कपिला वात्स्यायन (2012), वासुदेव शरण अग्रवाल रचना-संचयन, साहित्य अकादेमी, नई दिल्ली, पृष्ठ 287
4. कपिला वात्स्यायन (2012), वासुदेव शरण अग्रवाल रचना-संचयन, साहित्य अकादेमी, नई दिल्ली, पृष्ठ 448
5. कपिला वात्स्यायन (2012), वही

स्वामी अछूतानन्द का एक शिक्षाविद् के रूप में अध्ययन

रामानन्द

प्रसिद्ध दलित विचारक कँवल भारती के अनुसार 'बहुजन समाज' के एक महान् समाज-सुधारक और साहित्यकार 'स्वामी अछूतानन्द जी' का जन्म 1879 में 'चमार' जाति में जिला मैनपुरी, उत्तरप्रदेश के सिरसागंज तहसील ग्राम उमरी में हुआ था। इनके बचपन का नाम 'हीरालाल' था। इनके पूर्वज फरुखाबाद में सौरिख गाँव के रहनेवाले थे। लेकिन जातिगत भेदभाव के कारण उन्हें गाँव छोड़ना पड़ा और पूरा परिवार उमरी में आकर बस गया था।[1] पिता के फ़ौज में होने के कारण शिक्षा-दीक्षा का उचित प्रबन्ध हो सका। हिन्दी क्षेत्र के प्रथम दलित सुधारक के रूप में स्वामी अछूतानन्द का नाम प्रमुख है। वस्तुतः स्वामी अछूतानन्द दलित सुधारक से पहले एक शिक्षक हैं। शिक्षक के रूप में उन्हें प्राथमिकता देना इसलिए भी समुचित है क्यों कि उन्होंने न सिर्फ दलितों के दमन एवं शोषणकारी कारकों के विषय में विश्लेषण किया बल्कि दलितों को जागरूक करने में सबसे प्रमुख मार्ग शिक्षा पर ध्यान देने की बात कही। उन्होंने दलितों के हाशिये में जाने के पीछे का प्रमुख कारण उनकी अशिक्षा को माना है। स्वयं अछूतानन्द जी के प्रबुद्ध होने, जागरूक होने के पीछे उनका शिक्षित होना प्रमुख कारण था।

अछूतानन्द जी का दृष्टिकोण—स्वामीजी एक गहन विचारक थे। उन्होंने पाया कि समाज में एक वर्ग जिसे शूद्र, अस्पृश्य, और कालान्तर में दलित जैसे शब्दों से जाना गया उनके उद्धार के लिए उनके पूर्व भी कुछ महान् लोगों ने प्रयास किये जैसे कि बुद्ध के द्वारा शूद्र को धम्म संघ में प्रवेश, भक्ति आन्दोलन के दौरान रामानन्द एवं उनके शिष्यों जैसे कबीर एवं रैदास के द्वारा जाति प्रथा का विरोध, आधुनिक काल में राजा राममोहन राय एवं ज्योतिबा फुले आदि के द्वारा जाति प्रथा का बहिष्कार। किन्तु

इसके बावजूद दलितों की स्थिति में पर्याप्त सुधार नहीं हो सका। इन सबके पीछे का प्रमुख कारण दलितों का अशिक्षित होना है। उनका मानना है कि अशिक्षा के कारण कोई भी व्यक्ति अपने कर्त्तव्यों एवं अधिकारों से दूर जाने लगता है। ब्राह्मण एवं क्षत्रियों के सदैव उच्च वर्गीय बने रहने का कारण उनका वैदिक काल से शिक्षा व्यवस्था में एकाधिकार होना है जबकि शूद्रों का सदैव समाज के निम्न पायदान पर ही रह जाना उनका अशिक्षित होना है।

स्वामीजी ने अपने अनुभवों के आधार पर यह निष्कर्ष निकाला कि जब तक दलित वर्ग को शिक्षा नहीं मिलेगी वह अन्याय और विषमता से बाहर नहीं निकल पायेगा। उन्होंने शिक्षा को अपने सामाजिक विचार और आन्दोलन का केन्द्र बनाया। अतः उनका बाद का सम्पूर्ण जीवन शिक्षा और साहित्य को ही समर्पित रहा। उन्होंने शिक्षा और साहित्य के माध्यम से समाज को बदलने का संकल्प लिया।

उपर्युक्त सन्दर्भ में 'कँवल भारती' जैसे प्रसिद्ध चिन्तक का मानना है कि 'ज्योतिबाफुले' के बाद इतिहास में अछूतानन्द ऐसे दूसरे दलित हैं जिन्होंने दलितों के लिए शिक्षा व जागरूकता के स्तर पर कोई ठोस कदम उठाया। 'अछूत महासभा' का गठन कर 'अछूत' पत्र के माध्यम से उन्होंने अपने मूल बौद्धिक शैक्षिक विचारों को उन लोगों तक पहुँचाना प्रारम्भ किया जो हाशिये पर उपस्थित 'अछूत' व 'दलित' आदि नाम से जाने जाते थे। इस सन्दर्भ में उन्होंने सात बातों पर जोर दिया जो निम्नवत् हैं—

1. शिक्षा
2. गन्दे पेशों का त्याग
3. मृतक पशुओं के सडे-गले मांस को खाने से रोकना
4. बेगार के विरुद्ध संघर्ष
5. सतबासना का त्याग
6. नशा मुक्ति
7. पाखण्ड, अन्ध विश्वास को त्यागकर सामाजिक जागरूकता।[2]

दलित शिक्षा सुधार के लिए कुछ ठोस उपाय करने के उद्देश्य से 'अछूतानन्दजी' ने 'मोतीलाल नेहरू' से पत्र व्यवहार किया जिसमें उन्होंने जमींदारों, स्वर्ण वर्गों के द्वारा किये जा रहे दलित शोषण के विरुद्ध कदम उठाने और उन्हें रोकने के लिए स्वराज पार्टी का मुख्य एजेण्डा बनाने के लिए कहा साथ ही दलित वर्ग की शैक्षणिक नीति के लिए कांग्रेस की स्पष्ट नीति घोषित करने के लिए भी कहा। स्वामीजी जानते थे कि दलितों की सबसे बड़ी समस्या उनका अशिक्षित होना है,

उन्हें अपने अधिकारों का ज्ञान नहीं है इसीलिए प्राचीन समय से ब्राह्मणों ने उन्हें मुख्यतः शिक्षा कार्य व अधिकार से दूर रखा है। गन्दे पेशों के कारण ही उन्हें अछूत माना जाता है अतः उन्होंने दलित स्वच्छता के साथ अन्धविश्वास व पाखण्डो से दूर रहने के लिए दलित वर्ग का आह्वान किया और 'आदि हिन्दू आन्दोलन' की घोषणा 1922 में की। अछूतानन्द जी के नेतृत्व में दलितों के द्वारा प्रिन्स ऑफ़ वेल्स का स्वागत किया गया और स्वामीजी की अध्यक्षता में दिल्ली युवराज़ समिति का गठन भी किया गया और उसके तत्त्वावधान में एक विशाल जनसभा का आयोजन किया गया। 'इसी जनसभा में स्वामीजी ने दलितों के हक के खातिर 17-सूत्री माँग पत्र प्रस्तुत किया। जो निम्नवत् हैं—

1. अछूतों की प्रगति के लिए विद्यालय खोले जायें,
2. अस्पृश्यता-निवारण के लिए कूड़ा क़ानून बनाया जाये.
3. आदि हिन्दुओं का पृथक् चुनाव हो तथा अलग प्रतिनिधित्व की माँग की जाये,
4. स्थानीय संस्थाओं जैसे नगर पालिका, ग्राम पंचायत, टाउन एरिया और नोटीफाइड एरिया आदि में अनुसूचित जाति के सदस्य मनोनीत किये जायें,
5. व्यापार एवं व्यवसाय का कार्य करने की स्वतन्त्रता प्रदान की जाये,
6. शिक्षित अक्षूतों को शासकीय सेवाओं में लिया जाये,
7. बेगार प्रथा को समूल नष्ट किया जाये,
8. अन्य सवर्ण हिन्दुओं की भाँति दलितों को भी सामान्य नागरिक अधिकार प्राप्त हों,
9. प्रत्येक शासकीय और अशासकीय कमेटियों में सदस्यों की संख्या के अनुपात से प्रतिनिधित्व प्रदान किये जायें,
10. अनुसूचित जाति (दलित, अछूत) के छात्रों को छात्रवृत्ति प्रदान की जाये,
11. अनुसूचित जाति बहुसंख्यक गाँवों में अलग से अनुसूचित विद्यालय खोले जायें,
12. पुलिस तथा सेना आदि में भी अछूतों की भर्ती संख्या में वृद्धि की जाये,
13. मजदूरी वृद्धि की जायें,
14. ग्रामीण चौकीदार के पदों पर भी अछूतों की नियुक्ति की जाये,
15. अछूत कृषकों को ग्राम सभा में परती भूमि के पट्टे दिये जायें,
16. प्रान्तीय विधान सभाओं में अछूतों के प्रतिनिधित्व की व्यवस्था की जाये,
17. उपर्युक्त सोलह माँगो को सभी देशी राज्यों में लागू किया जाये।

स्वामीजी के इन प्रयासों से उपर्युक्त 17सूत्री माँगें ब्रिटिश संसद् व जार्ज पंचम

तक पहुँची। परिणाम यह हुआ कि भारत के राज्य सचिव का भारत के वाइसराय के लिए एक पत्र आया जिसमें उपर्युक्त में से अधिकांश माँगो को लागू करने के लिए कहा गया था।[3] उल्लेखनीय है कि 'भीमराव अम्बेडकर' के दलितों के लिए पृथक् निर्वाचन मण्डल की माँग का मार्ग भी यहीं से प्रशस्त हुआ था जो पूना एक्ट के बाद दलितों के निर्वाचन क्षेत्र में पर्याप्त प्रतिनिधित्व के साथ समाप्त हुआ।

दलित प्रेस और शैक्षणिक क्रान्ति—स्वामीजी का सबसे बड़ा योगदान वञ्चित वर्गों के मध्य व्याप्त भ्रान्तियों को नष्ट करना था। जिस समय दलित और बहुजन का बहुत बड़ा हिस्सा शिक्षा से वञ्चित था उस समय उन्होंने स्कूल खोलकर दलित समुदाय को यह सन्देश देने की कोशिश की कि उनकी शैक्षणिक जागरूकता उन्हीं के द्वारा ही सम्भव है। इस प्रकार से अछूतानन्दजी ने वञ्चित वर्ग के मध्य असमंजस और संकोच को दूर करते हुए एक नया आत्मविश्वास जगाने का प्रयास किया। यह सारे कदम सांकेतिक जरूर थे मगर इनका सन्देश बहुत ही व्यापक था।

1925 में स्वामीजी ने कानपुर 'ईदगाह बेना झेवर' में आकर बस गये। यहाँ दलितों की एक बड़ी आबादी रहती थी। यहाँ उन्हें दलित आन्दोलन के पक्ष में काफी सहयोग मिला। 'डोरी भगत कुरील' जैसे दलित उनके प्रमुख सहयोगियों में से थे। इनकी मदद से स्वामीजी ने कानपुर में ही 'आदि हिन्दू प्रेस' की स्थापना की और 1925 से 1932 तक 'आदि हिन्दू पत्र' का मासिक सम्पादन किया। यद्यपि उन्होंने इसके पूर्व 1922-1923 तक 'आदि हिन्दू' का सम्पादन भी किया था जो प्रथम हिन्दी दलित पत्र भी माना जाता है।'[4] इसी पत्र के सम्पादन के बाद स्वामीजी को प्रेस स्थापित करने की आवश्यकता महसूस हुई। समाज को जागरूक करने में प्रेस का महत्त्वपूर्ण योगदान होता है क्योंकि इसके माध्यम से ही साहित्य, पत्र, सूचनाएँ आदि जन सामान्य तक पहुँचती हैं। स्वामीजी को यह बात असहनीय लगी कि वञ्चितों की आवाज़ को वञ्चितों और अन्य वर्गों तक पहुँचाने के लिए पर्याप्त साधन नहीं हैं। दलितों को अपनी बात कहने और लिखने के लिए अन्य वर्गों पर निर्भर रहना पड़ता है। जहाँ पर कई बार उनको पर्याप्त प्रतिनिधित्व नहीं मिलता हैं और वञ्चितों की बातें इस प्रकार समाज तक नहीं पहुँच पाती हैं। स्वामीजी ने इस बात को समझते हुए प्रेस को अपनी शिक्षा प्रचार-प्रसार व चेतना जानने का माध्यम चुना। आदि हिन्दू प्रेस की स्थापना होने से अब उनके सन्देश क्षेत्रीय दायरे से निकल-कर अखिल भारतीय स्तर पर दलितों तक पहुँच सके।

आदि हिन्दू प्रेस की स्थापना वास्तव में एक बहुत बड़ा क्रान्तिकारी कदम है जिसने वञ्चितों के मध्य शिक्षा की एक चेतना जगायी। प्रेस उस समय शिक्षा और

सन्देश प्रेषित करने का एक बहुत ही महत्त्वपूर्ण माध्यम था। अछूतानन्दजी ने प्रेस के माध्यम से वञ्चित वर्गों को यह सन्देश दिया की बहुजनों को शिक्षा के प्रचार-प्रसार के लिए दूसरों पर निर्भर रहने की आवश्यकता नहीं है। वह स्वयं ज्ञान का निर्माण कर सकते हैं और ज्ञान को प्रेषित कर सकते हैं।

प्रेस के माध्यम से यह सन्देश गया की वञ्चितों को जो ज्ञात है वह भी ज्ञान और उसकी समाज में अपनी उपयोगिता है। अछूतानन्दजी ने यह सन्देश दिया कि समाज के वञ्चित वर्ग को ज्ञान के लिए दूसरों पर निर्भर रहने की आवश्यकता नहीं न ही वह ज्ञान से वञ्चित हैं। ज्ञान को लेकर की तरह-तरह की आदर्श धारणाएँ सदैव रही हैं और यह उस समय भी थी। भाषा की शुद्धता का विषय हो या शब्दों का प्रयोग हो या विचारों की दिशा, यह सारे विषय उस समय भी थे जिसके कारण कई बार वञ्चित वर्ग के लेखको के कृत छाप नहीं पाते थे या छपने के बड़े कम अवसर मिलते थे। इन सारे विषयों का निदान अछूतानन्दजी के इस कदम से सार्थक होने के लिए अग्रसर हो सका।

स्वामीजी ने अपना सम्पूर्ण जीवन दलित समाज के उत्थान के लिए समर्पित कर दिया। इनके अडिग प्रयासों ने ना सिर्फ बाबासाहेब अम्बेडकर के सहयोगी के रूप में दलित चेतना का मार्ग प्रशस्त किया बल्कि बाबू जगजीवन राम जैसे नेताओं के लिए उस राजनैतिक मंच का निर्माण किया जहाँ आज के भारत में दलित चेतना जैसे विमर्श जैसे विषय ना सिर्फ प्रासंगिक बन सके हैं बल्कि दलितों की स्थिति में कई कारगर कदम भी उठाये गये हैं।

एक दलित शिक्षक के रूप में स्वामीजी का साहित्यिक योगदान –

साहित्य समाज का दर्पण हैं अतः इस आधार पर दलित साहित्य वह साहित्य है जिसमें दलित अनुभव है, दलित जीवन की व्यथा-कथा है दलितों के स्वयं के भोगे हुए यथार्थ का वर्णन है। इस सन्दर्भ में डॉ. खगेन्द्र ठाकुर का मानना है— दलित साहित्य की अनुभूति परम्परागत साहित्य से बिलकुल अलग है; क्योंकि दलित चेतना मुक्ति की बात करती है। खगेन्द्रजी के अनुसार 'दलित होने का त्रासद बोध होना, दलित होते रहने की स्थति को अस्वीकार करना, वर्तमान राजसत्ता में समुचित भागीदारी और कुल मिलाकर दलितत्व से मुक्ति दलित चेतना के तत्त्व हैं।[5] समकालीन साहित्य में दलित चेतना और दलित व्याख्या के इन सन्दर्भों को स्वामी अछूतानन्दजी ने बहुत पहले ही समझ लिया था। उनकी रचनाओं में दलित मुक्ति का सन्देश स्पष्ट रूप से देखा जा सकता है। स्वामीजी का सबसे बड़ा योगदान उनका सभी प्रकार के साहित्यों का निर्माण हैं। उन्होंने वह सब कुछ लिखा जो उनके अनुसार दलित अस्मिता के जागरण के लिए आवश्यक था। इस प्रकार के

साहित्यों की रचना की गयी जिससे दलित अस्मिता का जागरण हो सके। स्वामीजी ने अपने साहित्य के माध्यम से दलित समाज में आक्रोश जगाया क्योंकि उनका मानना था कि आक्रोश के माध्यम से समाज को एक मंच पर लाया जा सकता हैं। उनके कुछ साहित्य ने समाज में हलचल पैदा की जिसमे से कुछ उल्लेखनीय हैं—

आदि हिन्दू का डंका–'आदिवंश का डंका' लोक छन्दों में रचित कृति है, जिसमें कव्वाली, ग़ज़ल, भजन, मरसिया आदि शामिल है। इस कृति के 1983 ई0 तक 11 संस्करण निकल चुके थे, जिससे इसकी लोकप्रियता का पता चलता है। 'आदिवंश का डंका' कुल 21 कविताओं का संग्रह है, जिनमें गेयता की प्रधानता है। संग्रह के पहली कविता में ही गेयता के दर्शन होते हैं :

'आदि हिन्दू का डंका बजाते चलो।
कौम को नींद से जगाते चलो।
हम जमीं हिन्द के आदि सन्तान हैं,
और आजाद हैं, खूब सज्ञान हैं,
अपने अधिकारों, पर दे रहे ध्यान हैं,........

थियेटर-ध्वनि– यह कविता भारत के मूल निवासियों, जिन्हें वेदों में दस्यु और दास कहा गया है, के विषय में है। इसमें दलितों की भावनाओं को आत्मगौरव के रूप में प्रेरित करने का प्रयास अछूतानन्दजी ने किया है-

'जागो जी जागो, असली नाम डुबानेवाले
वंश डुबानेवाले, राज गँवानेवाले,
बन के गुलाम 'दस्यु', नाम धरानेवाले।।
गफलत में सोनेवाले, अटकी पर रोनेवाले,
सहते दुतकार अपना सर्वस्व मिटानेवाले।।
तुमको है निद्रा प्यारी, जग में हो रहे धिक्कारी,
खोके धन-धाम सारा दुक्खों के बढ़ानेवाले।।
तुम तो हो नेशन भारी, मुलकी हक के अधिकारी,
ले लो निज राज 'हरिहर' बातों के बनानेवाले।।'[6]

स्वामीजी की कविताओं की विशेषता हिन्दी की खड़ीबोली में सीधी एवं सरल भाषा का प्रयोग है। जिसका उद्देश्य दलित समाज में चेतना का संचार करना है। इन कविताओं में दलित चेतना के साथ-साथ पर्याप्त आक्रोश स्पष्टरूप से देख सकते हैं, यह स्वर स्वामीजी के सामाजिक अन्तर्द्वन्द्व का प्रतीक है। स्वामी अछूतानन्द जी द्वारा रचित एक खण्डकाव्य भी प्राप्त होता है, जो 'आदि खण्ड' नाम

से है। इसमें दलितों के उत्थान और पतन के संक्षिप्त इतिहास का वर्णन है। इस खण्डकाव्य का आरम्भ सतगुरु स्वामीजी के स्मरण से होता है : पहले सतगुरु स्वामी, दीन्हा लौकिक आतम ज्ञान।

ब्रह्म रूप चेतन घट-घट में, व्यापक सकल सृष्टि दरम्यान।।

स्वामीजी द्वारा रचित दो नाटक मिलते हैं, जो क्रमशः 'राम-राज्य न्याय' और 'मायानन्द बलिदान' के नाम से हैं। ये नाटक लोकनाट्य की नौटंकी शैली में रचित हैं। इन नाटकों के माध्यम से स्वामीजी ने हिन्दी में दलित रंगमंच स्थापित करने का क्रान्तिकारी कार्य किया।

इस प्रकार से स्वामीजी ने अपनी रचनाओं के माध्यम से दलितों के गौरवपूर्ण इतिहास की याद करते हुए हाशिये पर धकेले गये इस वर्ग को सावधान और सजग रहने की चेतावनी दी है साथ ही समाज में समानता के स्तर पर खुद के बल पर खड़े होने का मार्ग भी दिखाया है। स्वामीजी की शिक्षा, दर्शन एवं क्रान्तिकारिक विचारों का प्रभाव हम अम्बेडकर व बाबू जगजीवनराम के रूप में देख सकते हैं क्योंकि जहाँ अछूतानन्दजी ने दलित जागरण के लिए शैक्षणिक पथ के निर्माण का कार्य किया वहीं अम्बेडकर और जगजीवन राम जैसे महान् पुरुषों ने इस पथ पर चलकर दलित उद्धार की दिशा में कई उल्लेखनीय प्रयास स्थापित किये। अतः स्वामी अछूतानन्द 'हरिहर' सिर्फ समाज के हाशिये पर उपस्थित सभी वर्गों के लिए एक प्रेरणा स्रोत हैं।

स्वामीजी की सबसे बड़ी उपलब्धि साहित्य का सृजन हैं। स्वामीजी ने दलित समाज को अपना साहित्य तैयार करना और लिखना सिखाया। साहित्य पहले भी लिखा जाता रहा था मगर वह छपाई पर नियन्त्रण होने के कारण बहुत ज्यादा नियन्त्रित और सीमित था। स्वामीजी दलित प्रेस की स्थापना करके, दलित साहित्य को स्वतन्त्र किया और नया मार्ग भी प्रशस्त किया।

स्वामीजी ने दलित समाज को यह विश्वास दिया कि वह स्वयं साहित्य रचयिता हैं और वह स्वयं शिक्षक हैं इसके पहले यह भावना इतने प्रबल रूप से विद्यमान नहीं थी।

सन्दर्भ

1. स्वामी अछूतानन्द हरिहर संचयिता, कँवल भारती स्वराज प्रकाशन, नयी दिल्ली, संस्करण 2011, ISBN-819107737X, 97881910773777
2. प्रारम्भिक भारत का परिचय, रामशरण शर्मा, ओरियण्ट ब्लैकस्वान प्रकाशन, संस्करण-2012, ISBN 13 : 978 -81-250-2651-8 ISBN 10 : 81-250-2651-7

3. बाबू जगजीवनराम और दलित आन्दोलन, वाणी प्रकाशन, दरियागंज, संस्करण 2017, ISBN – 978-93-5000-436-4
4. हरिनारायण ठाकुर, दलित साहित्य का समाजशास्त्र, भारतीय ज्ञानपीठ प्रकाशन, नयी दिल्ली 11003, प्रथम संस्करण – 978-81263-1734-9
5. कवि अछूतानन्द, kavitakosh.org.com
6. https://www.forwardpress.in/2016/09/achootanand-dalit-aandolan-ke-aadhar-stambh/ (नोट – इस वेबसाइट का प्रयोग स्वामीजी के जीवन वृत्त को जानने के लिए किया गया है)
7. भारतीय पत्रकारिता का इतिहास, के. नटराजन, प्रकाशन विभाग, सूचना एवं प्रसारण मन्त्रालय भारत सरकार, ISBN. 81-230-09ठ-0 (नोट – इस पुस्तक का प्रयोग भारत में पत्रकारिता की स्थिति को समझने के लिए किया गया है)

उत्तर भारत में दलित आंगिक ज्ञान की निर्मिति और आधुनिक मूल्यबोध

अजय कुमार

यह आलेख दलित आंगिक बुद्धिजीवियों और लोकज्ञानियों के जीवन और साहित्य की चर्चा के बहाने यह बताना चाहता है कि आधुनिक भारत में धर्म, राजनीति और राज्य जैसी संरचना को स्वामी अछूतानन्द, चन्द्रिकाप्रसाद जिज्ञासु और उनके समानधर्मी लोकचिन्तकों ने किस प्रकार देखा? उनकी शिक्षा और विचारधारा को उस परिधीय समाज ने कैसे देखा और स्वीकार किया जिसके बारे में वे लगातार बात करते रहे थे? यह आलेख यह भी बताने का प्रयास करेगा कि एक विषय के रूप में समाजविज्ञान ने परिधीय समुदायों के लोक-ज्ञानियों को क्यों नज़र-अन्दाज़ कर दिया?

दलित प्रश्न और हिन्दी भाषा का संसार

भारतीय समाज में दलित चेतना के विकास का एक ही रूप एक ही स्तर एवं एक ही कालखण्ड नहीं रहा है। पश्चिमी भारत (महाराष्ट्र) दक्षिणी भारत (तमिलनाडु, आन्ध्र प्रदेश) एवं उत्तरी भारत विशेषतः हिन्दी क्षेत्र में दलित चेतना का विकास न एक ही समय में हुआ, न एक ही तरह से हुआ। लेकिन जब भी और जहाँ भी हम दलित चेतना के विकास का महाआख्यान रचते हैं तो उसे महाराष्ट्र में हुए दलित आन्दोलन के इतिहास के ढाँचे में ही डालकर प्रस्तुत कर देते है। इधर उत्तर भारत में (1980) के बाद दलित चेतना राजनैतिक रूप से अपना प्रभाव प्रदर्शित करने लगी है। अतः उसके विकास के इतिहास पर बातें भी होने लगी हैं। लेकिन जब भी उत्तर प्रदेश एवं अन्य हिन्दी क्षेत्रों में दलित चेतना की बात की जाती है तो उसे अम्बेडकर का करिश्माई प्रभाव ही मानकर प्रस्तुत किया जाता है।[1]

फ्रेंचेस्का ओर्सीनी ने बीसवीं सदीं में प्रारम्भ में हिन्दी साहित्य के मिजाज और उसमें अन्तर्निहित रही जातिगत चेतना पर टिप्पणी करते हुए लिखा है, पटना में रहनेवाले

बिलकुल अपरिचित व्यक्ति हीरा डोम की भोजपुरी में लिखी कविता 'अछूत की शिकायत' (1914) में सरस्वती में प्रकाशित हुई। यह हिन्दी साहित्य में एक अपवाद ही है। (1980) तक के पूरे हिन्दी साहित्य में दलित कवि के उदाहरण के रूप में मात्र हीरा डोम ही हैं।[2] दलित प्रश्न को केन्द्र में रखकर हिन्दी साहित्य पर विचार करने से खड़ीबोली हिन्दी और इस भाषा को अपनानेवाले समुदाय की वर्गीय संरचना के विषय में बहुत मानीखेज नतीजे प्राप्त होते हैं। हीरा डोम की कविता अछूत की शिकायत इस तरह है :

अछूत की शिकायत [3]
हीरा डोम
हमनी के राति दिन दुखवा भोगत बानी
हमनी के सहेब से मिनती सुनाइबि।
हमनी के दुख भगवानओं न देखता ते,
हमनी के कबले कलेसवा उठाइबि।

अछूत की शिकायत कविता महावीरप्रसाद द्विवेदी द्वारा सम्पादित 'में प्रकाशित हुई थी।[4] हिन्दी भावार्थ कुछ इस तरह से है (तमाम दुखों के बावजूद धर्म परिवर्तन का काम हमारे बस का नहीं हो सकता। हम अपना धर्म भी नहीं छोड़ सकते। हे ईश्वर आपने तमाम तरह के चमत्कार दिखाये प्रह्लाद को बचाया, द्रौपदी को बचाया लेकिन हमारा हाल देखिये हमें कोई छूता भी नहीं है। आप हमारी क्यों नहीं सुनते हैं। हम दिन-रात मेहनत करते हैं, बेगारी करते हैं चुपचाप ये सब बर्दाश्त करते हैं। ब्राह्मण की तरह हम भीख नहीं माँगेंगे, ठाकुर की तरह डण्डा नहीं चलायेंगे, बनिये की तरह पैसा उधार नहीं देंगे, बेईमानी नहीं करेंगे। अहीरों की तरह फाग, और बिरहा नहीं गायेंगे। कचहरी में शिकायत करने भी नहीं जायेंगे। हम तो कुएँ के पास भी नहीं जा सकते है, अगर कुएं के पास मिल भी गये तो हाथ-पैर तोड़ दिये जायेंगे। तो फिर हमें इतनी परेशानी क्यों? पूरी कविता भोजपुरी में है। स्यागी अछूतानन्द 'हरिहर' की कविताओं के भी जितने अंश देखने को मिले हैं, उन पर क्षेत्रीय बोलियों का असर स्पष्ट रूप से दिखायी देता है।

वास्तव में इस दौर में विद्यमान सार्वजनिक दुनिया में दलित प्रश्नों की अनुपस्थिति के कई कारण थे। इन कारणों से पहला कारण उस राष्ट्रवादी कार्यक्रम की सीमाबद्धता थी, जिसे औपनिवेशिक शोषण से मुक्ति प्राप्त करने के लिए प्रस्तुत किया गया था। इस राष्ट्रवादी कार्यक्रम की प्रारम्भिक रूपरेखा व्यक्त करते हुए इरफान हबीब ने स्पष्ट रूप से लिखा है : मध्य वर्ग के प्रति उनकी चिन्ता भी छिपी हुई नहीं। वस्तुतः इन

राष्ट्रवादी नेताओं ने उनके हितों को अपना पूरा स्वर दिया। उनका तर्क था कि शिक्षित मध्य वर्ग न केवल अपने हितों का प्रतिनिधित्व कर रहा था। चूँकि जनसाधारण अपने हितों का प्रतिनिधित्व करने की स्थिति में नहीं था। इस दृष्टि की सीमा स्पष्ट है। लेकिन यह तथ्य है कि इन राष्ट्रवादियों ने ब्रिटिश उपनिवेशवाद की आलोचना करते हुए गरीब जनता की बदहाली को एक प्रमुख तत्त्व बनाया और इसी के कारण परवर्ती काल में राष्ट्रवादी विचारधारा को व्यापक प्रचार-प्रसार मिला।[5] वास्तविकता में औपनिवेशिक शासन तन्त्र की व्यापकता और उसके क्रूर शोषक तन्त्र का विस्तार इतना तीव्र और प्रत्यक्ष था कि वह शोषण के अन्य रूपों पर वरीयता प्राप्त कर पाया। इसका एक कारण यह भी कहा जा सकता है कि स्त्री और दलित अपने प्रश्नों को शिक्षा, सांस्कृतिक विकास आदि की अनुपस्थिति के कारण सार्वजनिक दुनिया में नहीं प्रस्तुत कर पा रहे थे।

इसके बाद हिन्दी में दलित साहित्य का एक ऐसा दौर आया जिसने अपने समय के समाज को दर्ज किया। मैं यहाँ पर दलित आत्मकथाओं का उल्लेख नहीं कर रहा हूँ। फिर उसमें वर्णित समाज के बारे में जरूर कहूँगा। ओमप्रकाश वाल्मीकि से लेकर तुलसीराम, मोहनदास नैमिशराय, श्योराज सिंह बेचैन, प्रोफेसर अँगनेलाल, माताप्रसाद, गयाप्रसाद 'प्रशान्त' और कौशल्या बैसंत्री आदि की आत्मकथाओं ने न केवल अपना जीवन और समाजबोध दर्ज तो किया है बल्कि उसे अभी तक 'ज्ञान के एक पाठ के रूप में' समाजशास्त्र और समाजविज्ञान मान्यता नहीं दे पाया है। मैनेजर पाण्डेय ने लिखा है : साहित्यिक विधाओं और रूपों के इतिहास का समाज के इतिहास से गहरा सम्बन्ध होता है। साहित्यिक विधाओं के इतिहास में उनके उदय, परिवर्तन, विकास, ह्रास, रूपान्तरण और पुनर्नवीनीकरण की व्यापक प्रक्रिया चलती है। वे आगे लिखते हैं कि कई बार नये सामाजिक विकास के साथ एकदम नयी विधा विकसित होती है और कुछ विधाएँ लम्बी ऐतिहासिक प्रक्रिया में अनेक परिवर्तनों और परिष्कारों के साथ जीवित रहती हैं।[6] यद्यपि मैनेजर पाण्डेय यहाँ सीधे-सीधे दलित साहित्य का उल्लेख नहीं कर रहे थे लेकिन हीरा डोम की कविता या ओमप्रकाश वाल्मीकि की जूठन, तुलसीराम की मुर्दहिया और मणिकर्णिका में वर्णित ज्ञान को एक समाजवैज्ञानिक सत्य के रूप में लिखा जा सकता है।

दलित ज्ञान की देशज परम्परा

सामान्यतः अक्षर ज्ञान से रहित समूह ही बोली या भाषा बचाये रखते हैं। यह कहना कहीं ज्यादा सही होगा कि वे ही इसे रचते हैं। जब यह प्रक्रिया एक स्पष्ट आकार ग्रहण कर लेती है और इसमें तमाम सांस्कृतिक अभिव्यक्तियाँ रची जा चुकी

होती हैं तो व्याकरण और मानकों के द्वारा पढ़ा-लिखा समूह इस पर अधिकार जमाने का प्रयास करता है और फिर शुरू हो जाता है यह बताना कि क्या व्याकरणसम्मत है और क्या नहीं। व्याकरणसम्मत भाषा तो वही बोल सकते हैं जिनकी पाठशाला तक पहुँच रही है। पाठशाला के बाहर के लोग इस विमर्श से सीमान्तीकृत कर दिये जाते हैं। भाषा हमेशा अपने-आपको पाठशाला के बाहर बचाने के लिए हजार उपाय ढूँढ लेती है और उसमें पूरा-का-पूरा युग अपने दस्तावेजी स्वरूप में मौजूद होता है।[7] इसे आप कुछ यों समझ सकते हैंः हिन्दी में दलितों की छोटी-छोटी किताबें लिखने की शुरूआत अछूतानन्द ने की थी। चन्द्रिकाप्रसाद जिज्ञासु, पेरियार ललई सिंह यादव, इत्यादि ने ऐसी ही किताबें लिखकर, अपने सन्तों गुरुओं एवं समाज सुधारकों के वैचारिक साहित्य का अनुवाद करके, उन्हें स्वयं के द्वारा स्थापित प्रेस में छापकर, उन्हें दलितों के लोकप्रिय ज्ञान में तब्दील करने का महत्त्वपूर्ण कार्य किया। इन्हीं के माध्यम से हिन्दी क्षेत्र के दलित वर्गों में अम्बेडकर, पेरियार फूले, शाहू जी महाराज के विचार लोकप्रिय हुए एवं हो रहे हैं। दलितों के इन्हीं साहित्य में आज कांशीराम द्वारा लिखित चमचा युग भी बिकता मिल जायेगा जिसने उत्तर भारत की राजनीति का पूरा पाठ ही सबवर्ट कर दिया।[8]

उत्तर भारत में दलित आंगिक ज्ञान की निर्मिति और आंगिक दलित बुद्धिजीवी

आंगिक यानी ओर्गेनिक और ट्रेडीशनल यानी पारम्परिक बुद्धिजीवी की अवधारणा इतालवी विद्वान् और मार्क्सवादी चिन्तक अण्टोनियो ग्राम्शी की देन है। ग्राम्शी ने पूँजीवादी समाज और समाजवाद की संक्रमणकालीन अवस्था के दौरान बुद्धिजीवियों की भूमिका पर विचार करने के क्रम में इन धारणाओं का विकास किया था। ग्राम्शी ने बुद्धिजीवियों को उनकी सामाजिक हैसियत के आधार पर परिभाषित किया हैं। ग्राम्शी के अनुसार बुद्धिजीवी की श्रेणी में वे सब आते हैं जो समाज के आर्थिक, राजनैतिक, सामाजिक, सांस्कृतिक दायरों में व्यवस्थापक या संगठनकर्त्ता की भूमिका निभाते हैं। ग्राम्शी के अनुसार न केवल चिन्तक, विद्वान्, कलाकार और पत्रकार के साथ-साथ अफसर, नेता, इंजीनियर, मैनेजर और तकनीशियन भी बुद्धिजीवी की श्रेणी में आते हैं।[9] ग्राम्शी का मानना था कि आर्थिक उत्पादन के बुनियादी धरातल पर उभरता हुआ वर्ग अपने साथ बुद्धिजीवियों का एक या उससे अधिक समूह भी उत्पन्न करता है। बुद्धिजीवियों का यह समूह इस वर्ग को आर्थिक दायरे के साथ-साथ सामाजिक, राजनैतिक और सांस्कृतिक दायरों में एकता का काम करते हुए उन्हे अपनी भूमिका के प्रति सचेत करने का काम करता है।

स्वामी अछूतानन्द 'हरिहर' (1879-1933)

स्वामी अछूतानन्द 'हरिहर' और चन्द्रिकाप्रसाद जिज्ञासु द्वारा चलाया गया आन्दोलन हिन्दी क्षेत्र का प्रथम दलित आन्दोलन था। अपने आन्दोलनों को आगे बढ़ाने के लिए उन्होंने साहित्य का सहारा लिया। आज यह साहित्यिक आन्दोलन हिन्दी दलित साहित्य आन्दोलन का नींव बन गया है। वे हिन्दी के प्रथम दलित पत्रकार, सम्पादक एवं प्रेस संस्थापक भी थे। स्वामी अछूतानन्द का जन्म (1879) ई. (बुद्ध पूर्णिमा) को जिला मैनपुरी, उत्तर प्रदेश के सिरसागंज तहसील के ग्राम उमरी में हुआ था। इनके बचपन का नाम हीरालाल था। स्वामी अछूतानन्द का परिवार कबीरपन्थी था। उनकी आरम्भिक शिक्षा कैम्प स्कूल में हुई जहाँ ही उन्हें हिन्दी, संस्कृत, फारसी, उर्दू की तथा मराठी आदि भाषाओं का ज्ञान हो गया था। जितना अधिक वे पढ़ते उतना ही ज्यादा ज्ञान प्राप्त करने की ललक उनके मन में पैदा होती।[10] स्वामी अछूतानन्द के समय में 'आर्यसमाज' का प्रचार अपने जोरों पर था, जो जन्मना वर्ण-व्यवस्था के खिलाफ आन्दोलन कर रहा था। दलित जातियों पर इस आन्दोलन का पर्याप्त प्रभाव पड़ रहा था। स्वामीजी भी 1905 ई. में आर्यसमाजी संन्यासी सच्चिदानन्द के सम्पर्क में आये। अब स्वामीजी ने अपना नाम बदलकर हीरालाल से 'स्वामी हरिहरानन्द' कर लिया। इस दौरान (1912) ई. तक आर्यसमाज का प्रचार करते रहे। भारत की सामाजिक संरचना और परिस्थितियों का कड़वा सच ऐसा था कि जाति उत्पीड़न कहीं भी और किसी का भी पीछा नहीं छोड़ता।[11] प्रचार कार्य के दौरान ही स्वामी हरिहरानन्द को अनुभव होने लगा कि आर्यसमाज के संन्यासी और नेता भी ब्राह्मणवाद से ग्रसित हैं। इनका जाति-पाँति विरोधी आन्दोलन महज एक ढोंग है। आर्यसमाज का त्याग करने के बाद स्वामी हरिहरानन्द ने फिर अपना नाम बदलकर 'हरिहर' कर लिया। इस प्रकार स्वामीजी (1912 से 1917) ई. तक आर्यसमाज की कुटिल नीतियों का भण्डाफोड़ करते रहे तथा साथ-ही-साथ उन्होंने कबीर, रैदास, गुरुनानक आदि सन्तों के वाणियों का अध्ययन किया। इस तरह से आर्यसमाज की नीतियों से मोहभंग होने के बाद (1912) में अछूतानन्दजी ने आर्यसमाज छोड़ दिया और कबीर पन्थ को अपना लिया[12]

स्वामी अछूतानन्द द्वारा चलाया गया साहित्यिक आन्दोलन दरअसल में उत्तर भारत में उनके द्वारा किया गया दलित नवजागरण है। यह नवजागरण साहित्यिक दुनिया के लिए खलबली और हलचल मचानेवाला तो था ही। इसके साथ-ही-साथ यह सामाजिक और राजनीतिक आन्दोलनों के लिए भी एक सीख प्रदान कर रहा था। साहित्यिक दुनिया के लिए इस दलित नवजागरण ने दरअसल एक वैचारिक आधारभूमि का निर्माण किया। जिसके निहितार्थ राजनैतिक थे।

अछूतानन्द जैसे विचारकों ने दलित समुदाय से आग्रहपूर्वक कहा कि वे किसी भी धारणा, मत या रीति को तब तक स्वीकार न करें, जब तक वे उसे तर्क की कसौटी पर न कस लें। दलितों की स्वतन्त्र सत्ता पर ज़ोर देते हुए स्वामी अछूतानन्द ने उनके आत्मानुभवों से अर्जित ज्ञान को ही 'सच्चे ज्ञान' का दर्जा दिया। इन विचारकों ने जाति-व्यवस्था को ऐसे राजनीतिक औज़ार के रूप में देखा जिसके जरिये दलितों पर वर्चस्व जमाया गया और उन्हें उनके अधिकारों से वंचित कर दिया गया। यह कहते हुए कि दलित ही भूमि के सच्चे स्वामी हैं, आदि हिन्दू आन्दोलन के प्रचारकों ने उनमें अधिकार व सत्ता के प्रति जागरूकता पैदा की और उन्हें ऐतिहासिक तौर पर उनके साथ की गयी वंचना से भी अवगत कराया[13] दलित समुदाय की सामाजिक-आर्थिक स्थिति में सुधार और शिक्षा के प्रचार-प्रसार को स्वामी अछूतानन्द सरीखे विचारकों ने अपना लक्ष्य बनाया। (1922) में प्रिन्स ऑफ वेल्स के आगमन के समय स्वामी अछूतानन्द ने उनके स्वागत में दिल्ली में एक 'विराट् अछूत सम्मेलन' भी आयोजित किया जिसमें दलित समुदाय के लगभग पच्चीस हजार लोग शामिल हुए। सम्मेलन में प्रिन्स ऑफ वेल्स को दिये गये ज्ञापन में स्वामी अछूतानन्द ने सत्रह माँगें उनके सामने रखीं। जिसमें शिक्षा सम्बम्धी निम्न माँगें भी शामिल थीं : अछूत समुदाय के छात्रों के लिए स्कूल खोलना और उन्हें छात्रवृत्ति देना; शिक्षित अछूतों के लिए सरकारी नौकरी में जगह; जिन इलाकों में अछूत समुदाय के लोगों की संख्या अधिक हो, वहाँ अछूत छात्रों के लिए अलग स्कूल खोलना।

स्वामी अछूतानन्द ने दलितों की स्थिति में सुधार लाने के क्रम में राजनीति की भूमिका को भी पहचाना और दलितों के हितों के पक्ष में और उनकी माँगों के समर्थन में उन्हें संगठित करने और आन्दोलित करने में भी उन्होंने उल्लेखनीय भूमिका निभायी। वे (1928) में साइमन कमीशन के समक्ष भी प्रस्तुत हुए और वहाँ उन्होंने दलितों की माँगों के सन्दर्भ में कमीशन को एक ज्ञापन दिया। उन्होंने दलितों की स्थिति में सुधार लाने के लिए, उन्हें शिक्षित करने और उन्हें रोजगार देने हेतु ब्रिटिश शासन और मिशनरियों की भी सराहना की। विधानसभाओं में दलितों से जुड़े मुद्दे उठाने और दलितों का प्रतिनिधित्व इन सभाओं में पहुँचाने को भी अछूतानन्द सरीखे सुधारकों ने दलित समुदाय के लिए एक स्वर्णिम अवसर के रूप में देखा। चन्द्रिकाप्रसाद जिज्ञासु, श्यामलाल, रामस्वरूप वर्मा जैसे नेताओं ने भी अपने लेखन और राजनीतिक सक्रियता से दलित आन्दोलन को दिशा देने में योगदान दिया।

स्वामी अछूतानन्द के बारे में डी.सी. दिनकर लिखते है कि वह उन सन्तों तथा महापुरुषों में से थे जिन्होंने ब्रिटिश भारत में जहाँ एक तरफ अंग्रेजों की गलत नीतियों का विरोध किया वहीं दूसरी ओर भारतीय समाज में विषमता पर जबरदस्त चोट करते

हुए सामन्तों और जमींदारों के अत्याचारों के खिलाफ भी आवाज उठायी थी।[14] दलित लेखक के. एल. चंचरीक लिखते है कि स्वामी अछूतानन्द ने जाति प्रथा सामन्तवाद तथा रूढ़ियों पर प्रहार किया था। उन्होंने कहा था आज हम मुट्ठी भर हैं कल के भारत में घर-घर में हमारा समाज सुधारक और नेता होगा। एम.आर.विद्रोही लिखते हैं कि समय-समय पर हिन्दू धर्म के प्रदूषण को समाज सुधारक साफ करने का प्रयत्न करते रहे हैं। इस क्षेत्र में स्वामी अछूतानन्दजी का महत्त्वपूर्ण स्थान है।[15]

घुमक्कड़ी करनेवाला एक औपचारिक शिक्षा प्राप्त व्यक्ति से आनुभविक ज्ञान में कहीं अधिक ज्ञानी होता है और समाज के प्रति उतना ही अधिक संवेदनशील तो इस तरह से स्वामी अछूतानन्द की घुमक्कड़ी ने उन्हें साधुओं की संगत में ला दिया फिर क्या उन्होंने खूब भ्रमण किया। इससे जीवन के नये रंगों से रिश्ता बना, नये अनुभव हुए। स्वामी अछूतानन्द (1950) से लगातार घूम-घूमकर इस शूद्र समाज में जाग्रति लाने का प्रयास कर रहे थे। विशेष रूप से उत्तर से दक्षिण, बंगाल से पंजाब तक के सम्पूर्ण क्षेत्र में आदि-हिन्दू आन्दोलन के रूप में (1922) से निरन्तर न टूटनेवाला सामाजिक जागरूकता का कार्यक्रम चला रखा था। आदि-हिन्दू पत्र के माध्यम से अपने सशक्त संगठन एवं उनके कार्यकर्त्ताओं के माध्यम से 'मुल्की हक' की प्राप्ति का आन्दोलन जोरों पर जारी रखा था। दूसरी और डॉ. बाबासाहेब अम्बेडकर 'बहिष्कृत हितकारिणी सभा' एक एवं 'मूक नायक' पत्र के माध्यम से जागृति का बिगुल बजा रहे थे। दोनों नेतागण इस 'पृथक् निर्वाचन' एवं 'संयुक्त निर्वाचन' के गुण और दोषों के प्रति काफी सजग थे। दोनों नेताओं के अथक संघर्ष का परिणाम था कि सम्पूर्ण भारत के अछूतों का मन 'पृथक् निर्वाचन' की माँग के साथ जुड़ गयी था। इसकी प्राप्ति के लिए जी-जान से संघर्षशील भी थे।[16]

स्वामी अछूतानन्द का आगरा में जाटव सभा की स्थापना में भी स्वामीजी का सक्रिय योगदान रहा यी संस्था निर्माण के पीछे दलितों के लिए कुछ करने की भावना थी उनके भीतर इसी उद्देश्य की पूर्ति के लिए वे आगरा तथा आस-पास के गाँव में सक्रिय रहे। स्वामी अछूतानन्दजी (1921) में दिल्ली चले गये और वहाँ के अछूत नेता वीर रतन देवी दास जटिया और यादराम जटिया के सहयोग से सदर क्षेत्र में जाति सुधारक 'अछूत महासभा' की स्थापना की तथा एक पत्रिका का भी सम्पादन किया। इससे स्वामीजी को दिल्ली में दलित वर्ग का पूर्ण सहयोग मिलने लगा। आगरा से दिल्ली की स्थिति कुछ अलग थी। नये स्थान पर जमने में थोड़ा समय लगा। 22 अक्टूबर (1921) को दिल्ली में एक शास्त्रार्थ बहस आरम्भ हुई थी जिसमें उन्होंने पण्डित अखिलानन्द को हराया था। यहीं उन्हें श्री 108 की उपाधि प्रदान की गयी। (1922) में इग्लैण्ड के सम्राट् पंचम जार्ज के सुपुत्र प्रिन्स ऑफ वेल्स के दिल्ली

आगमन पर स्वामीजी ने उनके स्वागत तथा अछूतों की दशा का दृश्य चित्रण करने हेतु एक विराट् अछूत सम्मेलन का आयोजन किया। जिसमें प्रिन्स ऑफ वेल्स पधारे इस अवसर पर उनको 17 सूत्रीय माँग का पत्र भेंट किया[17]

प्रिन्स ने धन्यवाद देते हुए कहा था इस उत्साही स्वागत के लिए मेरी ओर से हार्दिक स्वागत आप सभी को मेरी शुभकामनाएँ। मैं उन जातियों के लिए सम्पन्नता की कामना करता हूँ जो इनका प्रतिनिधित्व करते हैं। जब युवराज इग्लैण्ड पहुँचे तो उन्होंने अछूतों की कहानी को अपने पिता सम्राट् पंचम जॉर्ज को बतायी और कहा कि भारत में सवर्ण लोग किस प्रकार अछूतों के साथ निरंकुशता का व्यवहार कर रहे हैं। उनको धार्मिक, सामाजिक, आर्थिक एवं राजनीतिक अधिकारों से वंचित रखा जाता है। इस पर लन्दन के सेक्रेटेरी ऑफ स्टेट फॉर इण्डिया द्वारा भारत के वाइसराय के लिए आदेश भेजा गया कि प्रत्येक नगरपालिका में एक-एक अछूत सदस्य रखा जाये। इसी प्रकार टाउन एरिया, नोटिफाइड एरिया, डिस्ट्रिक्ट वार्ड काउन्सिल आदि सभी शासकीय संस्थाओं में एक-एक सदस्य अछूतों का मनोनीत किया जाये और इसका कड़ाई से पालन हो ऐसे आदेश जारी किये गये।[18]

दिल्ली में रहते हुए स्वामी अछूतानन्द ने दलितों के लिए उल्लेखनीय कार्य किये (1922) में उन्होंने दिल्ली में एक और सम्मेलन किया जिसमें दलितों के बीच शिक्षा के प्रचार-प्रसार इतना लाने के लिए अनेक कार्यक्रम रखे गये। (1923) में स्वामीजी ने इटावा में पदार्पण किया और 1 वर्ष तक अनवरत रूप से समूचे शहर तथा आसपास के गाँवों का भ्रमण किया। इटावा के बड़े डाकखाने के मैदान में उनके सम्मान में एक ऐतिहासिक सम्मेलन हुआ जिसमें जिले के तत्कालीन अंग्रेज कलेक्टर मैकलोड भी शामिल हुए थे जिसमें उन्होंने काफी पर्सी भाषण दिया था उनके व्यक्तित्व से प्रभावित हुए बिना नहीं रह सके थे इसका कारण था कि वे आम आदमी के बीच गये थे उनके सुख-दुख में दलित समाज की एक-एक व्यक्ति से घने रिश्ते बन गये थे। निश्चित ही वे दलितों को जागरूक बनाना चाहते थे। उन्होंने दलितों में मान-सम्मान की भावना आये इस हेतु उनका सजग प्रयास रहा। स्वामी अछूतानन्दजी ने इस बात को शिद्दत से महसूस किया कि देश में अंग्रेजों का शासन था पर कुछ जागीरदार और सामन्त भी अपने ही लोगों पर अत्याचार करने में पीछे न थे। जो जितना अंग्रेज राज्य के प्रति वफादारी निभाते उसे उतना ही बड़ा पुरस्कार मिलता। ऐसी परिस्थितियों में कमजोर समुदायों पर दोहरा अत्याचार होता था। इस तरह से स्वामी अछूतानन्दजी की दलितोद्धार की इस मुहिम में उन्हें तीन तरफ से हो रहे हमलों का मुकाबला करना पड़ा, पहला हिन्दू धर्म में फैली कुरीतियों और छूआछूत के समर्थक मठाधीशों से दूसरा मुसलमानों की धर्म परिवर्तन नीति से और तीसरे अंग्रेजों की राजनीतिक गुलामी से।

इस तरह सर्वत्र हो रहे जुल्म और अत्याचार को हमेशा के लिए समाप्त कराने के उद्देश्य से उन्होंने अनेक स्थानों पर दौरा किया जहाँ भी वे जाते स्थानीय लोगों को इकट्ठा होकर जुल्म का सामना करने के लिए कहते इसी उद्देश्य की पूर्ति के लिए उन्होंने (1926) में कानपुर में दलितों का एक सम्मेलन बुलाया। इस सम्मेलन में उन्होंने पूर्ण स्वराज की माँग की उन्होंने कहा कि देश में जो मजदूर वर्ग रात-दिन मेहनत करता है उसके पास न कपड़ा है न उनके पेट में रोटी है। जबकि मजदूर-किसान ही देश के आर्थिक ढाँचे का आधार है। वह अगर अपना कार्य करना छोड़ दें तो एक पल में सब-कुछ उल्टा पुल्टा हो सकता है अत्याचार सहते हुए भी कभी किसी को नुकसान नहीं पहुँचाता।[19]

दलित लेखक कँवल भारती लिखते हैं कि (1923) में दिल्ली में ही 'आदि हिन्दू आन्दोलन' की विधिवत् घोषणा हो जाने पर (1932) तक दस वर्षों के भीतर इस आन्दोलन ने पूरे देश में धूम मचा दी थी।[20] (1930) तक स्वामीजी के नेतृत्व में उनके आठ राष्ट्रीय अधिवेशन, तीन विशेष सम्मेलन और पन्द्रह प्रान्तीय सभाओं के साथ सैकड़ों की संख्या में जनपदीय सभाएँ सम्पन्न हुए। पहला वार्षिक सम्मेलन दिल्ली (1923) में, दूसरा नागपुर (1926), तीसरा हैदराबाद (1925), चौथा मद्रास (1926), पाँचवाँ इलाहाबाद (1927), छठवाँ मुम्बई (1928), सातवाँ अमरावती (1929) और आठवाँ (1930) में इलाहाबाद में आयोजित किये गये थे। इनके साथ ही प्रान्तीय सभाएँ लखनऊ, कानपुर, इलाहाबाद, मेरठ, मैनपुरी, मथुरा, इटावा, गोरखपुर, फर्रूखाबाद तथा आगरा में आयोजित की गयी थी।[21]

आज का जो दलित आन्दोलन है, इसको आदि हिन्दू आन्दोलन की पृष्ठिभूमि के तौर पर देखा जा सकता है। 27, 28 दिसम्बर (1927) में लखनऊ में हुए आदि हिन्दू सम्मेलन पर गौर करना आवश्यक है। यह सम्मेलन लखनऊ के मेयो हाल में सम्पन्न हुआ था। मेयो हाल में आदि हिन्दू कहे जानेवाले भाइयों की सभा हुई। सभा के अधिकांश सदस्य रैदास और चर्मकार जाति के सज्जन थे। मेहतर और डोम जाति के भाई सभा में प्रायः नहीं के बराबर थे। इस सम्मेलन की सदारत जी.ए.गवई द्वारा की गयी इसमें अपने अध्यक्षीय भाषण में गवई ने कहा हमारा आन्दोलन केवल अछूतों तक ही सीमित है। गवई ने कहा कि मेरी राय में स्वराज्य की कोई आवयश्कता नहीं, क्योंकि स्वराज्य होने से हमारी शिकायत दूर नहीं होगी। मैं तो यही समझता हूँ कि हम लोगों की कठिनाइयों को दूर करने के लिए विदेशी सरकार ही अच्छी है। प्राचीन हिन्दू राज्य के अनुभव यही सिद्ध करते हैं कि स्वराज्य मिलने पर हम लोग और भी अधिक गुलाम बना लिये जायेंगे। जब तक हम लोगों के कष्ट दूर नहीं हो जाते, तब तक स्वराज्य हमें और भी दृढ़ता से गुलामी के बन्धनों में बाँध देगा। यह बात सत्य

है कि मिस्टर गाँधी अस्पृश्यता दूर करने का प्रयत्न कर रहे है। तथापि गाँवों में अब तक भी सार्वजनिक कुओं के प्रयोग की रुकावट हैं और यहाँ तक कि कई बार इस रुकावट को दूर करने के लिए हमारे समाज को सत्याग्रह की सहायता लेनी पड़ती है। इसलिए यदि हम लोग यह समझते हैं कि अभी भारत विदेशी शासन से मुक्त होने योग्य नहीं है तो यह असत्य नहीं। अपने भाषण के अन्त में गवई साहेब ने यह भी कहा अपनी सामाजिक स्थिति को ऊँचा करना ही हमारा धर्म है। हम लोगों का स्वराज्य हमारा आत्मसम्मान है। और हम इसी स्वराज्य को जीतने के लिए आज तैयार हैं।

स्वामी अछूतानन्द और डॉ. अम्बेडकर

स्वामी अछूतानन्द इसी दौर में समाज में कार्य कर रहे महापुरुषों से भी मिल रहे थे। इन्हीं दिनों उन्हें डॉक्टर अम्बेडकर के बारे में मालूम हुआ। दूसरी ओर अम्बेडकर भी अछूतानन्दजी से मिलना चाहते थे। स्वामी अछूतानन्द को जब पता चला कि बम्बई में एक अछूत नवयुवक अनेक समस्याओं और सामाजिक कष्टों को सहकर अमरीका और लन्दन से उच्च शिक्षा प्राप्त कर भारत आया है और अछूतों के बीच में काम कर रहा है तो उन्हें बड़ी खुशी हुई। वे उस नवयुवक अर्थात् अम्बेडकर से मिलने के लिए उत्सुक हुए। अम्बेडकर के मन में भी उत्तर भारत के अछूतों से मिलने की प्रबल इच्छा थी। इस तरह नवम्बर (1928) में आदि-हिन्दू आन्दोलन के राष्ट्रीय सम्मेलन में बम्बई में इन दोनों महापुरुषों की मुलाकात हुई। उन्होंने बातचीत में इस बात पर भी जोर दिया कि आदि, हिन्दू आन्दोलन को राजनीति में क्रान्तिकारी भूमिका निभानी है। 9 फरवरी को ग्वालियर राज्य के विराट् आदि-हिन्दू महासभा में उनके द्वारा दिया गया भाषण दलित आन्दोलन में मील का पत्थर साबित हुआ।[22] उस समय अछूतों की समस्याओं को उठानेवाला और लोगों तक पहुँचानेवाला दलित समाज का कोई भी समाचार-पत्र या पत्रिका नहीं थी। स्वामी अछूतानन्द ने 'अछूत' नाम से बाद में ''आदि हिन्दू'' पत्र चलाया। इस प्रकार वे उत्तर भारत में दलित पत्रकारिता के सूत्रधार बने। सम्मान आन्दोलन की अलख जगाने का बहुत-कुछ श्रेय इनको है।

स्वामी अछूतानन्द का साहित्य सृजन

शम्बूक बलिदान (नाटक), मायानाद, बलिदान (जीवनी), अछूत पुकार (भजनावली), पाखण्ड खण्डिनी (मीमांसा), आदिवंश का डंका (कवितावली), रामराज्य न्याय (नाटक), सन्तमाया, लवणासुर वध आदि की भी रचना की है। इस सम्मान संघर्ष में सर्वाधिक योगदान भदन्त बोधानन्द का था, जो दलित और पिछड़े वर्गों में स्वाभिमान जगाने में संलग्न थे। लखनऊ के अन्य नागरिकों में सर्वश्री राम सहाय पासी, रामचरण मल्लाह, शिवदयाल सिंह चौरसिया, चौधरी बुद्ध देव रैदास, भगौती प्रसाद कुरील,

चौधरी होरीलाल, श्री महादेव प्रसाद धानुक, बदलूराम रसिक, रामचरण भुर्जी, एडवोकेट गौरी शंकर पाल आदि मुख्य थे। इस आयोजन का नेतृत्व स्वामी अछूतानन्दजी ने किया था। बीसवीं सदी के प्रथम तीन दशकों में उत्तर भारत के दलित आन्दोलन में उनकी प्रभावी भूमिका बड़ी महत्त्वपूर्ण मानी जाती है।

चन्द्रिकाप्रसाद जिज्ञासु : जीवन वृत

लखनऊ के दलित सम्मान आन्दोलन में एक नाम चन्द्रिकाप्रसाद जिज्ञासु का भी सम्मिलित है जिन्होंने साहित्य को दलित सम्मान आन्दोलन का माध्यम बनाया। चन्द्रिकाप्रसाद जिज्ञासु का जन्म सन् (1889) में हुआ था। जब वे 11 वर्ष के थे तो उनके माता-पिता का देहान्त हो गया था। ऐसी परिस्थिति में उनकी स्कूली शिक्षा कक्षा 10 तक हो सकी। बाद में उन्होंने संस्कृत में 'मध्यमा' और 'फारसी' में 'गुलिस्ताँ बोस्ताँ' को स्वयं पढ़कर पास किया। हिन्दी, उर्दू, बांग्ला, संस्कृत, अरबी-फारसी और पश्तो, भाषाओं का ज्ञान रखते थे। कुरान शरीफ का उन्होंने हिन्दी में अनुवाद किया था शुरूआती दिनों में आर्यसमाज के सम्मेलनों से प्रभावित रहे।

चन्द्रिका प्रसाद जिज्ञासु की साहित्य रचना

आर्यसमाजियों ने जिज्ञासुजी से पहली पुस्तक 'महाराणा प्रताप सिंह' लिखवायी, जिसे आर्य पुस्तकालय बरेली द्वारा प्रकाशित करवाया गया। लखनऊ से गोपाल लाल खत्री ने उसी समय 'नागरी प्रचारिणी' मासिक पत्रिका शुरू की थी। उसका सम्पादन श्री रूपनारायण पाण्डेय करते थे। लेकिन वे जब काशी चले गये, उस समय उसके सम्पादक चन्द्रिकाप्रसाद जिज्ञासु नियुक्त हुए। प्रूफ रीडिंग के माध्यम से जिज्ञासुजी को विभिन्न प्रकार के धर्मग्रन्थों तथा विविध साहित्य का ज्ञान प्राप्त हुआ। लेकिन यह प्रूफ रींडिग का कार्य दूसरों की दयादृष्टि पर ही निर्भर था। उस समय स्वामी अछूतानन्द के आदि हिन्दू आन्दोलन और बाबा साहेब डॉ. अम्बेडकर के दलित और पिछड़े वर्गों के लिए छेड़े गये राजनैतिक आन्दोलन तथा भदन्त बोधानन्द के बौद्ध वैचारिक आन्दोलन को भी जिज्ञासुजी प्रेस के माध्यम से पढ़ और समझ रहे थे। धीरे-धीरे दूसरों की प्रूफ रीडिंग उन्हें बोझ लगने लगी और अपनी ओर गम्भीरतापूर्वक झाँकने लगे। उन्होंने स्वतन्त्र जीविका का मार्ग अपनाने का निश्चय किया। हिन्दू समाज-सुधार कार्यालय स्थापित किया और उसके द्वारा 'ट्रैक्ट' छापने लगे। इनका पहला ट्रैक्ट (1930) ई. में छपा, जिसका नाम था 'राष्ट्रीय डंका'। उसमें राष्ट्रीय गाने थे। जोशीले गानों से भरपूर इस किताब के उर्दू और गुजराती में भी संस्करण प्रकाशित हुए, लेकिन बाद में यह पुस्तक बैन कर दी गयी। यह किताब इतनी प्रचलित हुई कि एक साल में ही बारह संस्करण प्रकाशित हुए। इसके बाद स्वतन्त्र भारत का सिंहनाद, आजादी

की हुंकार, आजाद भारत के गाने, आजादी की गूँज, स्वतन्त्र भारतीय गायन, सुदर्शन चक्र चरखा, स्वदेशी प्रचार विदेशी बहिष्कार, भगवान् गाँधी और उनका धर्म राज्य आदि जिज्ञासुजी ने 60 ट्रैक्ट निकाले, जिनमें 22 जब्त हुए, 5 बार हिन्दू समाज-सुधार कार्यालय की तलाशी हुई। यही नहीं, जिज्ञासुजी को इसके लिए धारा (124-ए) में गिरफ्तार करके जेल भेज दिया गया। इस केस को वकील राय साहब रामचरन ने लड़ा और तीन महीने बाद इन्हें जेल से मुक्त कराया। कुछ समय इलाहाबाद जाकर अग्रवाल प्रेस में प्रूफ रीडिंग का कार्य किया। (1937) ई. में चन्द्रिकाप्रसाद जिज्ञासु को शारदा सक्सेना ने 'दैनिक नवजीवन' का सम्पादक नियुक्त किया।

एक पत्रकार के रूप में 'नवजीवन' अखबार में आने से पहले वे कुछ समय नागरी प्रचारिणी मासिक पत्रिका के सम्पादक रहे। फिर कलकत्ता के साप्ताहिक 'मारवाड़ी' के सम्पादक के रूप में कलकत्ता में कार्य किया। बाद में वे लखनऊ लौट आये। इसके बाद चन्द्रिकाप्रसाद जिज्ञासु पत्रकारिता के क्षेत्र में आये और नवजीवन में सहायक सम्पादक बने और फिर सेवा मुक्त होकर उन्होंने 'समाज सेवा प्रेस' कायम किया। उन्होंने 'कलवार सन्देश' और 'हैहय क्षत्रिय' नाम की पत्रिकाएँ निकालीं। वे जब कविताएँ लिखते थे तो उपनाम 'प्रकाश लखनवी' भी लिखते थे। 'सुधा' तथा 'सरस्वती' में भी अपने उपनाम से लेख लिखते थे। आरम्भ में वे गाँधीवादी थे और राष्ट्रीय आन्दोलन में भाग लेते थे। 'राष्ट्रीय डंका' और 'आजादी' शीर्षक से उनकी राष्ट्रीय कविताओं के ट्रैक्ट खूब बिके और बाद में ब्रिटिश सरकार द्वारा वे जब्त कर लिये गये और बाद में धारा (124) के तहत उनको भी गिरफ्तार कर लिया गया। प्रोफेसर अँगनेलाल लिखते हैं कि उनके केस को वकील राय साहब रामचरण ने लड़ा और तीन महीने बाद जेल से रिहा कराया गया। धीरे-धीरे उनका गाँधीवाद से मोहभंग हुआ और वे डॉ. अम्बेडकर के प्रशंसक हो गये। जिज्ञासुजी दलित जाति के नहीं थे, वह कलवार थे। यदि आज की भाषा में कहें तो वे गैर दलित थे, उन्होंने अपनी जाति नहीं छिपायी बल्कि विद्वान् बनकर जाति का नाम रोशन किया कि एक अत्यन्त पिछड़ी जाति भी स्वाभिमान से सर उठा सके।[23]

भदन्त बोधानन्द ने सामाजिक परिवर्तन के लिए एक समिति बनायी थी, जिसका नाम 'नवरत्न कमेटी' था। भदन्त बोधानन्द उसके अध्यक्ष और स्वामी अछूतानन्द उसके उपाध्यक्ष थे। चन्द्रिकाप्रसाद जिज्ञासुजी इस नवरत्न कमेटी के एक सदस्य रत्न थे। बुद्ध बिहार रिसालदार पार्क में महामना राहुल सांकृत्यायन, भदन्त आनन्द कौसल्यायन, डॉ.भिक्षु धर्मरक्षित, डॉ.अम्बेडकर, सोहनलाल शास्त्री, शंकरानन्द शास्त्री आदि विद्वानों और सामाजिक कार्यकर्त्ताओं का आवागमन लगा रहता था, जिसके कारण जिज्ञासुजी का इन सभी से परिचय हो गया था।

चन्द्रिकाप्रसाद जिज्ञासु ने इन ८0 प्रतिशत दबी-कुचली, अछूत और पिछड़ी जातियों को 'बहुजन समाज' का नाम दिया था। उन्होंने लिखा कि 'इन वर्गों में पर्याप्त मेधा-शक्ति है, पर ब्राह्मणों ने उन्हें विकास के अवसर नहीं दिये। जो एक बड़ी बाधा है, जिससे भारतीय राष्ट्र संसार के शक्तिशाली राष्ट्रों के समतुल्य शक्तिशाली नहीं बनने पाता। यहाँ सत्ताधारी अल्पसंख्यक गुट अस्सी प्रतिशत बहुजन समाज को हमेशा अपना आज्ञावाहक दास बनाये रखने में सजग और सक्रिय दिखायी देता है। तथा ब्राह्मण अपनी प्रभुताई, गुरुआई और पूजनीयता को अक्षुण्ण रखने की चिन्ता में चूर हैं।[24]

डॉ.अम्बेडकर और उनके साहित्य का जितना प्रचार आज है उतना 60 के दशक में नहीं था। आरम्भ में कुछ किताबें अंग्रेजी में थीं जिन्हें पढ़नेवाले नहीं के बराबर थे। ऐसे समय में जिज्ञासुजी ने विशेष परिश्रम करके अम्बेडकर साहित्य का प्रचार किया। उनका निवास लखनऊ के सआदत गंज में था। उनका कार्यालय 'हिन्दू समाज सुधार' के नाम से था। पहले वह किताबें छापा करते थे, बाद में बुद्ध के बहुजन शब्द से प्रभावित होकर 'बहुजन कल्याण प्रकाशन' नाम रखा। सारा साहित्य इसी प्रकाशन से प्रकाशित कराया। जिनमें सामाजिक क्रान्ति की पुस्तकें, नाटक, गीत-कविता जीवनियाँ, भाषण और अंग्रेजी पुस्तकों के साथ ही डॉ. अम्बेडकर के उपलब्ध साहित्य उनका हिन्दी अनुवाद शामिल है। अनुवाद करनेवालों में उनके सहयोगी थे भदन्त आनन्द कौसल्यायन, खेमचन्द सौगत, श्री वर्धन और दयाराम जैन इनके द्वारा अनुवादित पुस्तकें थीं, शूद्रों की खोज, जाति भेद उच्छेद, कांग्रेस और गाँधी ने अछूतों के लिए क्या किया, हिन्दू नारी उत्थान और पतन, अछूत कौन और कैसे, रानाडे गाँधी और जिन्ना, भारत में जातिवाद और रामास्वामी नायकर का जीवन और विचार। बौद्ध साहित्य के धम्मपद और बौद्ध धर्म ही सच्चा धर्म उनकी महत्त्वपूर्ण कृतियाँ हैं।[25]

वे गाँव-गाँव साइकिल से अम्बेडकर की विचारधारा का प्रचार करते थे। उनके अनेक अनुयायी थे। उनके अनुसार अनुप्राणित लेखकों की लखनऊ में लम्बी टीम थी। इनमें राज्य वैद्य बदलूराम रसिक, खेमचन्द सौगात, श्रीवर्धन मंगलदेव विशारद, रामस्वरूप वर्मा, छेदीलाल साथी, अँगने लाल, माताप्रसाद सागर और कन्हैयालाल कमल ही मुख्य थे। महापण्डित राहुल सांकृत्यायन, भदन्त आनन्द कौसल्यायन, आचार्य चतुरसेन, अमृतलाल नागर, भगवतीचरण वर्मा, महावीरप्रसाद द्विवेदी, दुलारेलाल भार्गव, डॉ.राममनोहर लोहिया और बाबू जगजीवन राम जैसी प्रख्यात हस्तियाँ उनके कार्यालय में आ चुकी थीं। बाबू जगजीवन राम ने उनके अभिनन्दन की योजना बनायी पर उन्होंने मना कर दिया।[26] जिज्ञासु ने प्रेस की स्थापना (1960) में की थी जो

उनकी रचनाकर्म का विशाल संसार है। इस सन्दर्भ में दलित लेखक श्री कँवल भारती के अनुसार उनके द्वारा लिखित सम्पादित और अनूदित पुस्तकों की ठीक-ठीक संख्या बताना मुश्किल है।[27] उनकी संख्या 100 से अधिक हो सकती है।[28] चन्द्रिकाप्रसाद जिज्ञासु ने गद्य में बहुत-सी पुस्तकें लिखीं जिनमें मौलिक लेखन से लेकर अनुवाद शामिल हैं। उन्होंने अपने जीवन को हिन्दू ज्ञान धारा में समर्पित किया और सन्तों के सान्निध्य में रहकर ज्ञान प्राप्त किया। उन्होंने गीता, रामचरितमानस तथा रामतीर्थ ग्रन्थावली का सम्पादन विश्लेषण और व्याख्याएँ की हैं। उनकी एक पुस्तक 'मोहिनी विद्या' है जो (1938) में उनकी तत्कालीन प्रकाशन संस्था 'श्री सरस्वती साहित्य मन्दिर' से प्रकाशित हुई। 216 पृष्ठों की इस पुस्तक का मूल्य दो रुपये था। यह सम्मोहन विज्ञान पर एक बेहतरीन पुस्तक है। दलित चिन्तन धारा की पहली हिन्दी पुस्तक सम्भवतः 'मूल भारतवासी और आर्य' थी जिसे भदन्त बोधानन्द महास्थविर ने (1930) में लिखा था। इस पुस्तक से प्रभावित होकर ही उन्होंने 'भारत के आदिवासी' नाम का एक ग्रन्थ लिखा। जिसमें 12 अध्याय के इस ग्रन्थ के तीन अध्याय 'सृष्टि और मानव समाज' का विकास नाम से छपे। पाँचवें अध्याय से लेकर बारहवें अध्याय तक को 'भारत के मूलनिवासी और आर्य' शीर्षक से प्रकाशित कराने की उनकी इच्छा पूरी नहीं हुई। चौथा अध्याय भारत के 'आदिवासियों की सभ्यता' नाम से (1937) में छपा। इस पुस्तक के (1969) तक छह संस्करण हुए। जिज्ञासु की 'पिछड़े वर्ग के वैधानिक अधिकारों का हनन' (1957) में प्रकाशित पुस्तक ने दलित वर्गों में तहलका मचा दिया। उन्होंने इस पुस्तक में पिछड़ी जातियों के अधिकारों के सवाल पर डॉ.अम्बेडकर की उस ऐतिहासिक वार्त्ता को भी दिया जो 30 अक्टूबर (1953) को लखनऊ के पिछड़ी जातियों के नेता शिवदयाल सिंह चौरसिया और कानपुर के दीनानाथ मोदी के साथ हुई थी। इस वार्त्ता में डॉ.अम्बेडकर ने कहा था, ''अछूत और पिछड़े वर्ग दोनों को मिलकर निर्वाचनों में सभी स्थानों पर अपने प्रतिनिधियों को खड़ा करना चाहिए। वे जितनी बार हारेंगे उतनी ही बार पिछड़े वर्ग के प्रतिनिधित्व के लिए वोटरों के मन में चाह उत्पन्न होगी।[29]

चन्द्रिकाप्रसाद जिज्ञासु ने कालेलकर आयोग की रिपोर्ट की समीक्षा के साथ-साथ उस रिपोर्ट की सिफारिशें लागू न करने के कारण गृहमन्त्री गोविन्द बल्लभ पन्त की भी तीखी आलोचना की है। (1959) में उनकी तीन पुस्तकें प्रकाशित हुई। वें पुस्तके हैं सन्तप्रवर रैदास, ईश्वर और उसके गुड्डे तथा रावण और उसकी लंका इनमें सन्तप्रवर रैदास पुस्तक सर्वाधिक चर्चा का विषय रही। उनकी यह पुस्तक सन्त रैदास के बारे में बड़ी वैचारिक क्रान्ति की तरह से है। इनमें रैदास जी का चित्रण कुछ इस तरह से है जो कि श्रवणमार्गी, बौद्धधर्मी और दलित मुक्ति के संघर्ष के नायक है। इसी तरह

से रावण और उसकी लंका जिज्ञासुजी की एक अनुपम कृति है। इस तरह ताउम्र संघर्ष करते हुए उन्होंने 12 जनवरी (1972) को परिनिर्वाण प्राप्त किया।

चन्द्रिकाप्रसाद जिज्ञासु : लोकवृत्त और प्रकाशित साहित्य

इस प्रकार से जिज्ञासुजी ने दलित सम्मान आन्दोलन को गति प्रदान करने और सुदृढ़ दिशा देने के लिए साहित्य को माध्यम बनाया था। वे उसे आगे बढ़ाते रहे, वे अपने कार्य में पूर्ण सफल हुए और उत्तर भारत में दलित साहित्य प्रकाशन में निःसन्देह एक प्रकाश स्तम्भ के समान सिद्ध हुए। उनके प्रकाशन की सूची लम्बी है, उसमें से कुछ प्रमुख पुस्तकें इस प्रकार हैं—भगवान् गौतम बुद्ध, भारत के आदि निवासी, भारत के आदि निवासियों की सभ्यता, सृष्टि और मानव समाज का विकास, रावण और उसकी लंका, ईश्वर और उसके गुड्डे, रामराज्य न्याय नाटक, सन्तप्रवर रैदास साहेब, सद्‌गुरु कबीर का मानव सन्देश, बाबा साहेब डॉ. अम्बेडकर का जीवन संघर्ष, बाबा साहेब का उपदेश और आदेश, बाबा साहेब का नागपुर का ऐतिहासिक भाषण, बाबा साहेब के चुने हुए पन्द्रह व्याख्यान, पूना पैक्ट बनाम गाँधी, बौद्ध धर्म में जय मंगल कार्य पद्धति पिछड़ा मीमांसा आदि वंश कथा, बौद्ध दीक्षा आदि।

चन्द्रिकाप्रसाद जिज्ञासु ने बहुजन वैचारिकी के साहित्य के प्रसार के लिए 'बहुजन कल्याण प्रकाशन' की स्थापना की, और उसके माध्यम से कबीर, रैदास, बुद्ध, डॉ. अम्बेडकर, रामास्वामी नायकर और अन्य प्रगतिशील विचारकों के विचारों को 'बहुजन माला' के अन्तर्गत जन-जन तक पहुँचाने का कार्य किया। उन्होंने (1961) में 'बाबा साहेब का जीवन संघर्ष' पुस्तक लिखी, जिसको पढ़कर हिन्दी क्षेत्र की नयी पीढ़ी डॉ. अम्बेडकर और उनके नेतृत्व से परिचित हुई। इसके अतिरिक्त उन्होंने बाबासाहेब की अनेक कृतियों के हिन्दी में अनुवाद कराकर प्रकाशित किये, जिनमें 'बाबासाहेब के पन्द्रह व्याख्यान', 'अछूतों की विमुक्ति और गाँधी', 'शूद्रों की खोज, अछूत कौन और कैसे', 'जातिभेद का उच्छेद', 'बाबासाहेब का उपदेश और आदेश', 'बाबासाहेब की भविष्य वाणी', 'पूना पैक्ट बनाम गाँधी', 'गाँधी अम्बेडकर विवाद', 'कांग्रेस और गाँधी ने अछूतों के लिए क्या किया', 'भारत का विभाजन अथवा पकिस्तान', 'हिन्दू नारी का उत्थान और पतन', 'गाँधीवाद की मीमांसा', 'भारत में जातिवाद', और 'रुपये की समस्या' थी। महाराष्ट्र सरकार द्वारा सम्पूर्ण रचनावली प्रकाशित करने से दो दशक पहले ही उन्होंने बाबासाहेब की प्रमुख रचनाओं को हिन्दी में प्रकाशित करा दिया था। इसके अतिरिक्त जिज्ञासुजी ने 'शिव तत्त्व प्रकाश', 'रावण और उसकी लंका', 'ईश्वर और उसके गुड्डे', 'पिछड़े वर्ग के वैधानिक अधिकारों का सरकार द्वारा हनन', 'संतप्रवर रैदास', 'बौद्ध धर्म ही भारत का सच्चा धर्म', 'शम्बूक वध नाटक', 'आदिवंश का

डंका', 'आर्य नीति का भण्डाफोड़', 'हिन्दू संस्कृति में वर्णव्यवस्था और जातिभेद', 'मनुस्मृति : एक प्रतिक्रिया' शीर्षक पुस्तकों का प्रकाशन किया, जिनमें अधिकांश के लेखक वह स्वयं थे। यह वह लेखन था, जो हिन्दी साहित्य में क्रान्तिकारी था, और सामाजिक बदलाव के लिए था पर समाजविज्ञान ने कभी इस परिवर्तकामी साहित्य को अध्ययन और विश्लेषण का नहीं माना।

ललई सिंह यादव (1 सितम्बर 1921–7 फरवरी-1993)

उत्तर भारत के इस बहुजन वैचारिक आन्दोलन से कानपुर के ललई सिंह यादव भी जुड़े। वह सामाजिक समानता के लिए ब्राह्मणवाद के विरुद्ध खड़े हुए। वह (1933) में ग्वालियर की सशस्त्र पुलिस बल में बतौर सिपाही भर्ती हुए थे। पर कांग्रेस के स्वराज का समर्थन करने के कारण दो साल बाद बरखास्त कर दिये गये। उन्होंने अपील की और अपील में वह बहाल कर दिये गये। (1946) में उन्होंने ग्वालियर में ही 'नान-गजेटेड मुलाजिमान पुलिस एण्ड आर्मी संघ' की स्थापना की, और सर्वसम्मति से उसके अध्यक्ष बने। इस संघ के द्वारा उन्होंने पुलिस कर्मियों की समस्याएँ उठायीं और उनके लिए उच्च अधिकारियों से लड़े। जब अमरीका में भारतीयों ने लाला हरदयाल के नेतृत्व में 'गदर पार्टी' बनायी, तो भारतीय सेना के जवानों को स्वतन्त्रता आन्दोलन से जोड़ने के लिए 'सोल्जर ऑफ दि वार' पुस्तक लिखी गयी थी। ललई सिंह ने उसी की तर्ज पर (1946) में 'सिपाही की तबाही' किताब लिखी, जो छपी तो नहीं थी, पर टाइप करके उसे सिपाहियों में बाँट दिया गया था। लेकिन जैसे ही सेना के इन्स्पेक्टर जनरल को इस किताब के बारे में पता चला, उसने अपनी विशेष आज्ञा से उसे जब्त कर लिया। 'सिपाही की तबाही' वार्त्तालाप शैली में लिखी गयी किताब थी। यदि वह प्रकाशित हुई होती, तो उसकी तुलना आज महात्मा ज्योतिबा फुले की 'किसान का कोड़ा' और 'अछूतों की कैफियत' किताबों से होती।

सेवानिवृत्त होने के बाद ललई सिंह ने बौद्ध धर्म ग्रहण किया और अपने नाम से यादव हटा दिया। उन्होंने 'अशोक पुस्तकालय' नाम से प्रकाशन संस्था कायम की और अपना प्रिण्टिंग प्रेस लगाया, जिसका नाम 'सस्ता प्रेस' रखा था। उसके माध्यम से उन्होंने बहुजन समाज को जागृत करनेवाले साहित्य प्रकाशन का काम आरम्भ किया। उन्होंने पाँच नाटक लिखे—(1) अंगुलीमाल नाटक, (2) शम्बूक वध, (3) सन्त माया बलिदान, (4) एकलव्य, और (5) नाग यज्ञ नाटक। गद्य में भी उन्होंने तीन किताबें लिखीं थीं—(1) शोषितों पर धार्मिक डकैती, (2) शोषितों पर राजनीतिक डकैती, और (3) सामाजिक विषमता कैसे समाप्त हो? इसके सिवा उनके 'राजनीतिक-सामाजिक राकेट' तो लाजवाब थे। यह हिन्दी साहित्य के समानान्तर नयी वैचारिक

क्रान्ति का साहित्य था, जिसने हिन्दू नायकों और हिन्दू संस्कृति पर दलित वर्ग की सोच को बदल दिया था। यह नया विमर्श था, जिसका हिन्दी साहित्य में अभाव था। ललई सिंह के इस साहित्य ने बहुजनों में ब्राह्मणवाद के विरुद्ध विद्रोही चेतना पैदा की और उनमें श्रमण संस्कृति और वैचारिकी का नवजागरण किया। इस कड़ी में रायसाहेब रामसहाय पासी, शिवदयाल सिंह चौरसिया, छंगालाल बहेलिया, भूलनप्रसाद, डॉ. गयाप्रसाद प्रशान्त, नारायणदास, रामस्वरूप वर्मा, जगदेवप्रसाद, मंगलदेव विशारद, महाराज सिंह भारती, क्षेत्रपाल सिंह यादव, महावीरप्रसाद बनौधा इत्यादि भी बहुजन वैचारिकी के महत्त्वपूर्ण हस्ताक्षर हुए हैं।

इस तरह से इन आन्दोलनों ने दलित वर्गों में यह स्थापित करने में सफलता प्राप्त की कि शूद्र और अछूत बनायी गयी जातियाँ मूल निवासी हैं और शेष सब बाहर से आये हुए आर्य हमलावर हैं। आदि हिन्दू महासभा केवल अछूतों का संगठन नहीं था। बल्कि पिछड़े वर्ग का भी था। इसलिए इस संगठन से बड़ी संख्या में बहुजन समाज के बुद्धिजीवी जुड़े हुए थे। (1932) में पूना पैक्ट के बाद जो दलित वर्गों के राजनीतिक अधिकारों के सम्बम्ध में था, इसके बाद दलित जातियाँ दलित वर्ग बनीं। राजनीतिक मुद्दे पर कांग्रेस और गाँधी के बीच इस पूरे घटनाक्रम में आदि हिन्दू महासभा डॉ.अम्बेडकर के पक्ष में खड़ी रही। इस तरह से स्वामी अछूतानन्द के परिनिर्वाण (1933) के बाद उसका विलय (1940) में डॉ.अम्बेडकर के राजनीतिक दल शेड्यूल्ड कास्ट फेडरेशन में हो गया। इसके बाफ शेड्यूल्ड कास्ट फेडरेशन के भंग हो जाने के बाद रिपब्लिकन पार्टी ऑफ इण्डिया बनी।[30] इस तरह से इस जाति विरोधी आन्दोलन को बहुजन आन्दोलन का नाम देने का श्रेय चन्द्रिकाप्रसाद जिज्ञासु को जाता है। जिन्होने अपने लेखन के माध्यम से यह बताया कि इस देश की 85 प्रतिशत मेहनतकस जनता जिनमें किसान, मजदूर, दलित, पिछड़ी जातियाँ और जनजातियाँ शामिल हैं और जो हिन्दू समाज में शोषित हैं। इस तरह से चन्द्रिकाप्रसाद जिज्ञासु ने इसे बहुजन समाज का नाम दिया और इस आन्दोलन को बहुजन आन्दोलन।

वाद, विवाद, संवाद : दलित आंगिक बुद्धिजीवियों का दायित्व, सृजनशीलता और सामाजिकता : सन्दर्भ वर्तमान

मुद्दा यह है कि दलितों का प्रतिनिधित्व कौन करे। आज़ादी के संघर्ष के दौरान गाँधीजी कहते थे मैं अछूतों का प्रतिनिधि हूँ, डॉ.अम्बेडकर का दावा था कि मैं उनका प्रतिनिधि हूँ। हिन्दी साहित्य में यह बहस उतरकर प्रेमचन्द और स्वामी अछूतानन्द के बीच आ गयी। इन दोनों में से दलितों का प्रतिनिधि कौन है? कौन सच्चा साहित्य लिख रहा है। यह बहस अभी कुछ वर्षों पहले ही हुई है। कुछ लोग सृजनशीलता के सन्दर्भ

में वर्ण या जाति के विशिष्ट अनुभव का सवाल उठाते हैं। दलित लेखन में कुछ लोगों ने यह बहस चलायी कि दलित ही दलित के बारे में सही ढंग से प्रामाणिक ढंग से लिख सकता है। क्योंकि दलित होने का जो अनुभव उनका है और किसी का नहीं हो सकता यह बात सच भी है। मैं इस तरह की खेमेबन्दी से सहमत नहीं हूँ। साहित्य, इतिहास और समाजविज्ञान में यह नहीं हो सकता कि जिसका जो अनुभव है वही उसको समझ सकता है। अगर ये स्थिति रह गयी तो आज क्या कोई अठारहवीं या सत्रहवीं सदी का इतिहास या साहित्य कैसे पढ़ और पढ़ा सकता है।[31]

कुछ दलितवादी लोगों में से कुछ लोग यह कहते पाये जाते हैं कि दलित ही दलित लेखन के बारे में बात कर सकता है लिख सकता है या दलित ही दलित के बारे में सही ढंग से लिख सकता है। इस सन्दर्भ को आगे बढ़ते हुए एजाज अहमद कहते हैं कि यह तो सही है कि औरत न होने के कारण औरत का दुख दर्द एक औरत की तरह महसूस नहीं कर सकता दलित या आदिवासी न होने के कारण मैं एक दलित या आदिवासी के दुख दर्द उत्पीड़न को महसूस नहीं कर सकता। लेकिन औरत दलित या आदिवासी के अनुभव का वह हिस्सा जो उसका बिलकुल अपना है, उसके बारे में मैं किसी औरत दलित या आदिवासी से पूछकर जान सकता हूँ।[32] हो सकता है कि दलितों के अनुभव का एक हिस्सा ऐसा हो कि जिस तक बाकी लोगो की पहुँच न हो, लेकिन जब आप अपने अनुभव के उस हिस्से की बात किसी से कहते हैं तो आपकी यह बात उसे समझ आ सकती है और वह आपसे कुछ सीख सकता है।

एक समय नारा लगता रहा है कि राष्ट्रपति का बेटा हो या चपरासी की सन्तान, सबको शिक्षा एक समान। इस नारे को वास्तविकता में सरकार ही तब्दील कर सकती है। एक ऐसे समय में जब शिक्षा के निजीकरण के लिए भीषण गोलबन्दी की जा रही हो तो सार्वजनिक शिक्षा जरूरी हो जाती है।

गाँधीजी ने तर्क दिया था कि यदि अंग्रेज़ भारत को मुक्त कर देंगे तो वे भी लालच और हिंसा से मुक्त हो जायेंगे। यही बात शिक्षा के लिए कही जा सकती है। सबके लिए सार्वजनिक शिक्षा। वह कौन-सी बात है जिस पर अम्बेडकर सबसे अधिक ज़ोर देते हैं वह है शिक्षा। क्योंकि अम्बेडकर जानते थे कि शिक्षा उन वर्गों के लिए भी जरूरी है जो दबंग हैं और कमजोर समुदायों पर अत्याचार ढाने की कोशिश करते हैं। यह उनके लिए भी जरूरी है जो अत्याचार और बहिष्करण का सामना करते हैं। भारत की दबंग कही जानेवाली जातियाँ भले ही समृद्धि के एक निश्चित स्तर पर हों लेकिन वे निजी खर्च पर उच्च शिक्षा को जारी नहीं रख सकतीं। इसी प्रकार परिधीय तबकों के लिए शिक्षा का महत्त्व है, जिसे अम्बेडकर के शब्दों में कहें तो उनकी आत्मा में यही शिक्षा उजाला भर देती है।

इसके साथ ही एक बहुत बड़ा सामाजिक बदलाव भारतीय संविधान के द्वारा भी लाया गया जिसके द्वारा समाज के कमजोर वर्गों को अनेक प्रकार की सुविधाएँ जैसे शिक्षा, नौकरी विधान सभा और संसद में आरक्षण, लिखने-पढ़ने के अवसर आदि इन्हें प्राप्त होने लगी जिसके कारण दलितों को मुख्यधारा के समाज राजनीति एवं अकादमियाँ में दर्ज होने का अवसर मिल सका। इस प्रकार से डॉ.भीमराव अम्बेडकर ने कहा था यह शिक्षा ही है जिसे सामाजिक दासता खत्म करने के हथियार के रूप में प्रयोग में लाया जा सकता है और शिक्षा के माध्यम से ही कमजोर और दलित वर्ग के लोग सामाजिक आर्थिक और राजनीतिक स्वतन्त्रता प्राप्त कर सकते हैं।

अम्बेडकर यह मानते थे कि मनुष्यों में केवल राजनीतिक समानता और कानून के समक्ष समानता स्थापित करके समानता के सिद्धान्त को पूरी तरह सार्थक नहीं किया जा सकता। जब तक उनमें सामाजिक-आर्थिक समानता स्थापित नहीं की जाती तब तक उनकी समानता अधूरी रहेगी। हमारे देश पर आज की दुनिया में भूमण्डलीकरण की पूँजीवादी प्रक्रियाओं के चलते पुनर्उनिवेशीकरण का खतरा मॅडरा रहा है तो दूसरी तरफ धर्म और संस्कृति के नाम पर साम्प्रदायिक शक्तियाँ लगातार मजबूत हो रही हैं। अन्धराष्ट्रवाद के विरुद्ध प्रगतिशील धर्मनिरपेक्ष तथा जनतान्त्रिक राष्ट्रवाद को अपनाना हमारे लिये जरूरी हो गया है क्योंकि नवसाम्राज्यवादी और नवफासीवादी-शक्तियों की मार अन्ततः उन्हीं लोगों पर पड़ती है जो सामाजिक अन्याय व बहिष्करण के शिकार हैं। अम्बेडकर ने जिन अन्तर्विरोधों को दूर करने के लिए कहा था वे सामाजिक स्तर पर चाहे कुछ कम हुए हों लेकिन भूमण्डलीकरण के वर्तमान दौर में आर्थिक स्तर पर पहले से कहीं ज्यादा बढ़ गये हैं।

इसी के साथ-ही-साथ याद कीजिये अम्बेडकर के वे शब्द जो 26 जनवरी (1950) को उन्होंने भारतीय लोकतन्त्र के विषय में कान्स्टीटुएण्ट एसेम्बली में जो उन्होंने भारत का संविधान प्रस्तुत करते हुए संसद् में कहे थे जनवरी की 26 तारीख को हम अन्तर्विरोधों के युग में प्रवेश करेंगे। राजनीति में समता और सामाजिक-आर्थिक जीवन में विषमता होगी। राजनीति में हम एक व्यक्ति की कीमत एक वोट के आधार पर आँकेंगे लेकिन सामाजिक और आर्थिक जगत् में विषमतामूलक संरचनाओं के कारण हम एक व्यक्ति-एक मूल्य के उसूल को नकारना जारी रखेंगे। अन्तर्विरोधों की इस गिरफ्त में हम कब तक फँसे रहेंगे, सामाजिक और आर्थिक क्षेत्र में हम समता को कब तक ठुकराते रहेंगे अगर हमने लम्बे अरसे तक समता को अस्वीकार करना जारी रखा तो इसका नतीजा हमारे राजनीतिक लोकतन्त्र के संकटग्रस्त होने में ही निकलेगा।[33] इस प्रकार डॉ.अम्बेडकर सामाजिक एवं आर्थिक अन्याय से मुक्त समाज की स्थापना करना चाहते थे जिसका जरिया उनके अनुसार सांस्कृतिक क्रान्ति ही थी। उन्होंने

क्रान्तिकारी परिवर्तनों की राह पर चलकर स्वतन्त्रता समानता एवं भ्रातृत्व के आदर्शों की प्राप्ति करनी चाही। उन्होंने बहिष्कृत जनों को शिक्षित एवं संगठित होकर आन्दोलन की राह पर चलने का आह्वान किया। डॉ.अम्बेडकर ने दलितों की मुक्ति का जो सपना देखा था वह बावजूद तमाम सारे सामाजिक राजनैतिक आन्दोलन के अभी भी अधूरा है।

सन्दर्भ

1. बद्री नारायण (2001), हिन्दी क्षेत्र में दलित चेतना का विकास, (सम्पादक-दीपक कुमार, देवेन्द्र चौबे) हाशिये का वृत्तान्त, आधार प्रकाशन पंचकूला :1961. 2. जितेन्द्र गुप्ता (2011), भारतीय इतिहास बोध का संघर्ष और हिन्दी प्रदेश, ग्रन्थशिल्पी इण्डिया, नयी दिल्ली : 173-174.

3. यह कविता महावीरप्रसाद द्विवेदी द्वारा सम्पादित 'सरस्वती' (सितम्बर 1914, भाग 15, खण्ड 2, पृष्ठ संख्या 512-513) में प्रकाशित हुई थी।

4. 'सरस्वती' सितम्बर 1994, भाग 15, खण्ड 2, पृष्ठ संख्या 512-513.

5. इरफान हबीब (2005) (अनुवाद और सम्पादन-रमेश रावत), इतिहास और विचारधारा, ग्रन्थशिल्पी, नयी दिल्ली : 20.

6. मैनेजर पाण्डे (1989), साहित्यिक रूपों का समाजशास्त्र, में साहित्य के समाजशास्त्र की भूमिका, हरियाणा साहित्य अकादमी, चण्डीगढ़ : 210

7. रमाशंकर सिंह (2016), बैसवारी अवधी, में भारतीय भाषा लोक सर्वेक्षण उत्तर प्रदेश की भाषाएँ : गणेश देवी, बद्री नारायण, ओरियण्ट ब्लैकस्वान, नयी दिल्ली : 306-307

8. बद्री नारायण (2008), दलित वैचारिकी की दिशाएँ, राधाकृष्ण, नयी दिल्ली।

9. अण्टोनियों ग्राम्शी (1970), सांस्कृतिक और राजनीतिक चिन्तन के बुनियादी सरोकार, अनुवाद : कृष्णकान्त मिश्र (2002), ग्रन्थशिल्पी, दिल्ली।

10. ओवेन एस. लिंच. 66. पॉलिटिक्स ऑफ अन्टचेबिलिटी,।

11. रमणिका गुप्ता (2000), दलित चेतना साहित्यिक एवं सामाजिक सरोकार, शिल्पायन पब्लिशर्स नयी दिल्ली : 8

12. कंवल भारती (2011), वही : 176.

13. नन्दिनी गोसू (2006), स्वामी अछूतानन्द एण्ड आदि हिन्दू मूवमेण्ट, क्रिटिकल क्क्वेस्ट, नयी दिल्ली और कंवल भारती (2011), वही।

14. डी.सी.दिनकर, स्वतन्त्रता संग्राम में अछूतों का योगदान, सम्यक् प्रकाशन,नयी दिल्ली : 83.

15. एम.आर.विद्रोही, दलित दस्तावेज़, नयी दिल्ली।

16. रमाणिका गुप्ता (2000) वही : 10.

17. मोहनदास नैमिशराय (2013), भारतीय दलित आन्दोलन का इतिहास, राधाकृष्ण प्रकाशन, नयी दिल्ली :210

18. रोज कीनथ (1983), किंग जार्ज पंचम, वीडनफील्ड एण्ड निकोल्सन, लन्दन : 165-66.

19. मोहनदास नैमिशराय (2013), वही : -212

20. केवल भारती (2011), वही : 177

21. आदि हिन्दू आन्दोलन के प्रवर्तक (1960) : 108, यह भी देखें स्वामी अछूतानन्दजी हरिहर, चन्द्रिकाप्रसाद जिज्ञासु, हिन्दू समाज सुधार कार्यालय, सआदत गंज, लखनऊ : 9.

22. मोहनदास नैमिशराय (2013) वही : 213

23. अँगनेलाल, राहुल राज (2011), उत्तर प्रदेश में दलित आन्दोलन, गौतम बुक सेण्टर, नयी दिल्ली : 47

24. कंवल भारती, (2017), चन्द्रिकाप्रसाद जिज्ञासु ग्रन्थावली, खण्ड-3, भारत के आदि निवासियों की सभ्यता,2017 : 160.

25. मोहनदास नैमिशराय (2013), वही : 256.

26. मोहनदास नैमिशराय (2013), वही : 256-257.

27. कंवल भारती (200), माझी जनता 27 अगस्त : 4.

28. मोहनदास नैमिशराय (2013), वही : 257

29. मोहनदास नैमिशराय (2013) वही , 258.

30. अँगनेलाल, राहुल राज (2011) वही।

31. एजाज अहमद (2004), सृजनशीलता हमेशा सामाजिक होती है, गार्गी प्रकाशन, गार्गी पुस्तक-दो, गार्गी प्रकाशन नयी दिल्ली : 9-11.

32. एजाज अहमद (2004), सृजनशीलता हमेशा सामाजिक होती है, गार्गी प्रकाशन, गार्गी पुस्तक-दो, गार्गी प्रकाशन नयी दिल्ली : 9-11.

33. कान्स्टीटुएण्ट एसेम्बली डिबेट खण्ड दस।

●●●

लेखक परिचय

गिरीश्वर मिश्र

एक मनोविद्, विचारक एवं संस्कृति के अध्येता लेखक गिरीश्वर मिश्र हिन्दी साहित्य के एक सशक्त हस्ताक्षर हैं। लेखन के अलावा अनुवाद और संपादन कर्म से भी जुड़े रहे श्री मिश्र की लिखित एवं संपादित अनेक पुस्तकें प्रकाशित है। पाँच दशकों के शैक्षिक एवं अकादमिक जीवन में गोरखपुर, इलाहाबाद, भोपाल तथा दिल्ली विश्वविद्यालय में प्राख्यापन के बाद महात्मा गांधी अन्तरराष्ट्रीय हिन्दी विश्वविद्यालय, वर्धा के कुलपति (2014-2019) पद से सेवानिवृत्त हए। समाज, शिक्षा, संस्कृति, भाषा और साहित्य से जुड़े प्रश्नों पर पत्र-पत्रिकाओं में नियमित लेखन करते रहे हैं, आज भी कर रहे हैं। अपने शैक्षिक-अकादमिक-सांस्कृतिक यात्रा-क्रम में लेखक ने अमरीका, रूस, चीन, जर्मनी, इंग्लैण्ड समेत अनेक अन्य देशों की यात्राएँ कीं तथा अनेक विदेशी विश्वविद्यालय/संस्थानों में फेलो रहें हैं। अनेक संस्था, सम्मेलन आदि के सममानित सदस्य भी रहे। लेखक की कुछ महत्वपूर्ण कृतियाँ हैं- होने और न होने का सच, हिन्दी भाषा ओर समाज, हिरना समझि बूझि बन चरना, भारत में शिक्षा : चुनौतियाँ और अपेक्षों आदि। श्री मिश्र को अनेक सम्मान एवं पुरस्कार भी मिले हैं। सेवानिवृत्ति पश्चात् संप्रति स्वतन्त्र रूप से लेखन तथा शोध कार्य कर रहे हैं।

●●

अजय तिवारी

प्रोफेसर अजय तिवारी हिन्दी के मूर्धन्य आलोचक है। दिल्ली विश्वविद्यालय से अवकाश प्राप्त होकर वे स्वतंत्र लेखन का कार्य कर रहे हैं। उनकी कुछ महत्त्वपूर्ण पुस्तकें : प्रगतिशील कविता के सौंदर्य मूल्य, नागार्जुन की कविता, उत्तर आधुनिकता, कुलीनतावाद और समकालीन कविता, साहित्य का वर्तमान, पश्चिम का काव्य विचार, आलोचना और संस्कृति, राजनीति और संस्कृति, व्यवस्था का आत्म संघर्ष, आधुनिकता

पर पुनर्विचार, शिल्प और समाज, केदारनाथ अग्रवाल, रचना की परख, साहित्य की समझ और आलोचना, इतिहास की रणभूमि और साहित्य, संचार, बाजार और भूमण्डलीकरण। उनके द्वारा सम्पादित कुछ महत्त्वपूर्ण कार्य हैं : कभी मित्र से दूर (केदारनाथ अग्रवाल के संवाद), केदारनाथ अग्रवाल (आलोचना), तुलसीदास पुनर्मूल्याँकन : आज के सवाल और मार्क्सवाद (रामविलास शर्मा से संवाद), रामविलास शर्मा के संकलित निबन्ध (नेशनल बुक ट्रस्ट) : जिहाद तथा अन्य कहानियाँ (प्रेमचन्द की इक्कीसवीं सदी की समस्याओं से सम्बन्धित कहानियाँ) : भक्ति कविताओं पर मूल्याँकन श्रृंखला।

सम्पर्क : बी - 30, श्रीराम अपार्टमेण्ट्स, 32/4 द्वारका, नई दिल्ली 110078

ई-मेल : tiwari.ajay.du@gmail.com,ajaytiwari06051955@gmail.com

●●

हितेंद्र पटेल

हितेंद्र पटेल, प्रोफेसर, इतिहास विभाग, रवींद्र भारती विश्वविद्यालय, कोलकाता; उच्च अध्ययन संस्थान शिमला में अध्येता (1919-1921)।

हिन्दी राजनीतिक उपन्यासों में राजनीतिक इतिहास (1919-1962), साम्प्रदायिकता, इतिहास और साहित्य, 1857 के आंदोलन, हिन्दी प्रदेश के बौद्धिक इतिहास, गांधी, क्रांतिकारी आंदोलन का इतिहास, बंगाल में हिन्दी भाषी आदि विषयों पर अंग्रेजी, हिन्दी और बांग्ला में शोध आलेख और पुस्तकें प्रकाशित। साहित्यिक आलोचना में भी कई आलेख प्रकाशित। दो उपन्यास भी प्रकाशित।

संपर्क : ऐशिकी अपार्टमेंट, फ्लैट ई, 36/71 (बोरोपोल, बैरकपुर), ओल्ड कलकत्ता रोड, कोलकाता 700123

●●

चारु गुप्ता

चारु गुप्ता दिल्ली विश्वविद्यालय के इतिहास विभाग में प्रोफेसर हैं। उनकी लिंग, जाति, धार्मिक पहचान और यौनिकता से सम्बंधित विषयों पर कई शोध किताबें और लेख प्रकाशित हैं। वो राजकमल द्वारा प्रकाशित स्त्रीत्व से हिन्दुत्व तक : औपनिवेशिक भारत में यौनिकता और साम्प्रदायिकता की लेखिका हैं। उनकी हिन्दी में आगामी पुस्तक

है जाति और लिंग : दलित, सवर्ण और हिन्दी प्रिण्ट संस्कृति। वह वर्तमान में बीसवीं सदी के प्रारंभ में उत्तर भारत में जीवन कथाओं के माध्यम से विशेष शैलियों और विषयों के सामाजिक इतिहास पर काम कर रही हैं।

ई-मेल : charugup7@gmail.com

●●

रमाशंकर सिंह

रमाशंकर सिंह भारतीय उच्च अध्ययन संस्थान शिमला, में फेलो हैं। इस संस्थान में निषादों और नदियों के सामाजिक - सांस्कृतिक सहजीवन पर काम कर रहे हैं। इलाहाबाद विश्वविद्यालय, इलाहाबाद के गोविन्द बल्लभ पन्त सामाजिक विज्ञान संस्थान से डीफ़िल की उपाधि प्राप्त रमाशंकर सिंह का कुछ काम सीएसडीएस के जर्नल प्रतिमान में प्रकाशित हुआ है जो भारत की राजनीति और लोकतन्त्र में गुंजाइश तलाश रहे घुमन्तु समुदायों, नदियों एवं वनों पर निर्भर निषादों और बांसोड़ों के जीवन एवं संस्कृति के विविध पक्षों की पड़ताल करता है। उन्होंने पीपल लिंग्विस्टिक सर्वे ऑफ इंडिया के उत्तर प्रदेश की भाषों खंड के लिए लेखन, अनुवाद और संपादन का काम किया है। उन्होंने ऑक्सफोर्ड यूनिवर्सिटी प्रेस के लिए बद्री नारायण की किताब 'फ्रेक्चर्रड टेल्स : इनविजिबल इन इंडियन डेमोक्रेसी' का अनुवाद 'खंडित आख्यान : भारतीय जनतन्त्र में अदृश्य लोग' और निशिकान्त कोलगे की किताब 'गांधी अगेंस्ट कास्ट' का अनुवाद 'जाति के विरुद्ध गांधी का संघर्ष' के नाम से किया है।

ई-मेल : ram81au@gmail.com

●●

डॉ. रामानन्द

'डॉ. रामानन्द सेण्टर ऑफ़ पालिसी रिसर्च एण्ड गवर्नेस के निदेशक हैं। आपने शिक्षा मन्त्रालय के साथ सलाहकार (2015-2019) के रूप राष्ट्रीय शिक्षा नीति पर में कार्य किया है। आपने शिक्षा संकाय, दिल्ली विश्वविद्यालय से शिक्षाशास्त्र में पीएचडी की है। आपने दलित, आदिवासी अध्यन में परास्नातक का अध्यन टाटा सामाजिक विज्ञान संस्थान, मुम्बई से किया है। आप सीपीआरजी सेंटर में विभिन्न नीतिगत विषयों और उसके

प्रभावों का अध्ययन करते हैं। आप शिक्षा, दलित-आदिवासी विषयों और विकास से सम्बंधित नीतिगत विषयों पर विभिन्न समाचारपत्रों में लिखते रहते हैं।

ई-मेल : ramanand.tiss@gmail.com

●●

डॉ. अजय कुमार

डॉ. अजय कुमार बाबासाहेब भीमराव अम्बेडकर विश्वविद्यालय, लखनऊ के समाजशात्र विभाग में असिस्टेंट प्रोफ़ेसर हैं। इसके पहले वह भारतीय उच्च अध्ययन संस्थान, शिमला में फेलो रहे हैं। उत्तर भारत की राजनीति और शिक्षा जगत में दलित प्रश्न की उपस्थिति, इसके सामाजिक-सांस्कृतिक अभिप्रायों एवं उसके भविष्य पर उनका यह काम एक विषय के रूप में समाजशास्त्र की सीमाओं और संभावित विस्तार की पड़ताल करता है। दलित आन्दोलन, दलित नेतृत्व, नारीवादी आन्दोलन, लोकतन्त्र एवं छात्र आन्दोलन से जुड़े विषयों पर उनके दो दर्जन से अधिक शोध आलेख अनेक राष्ट्रीय-अन्तर्राष्ट्रीय जर्नलों, पत्र-पत्रिकाओं के साथ ही वायर, जनचौक, जनपथ, ईस्टपोस्ट टुडे जैसे ऑनलाइन वेबसाइट्स पोर्टल पर प्रकाशित हो चुके हैं। वर्तमान में वे अम्बेडकर के जीवन, विचार और समकालीन दलित आन्दोलन पर उसके प्रभाव को लेकर एक पुस्तक पर काम कर रहे हैं।

सम्प्रति : समाजशास्त्र विभाग, अम्बेडकर स्कूल ऑफ़ सोशल साइंसेज, बाबासाहेब भीमराव अम्बेडकर विश्वविद्यालय, लखनऊ-226025.

ई-मेल : iiasajayk@gmail.com, ajaykbbau@gmail.com

●●